"十二五"职业教育国家规划教材
经全国职业教育教材审定委员会审定

微课版

经济法基础
（第二版）

新世纪高职高专教材编审委员会 组编
主　编　卢红丹
副主编　战晓玮

大连理工大学出版社

图书在版编目(CIP)数据

经济法基础 / 卢红丹主编. -- 2版. -- 大连：大连理工大学出版社，2021.11(2025.8重印)
新世纪高职高专财经大类专业基础课系列规划教材
ISBN 978-7-5685-3286-0

Ⅰ.①经… Ⅱ.①卢… Ⅲ.①经济法－中国－高等职业教育－教材 Ⅳ.①D922.29

中国版本图书馆 CIP 数据核字(2021)第 221329 号

大连理工大学出版社出版

地址：大连市软件园路 80 号　邮政编码：116023
营销中心：0411-84707410　84708842　邮购及零售：0411-84706041
E-mail：dutp@dutp.cn　https://www.dutp.cn
沈阳市永鑫彩印厂印刷　　大连理工大学出版社发行

幅面尺寸：185mm×260mm　　印张：14　　字数：319千字
2014 年 9 月第 1 版　　　　　　　　　2021 年 11 月第 2 版
2025 年 8 月第 6 次印刷

责任编辑：刘俊如　　　　　　　　　责任校对：程砚芳
　　　　　　封面设计：对岸书影

ISBN 978-7-5685-3286-0　　　　　　定　价：43.80 元

本书如有印装质量问题，请与我社营销中心联系更换。

前 言

《经济法基础》(第二版)是"十二五"职业教育国家规划教材,也是新世纪高职高专教材编审委员会组编的财经大类专业基础课系列规划教材之一。

本次修订依据高职高专经济法课程教学的基本要求,摒弃了以往单纯的法学教育思维,以管理中法律思维的视角,以法律适用为主线传授管理中的法律行为规范,提高管理行为的规范性和管理人员的风险防范意识。

本教材依据近年公司法、外商投资法、民法典、反不正当竞争法、知识产权法等法律修正案进行了全面修改,并结合视听教学手段和课程思政精神,补充了延伸阅读资料,使本教材更具时代特色,更受师生的喜爱。

本教材在编写过程中,突出以下特色:

(一)新理念——从管理法律应用视角学习经济法知识和技能

本教材以财经管理与法律应用为主线,以企业管理岗位群为落脚点,整合优化法律规范,构建内容框架,以更贴近管理者的思维和需要,突出应用与需求,真正把法律规范与管理岗位的管理价值融合在一起,做到"学知所用",提升学生的岗位适应能力和市场就业能力。

(二)新结构——以学生为主体,项目与任务为导向

本教材以学生为主体,从学生的认知规律出发设计学习流程,将法律活动按点、线、面设计出教学任务、模块和项目,围绕学习目标和任务目标,创新设计了"学习情境""你知道吗?""试一试""延伸阅读"等特色环节,要点精练,重点、难点清晰,做到"学能所用",营造阅读、思考、练习三位一体的载体。

(三)新内容——学习情境鲜活丰富,触及前沿

本教材内容侧重专业职业标准和法律应用,满足学生就业、创业与择业需求以及岗位履行职责需要,对标法规政策新趋向,以热点的法律案件和管理现象为"情境",增强学生对管理活动的认知与理解,做到"边用边学"。本教材中的问题和习题均是自编新题,并使用了大量前沿的资料,包括微信证据、数字货币、科创板等,不仅可用于教师在教学中的课程讨论,也可用于学生自学自测。

本教材由辽宁经济职业技术学院卢红丹任主编,辽宁经济职业技术学院战晓玮任副主编,具体编写分工如下:项目一到项目十由卢红丹编写;项目十一到项目十五由战晓玮编写。全书由战晓玮审校并增补了视听材料,由卢红丹统稿。

本教材得到了锦州银行杨卫华、华润雪花啤酒山东区域公司赵胜辉、沈阳紫江包装有限公司胡桂文等行业专家的热忱支持和指导。在编写本教材的过程中,编者参考、引用和改编了国内外出版物中的相关资料以及网络资源,在此表示深深的谢意!相关著作权人看到本教材后,请与出版社联系,出版社将按照相关法律的规定支付稿酬。

尽管本教材汇集了相关编者的集体智慧和共同努力,但由于水平所限,书中难免有疏漏及不足之处,恳请各相关院校和读者在使用本教材的过程中给予理解和关注,并将意见及时反馈给我们,以便修订时得以改进和完善。

编　者
2021 年 11 月

所有意见和建议请发往:dutpgz@163.com
欢迎访问职教数字化服务平台:https://www.dutp.cn/sve/
联系电话:0411-84707492　84706104

目 录

模块一　经济法及相关法律

项目一　国家干预经济的法律 ·· 3
　　任务一　理解法律的含义 ·· 3
　　任务二　领会经济法的概念和调整对象 ································ 4
　　任务三　学习经济法律关系的构成 ····································· 5
　　任务四　比较法律渊源 ·· 9

项目二　平等主体的权利义务 ·· 12
　　任务一　识别民事主体资格 ··· 13
　　任务二　辨别民事法律行为 ··· 15
　　任务三　正确行使代理权 ·· 17
　　任务四　计算诉讼时效 ··· 18

项目三　民事权利救济途径 ··· 21
　　任务一　选择一审人民法院 ··· 22
　　任务二　参与诉讼活动 ··· 25
　　任务三　了解法院审判与执行程序 ···································· 27

模块二　市场主体设立、变更、终止

项目四　企业的设立 ·· 35
　　任务一　设立个人独资企业 ··· 35
　　任务二　设立合伙企业 ··· 39
　　任务三　设立有限责任公司 ··· 42
　　任务四　设立股份有限公司 ··· 44

| 项目五 | 企业变更与终止 | 48 |

任务一　企业法人变更的形式和手续 …………………………… 48

任务二　企业法人的解散与清算 ………………………………… 50

任务三　学习破产清算程序 ……………………………………… 53

模块三　企业内部治理结构

| 项目六 | 非法人企业内部管理 | 61 |

任务一　个人独资企业事务管理 ………………………………… 62

任务二　普通合伙企业事务执行 ………………………………… 63

任务三　有限合伙企业事务执行 ………………………………… 66

| 项目七 | 公司法人治理结构 | 69 |

任务一　有限责任公司的组织机构 ……………………………… 70

任务二　国有独资公司组织机构的特别规定 …………………… 73

任务三　股份有限公司的组织机构 ……………………………… 74

| 项目八 | 企业财产权归属与使用 | 79 |

任务一　确定合伙企业财产归属 ………………………………… 80

任务二　学习公司财产转让 ……………………………………… 81

任务三　掌握公司财务会计制度 ………………………………… 82

| 项目九 | 企业劳动关系管理 | 86 |

任务一　认识劳动关系与劳动权利 ……………………………… 86

任务二　签订劳动合同 …………………………………………… 88

任务三　解除与终止劳动合同 …………………………………… 90

任务四　区分工作时间与工资待遇 ……………………………… 92

任务五　管理特殊员工 …………………………………………… 94

模块四　企业对外法律行为

| 项目十 | 规范合同法律行为 | 101 |

任务一　认识合同基本知识 ……………………………………… 102

  任务二 订立合同的要求 ·················· 104
  任务三 确认合同的效力 ·················· 108
  任务四 学习合同的履行 ·················· 110
  任务五 变更、转让和终止合同 ············· 113
  任务六 预知合同的违约责任 ··············· 116
  任务七 了解合同履行的担保 ··············· 118

项目十一 对外支付结算手段 ·············· **129**
  任务一 掌握票据支付 ···················· 130
  任务二 比较其他支付结算 ················· 142
  任务三 学习银行结算账户管理 ············· 147

项目十二 企业市场竞争行为 ·············· **151**
  任务一 明确产品质量责任 ················· 152
  任务二 保护消费者权益 ··················· 155
  任务三 规制竞争行为 ···················· 158

模块五 企业资产与融资管理

项目十三 土地置换与补偿 ················ **165**
  任务一 了解土地的权属与使用 ············· 166
  任务二 学习城市房地产开发与使用 ········· 169
  任务三 辨析国有土地上房屋征收与补偿 ····· 175

项目十四 保护知识产权 ·················· **180**
  任务一 认识知识产权及特点 ··············· 180
  任务二 保护专利权 ······················ 181
  任务三 保护商标权 ······················ 186
  任务四 保护著作权 ······················ 189

项目十五 企业融资行为 ·················· **194**
  任务一 金融机构分业管理与融资工具 ······· 195
  任务二 股票的发行与交易 ················· 197

任务三　公司债券的发行与交易 ··· 200

任务四　信息公开与禁止交易行为 ····································· 202

任务五　上市公司收购与证券机构 ····································· 206

引用的法律 ··· **212**

参考书目 ·· **213**

经济法及相关法律

模块一

【学习任务】

1. 认识与市场经济密切相关的法律关系
2. 掌握适用法律的基本思路和方法
3. 了解我国权利救济的基本途径

【开卷有益　学法有利】

　　章法有度,自成方圆。法治不仅是现代社会治理的重要基础,也是文化传播的重要内容。法律至上、制约权力、保障权利是现代法治思想的核心内容,法治建设对我国整个社会经济改革、体制发展和制度文明建设起到助推作用。

　　从个体层面看,知识化和信息化时代要求每个公民知法、懂法、守法、用法,各种法律制度也是如影随形。无论是在大学校园还是走进社会,无论是学习生活还是工作休闲,就连平时"网上冲浪"等活动都可能涉及法律问题。

　　法治之航不仅要有法律制度为舟,还要以公平、正义为帆,更要有识法之士,用法之技。适用法律的能力是创新发展的职业蓝海中的必备能力之一。

项目一　国家干预经济的法律

学习目标

1. 掌握法律和经济法的基本概念
2. 掌握经济法律关系的构成
3. 掌握分析法律现象的思路和方法

学习情境

从"危机、创业、创新"看经济法如何干预社会经济？

中国经济法在改革开放和法治建设中应运而生，在四十年实践中，经济法面对现实需要，按照经济规律，秉承与时俱进、开放发展、平衡合理的理念，应对国内外政治、经济、文化的变化。

曾为美国第四大投资银行的雷曼兄弟公司向美国联邦破产法院提出破产保护申请，这场信用危机如好莱坞"后天"大片中的"飓风"波及全球，中国次日即采取下调存款准备金应对危机。2014年9月，在夏季达沃斯论坛上李克强总理提出掀起"大众创业草根创业"的新浪潮，形成"万众创新、人人创新"的新势态。几年来极大地激发草根创业热情，带动了就业；2018年4月25日国务院常务会议，决定再推出7项减税措施，支持创业创新和小微企业发展，增加企业竞争力。

危机与经济法相伴而生。经济法1910年始于德国垄断资本发展过程，1929年美国经济大萧条，"管得越少的政府越是好政府"的理念使西方各国政府开始普遍采取积极干预经济、社会生活的政策，经济法得到了充分发展。其后经济法经历了三个阶段：战时经济法、危机对策经济法、自觉维护经济发展的经济法，经济法在保持社会经济整体平衡方面发挥了重要作用，经济法、民法、行政法共同存在，日益成为推动市场社会发展前进的"三架马车"。

任务一　理解法律的含义

法与法律对每个人来说似乎都是一个熟悉而陌生的概念。就字面理解，"法"古写作"灋"会意。从"水"，表示法律、法度公平如水的表面；从"廌"（zhì），即解廌，神话传说中的一种神兽,据说,它能辨别曲直,在审理案件时,它能用角去触理屈的人。又有记载"法"是一种与鹿和牛类似的神兽,在古代人们将它作为断案的工具,每当出现多个嫌疑人的时候,人们通常把它放出来,它用犄角顶谁,谁就是罪犯。

"法",有方法、标准及法律之意,强调万事万物形成的内在规则;"律"原指声律、音律,引申为法则、规章、纪律、法律,强调事物普遍适用的外部约束力。

现代法律是指国家制定和认可的,由国家强制力保证实施的法律规范的总和。经济法是我国社会主义市场经济条件下一个重要的法律部门。

法律的概念众说不一,我们可以从以下几个方面理解:

1. 从形式上看,法律是一种社会行为规范,与习俗、道德同步作用于社会人群。法律就是衡量真假、对错、正义与否的一种标准和尺度。我们学习法律首先要从行为规范角度去理解和把握,做到断曲直、明是非、知善恶。这是法律赋予人内在的正义感和责任感,使学习法律的人成为一个正直的人,一个有规则意识的人,一个善良的人。

2. 从内容上看,法律中权利义务是相统一的。法律的核心内容是告诉人们在什么情况下可以做什么、必须做什么,什么情况下不能做什么、禁止做什么。人们在社会活动中的选择行为如同站在十字路口上,要看灯行驶,"红灯停,绿灯行"。权利与义务的博弈,与分配红灯与绿灯时限类似,权利与义务是把双刃剑。如果要使社会行为的路口秩序井然,不堵不挤,权利与义务的划分只有体现公平、正义、经济、效率、忍让、宽容等一切真善和公正的价值,才能形成良好的社会秩序。这是我们制定法律的出发点和落脚点。

3. 从适用上看,法律强制力是威严与威慑相统一的。对于自觉遵守法律的人,将得到国家强制力的保障和支持;如果背离或违反法律,侵害他人权利或不履行应尽的义务,就应当受到法律的纠正和惩罚。承担法律责任也体现扬善去恶的法律精神,法律如同一个多面镜,行为的是非曲直可以在法律适用中找到印证。

4. 从发展上看,法律是国家、民族、社会和时代发展的统一。随着社会发展中多种因素的变化,法律与社会习俗、道德、文化、科技等相互作用、相互影响,不断变革,有权制定法律的人和统治集团的利益与价值的时代感往往体现在法律规范中,法律内容和适用成为时代发展的综合反映。

任务二　领会经济法的概念和调整对象

一、经济法的概念

经济法是国家调整在经济运行过程中发生的经济关系的法律规范的总和。1755年,法国摩莱里首次在《自然法典》中使用"经济法"这一概念,用以处理分配领域的社会关系。二十世纪以来,各国从分配到经济振兴、扶持企业发展、限制恶性竞争等方面日益加强干预程度,国家参与经济生活的广度、深度不断增强,充分发挥了国家在组织、管理、监督经济方面的职能,国家的这些职能活动多是通过经济立法手段才得以实现,现代经济法由此而产生。

二、经济法的调整对象

经济法的调整对象,是指经济法所要保护、促进、指导、限制和禁止的社会关系,是特定的经济关系。包括市场主体管理关系、市场秩序管理关系、宏观调控关系、社会保障关系。

1. 市场主体管理关系。确立进入市场的主体资格,规范企业法人及其他市场主体设立、变更、终止以及企业内部机构设置管理过程中发生的经济关系。包括市场准入、企业形态、企业的设立、变更和终止、企业内部机构的设置及其职权、企业财务、会计管理。

市场主体管理法主要有公司法、个人独资企业法、合伙企业法、外商投资企业法及其他企业法律制度。

2. 市场秩序管理关系。国家为了保障市场经济有序、平稳发展,防止市场运行过程中出现不正当竞争、损害消费者权益等,对市场进行调控过程中发生的经济关系。包括规范市场行为、维护公平竞争秩序、有效防止垄断、保护消费者权益。

市场秩序管理法主要有反不正当竞争法、产品质量法、消费者权益保障法。

3. 宏观调控关系。国家为了实现经济总量的基本平衡,促进经济结构优化,推动国民经济发展,对国民经济总体活动进行调节和控制过程中发生的经济关系。包括国家计划、投资、财政、金融、税收等方面。

宏观调控方面的法律主要有预算法、税法、金融法、价格法、审计法、会计法。

4. 社会保障关系。国家建立强制实施、互助互济、社会化管理的社会保障过程中发生的经济关系。包括劳动者的养老、工伤、医疗、失业和生育等保障关系。

社会保障法主要有社会保险法、优抚安置法。

任务三　学习经济法律关系的构成

一、经济法律关系的概念

法律关系,是指法律规范在调整人们行为过程中所形成的一种特殊的社会关系,即法律上的权利义务关系。

经济法律关系是法律关系的一种表现形式,是指经济关系被经济法律规范确认和调整之后所形成的权利义务关系。经济法律关系包括三层含义:经济法律规范是经济法律关系产生的前提和基础;经济法律规范是以具体的经济权利和经济义务为内容的;经济法律规范是由国家强制力保证实施的社会关系。

经济法律关系的发生,是指由于一定法律事实的出现,在特定的经济法主体之间形成了某种经济权利和经济义务关系,是经济法律规范和经济法律事实相结合的结果。例如,依据税收法律制度的规定,企业成立后就与国家税务管理机关产生了依法纳税与征税的权利义务关系。

经济法律关系的变更,是指由于一定法律事实的出现,原有的经济法律关系三个要素中的一个或一个以上要素发生变化,产生新的经济法律关系。

经济法律关系的消灭,是指经济法主体之间权利义务的消灭。

二、经济法律关系的构成要素

法律关系的构成要素,是指形成当事人之间权利义务关系的必要条件,任何法律关系都由主体、客体和内容三个要素构成,经济法律关系也不例外。

1. 经济法律关系的主体

经济法律关系主体,是指参加经济法律关系,依法享有经济权利、承担经济义务的当事人,也称经济法主体。经济法主体是构建经济法律关系的第一要素。我国经济法律关系的主体包括:

(1)特别法人。包括国家机关、农村集体经济组织、城镇农村的合作经济组织、基层群众性自治组织。

国家机关是行使国家职能的各种机关的通称,包括国家权力机关、国家行政机关、国家司法机关等。

农村集体经济组织由全体农民组成,是人民公社、生产大队发展而来的组织,是农村土地使用权人。

城镇农村的合作经济组织是依法取得法人资格的城镇农村的合作经济组织,是农村城镇化进程中股份合作经济的产物,是特别法人。

基层群众性自治组织是在城市和农村居民居住地建立起来的居民委员会或村民委员会,仅存在于居住地范围基层社区,从事社区内的公共事务和公益事业。

(2)企业。企业是依法设立、以取得利润并分配给股东等出资人为目的,从事生产、流通和服务等的各类经济组织,包括法人企业、公司及其他非法人企业,如合伙企业、个人独资企业、部分合作企业。企业是经济法律关系的重要主体。

(3)事业单位、社会团体、基金会等。为公益目的或其他非营利目的成立,不向出资人、设立人或者会员分配所取得利润的法人组织。

事业单位是依法设立的从事教育、科技、文化、卫生等公益服务,不以营利为目的的社会组织。

社会团体是公民或组织自愿组成,为实现会员共同意愿,按照其章程开展活动的非营利性社会组织。

基金会是以从事公益事业为目的,按照《基金会管理条例》依法在民政部门登记成立,以捐助财产设立的非营利的社会服务机构,又称捐助法人。

(4)民办非企业单位。民办非企业单位是企业事业单位、社会团体和其他社会力量以及公民个人利用非国有资产创办的,从事非营利性社会服务活动的专业服务机构。

(5)个体经济组织。个体经济组织是公民在法律允许的范围内,依法经核准登记,从事工商业经营的个体工商户或农村集体经济组织的成员。个体工商户是指公民个人不雇用或少量雇用他人,以营利为目的,从事生活经营的个体经济;农村集体经济组织的成员是指在法律允许的范围内,依照承包合同规定从事商品经营的农村承包经营户。

(6)自然人。自然人通常是民事法律关系主体,但在一定条件下也可以成为经济法律关系的主体,例如,个人承包、租赁企业、投资等,成为股东、纳税人。

(7)国家。在一般情况下,国家不作为经济法律关系的主体,只有在特殊情况下,例如,发行公债、政府与外国签订贸易协定等才以主体资格出现。

2. 经济法律关系的客体

法律关系客体,是指权利和义务所指向的对象。经济法律关系的客体是经济法律关系主体之间建立经济法律关系所要达到的经济目的。经济法律关系的客体的种类主要有物、经济行为和智力成果等。

(1)物。物是指具有一定经济价值,为经济法律关系主体所自由支配,并符合法律规定的物质资料,包括实物、货币和有价证券。

(2)经济行为。经济行为是指经济法律关系主体为实现一定的经济目的所实施的行为,包括经济组织管理行为、完成一定工作的行为和提供一定劳务的行为等。

(3)智力成果。智力成果是指人们脑力劳动所创造的非物质财富,主要包括商标、专利、专有技术、经济信息等无形资产等。

3. 经济法律关系的内容

经济法律关系的内容,是指经济法律关系主体所享有的经济权利和承担的经济义务。

(1)经济权利。经济权利是指经济法律关系主体在国家协调经济运行过程中,依法具有的自己为或不为一定行为和要求他人为或不为一定行为的资格。目前经济权利主要包括:

①经济职权。经济职权是指国家机关在行使经济管理职能时依法享有的权利。经济职权主要包括经济决策权、经济命令权、经营许可权、经营禁止权、经济批准权和经济监督权等。经济职权是基于国家授权或法律规定而产生的,具有命令与服从的性质;行使经济职权对于国家机关来说既是权利也是义务,必须依法行使,不得随意放弃或转让。

②财产所有权。财产所有权又称为所有权,是指所有者对其财产依法享有的独立支配权,包括占有、使用、收益和处分的权能。财产权的各项权能可以分离,并可以不全部由所有者直接行使。

③经营管理权。经营管理权是指企业对于国家授予其经营管理的财产享有占有、使用和依法处分的权利。是财产所有权派生出来的一种权利,其内容包括产供销、人财物各方面。

④知识产权。知识产权是人们对其创造的智力成果所享有的专有权利。主要包括商标权、专利权、著作权。

⑤请求权。请求权是指当经济法律关系主体的合法权益受到侵犯时,依法享有要求侵权人停止侵权行为和要求国家机关保护其合法权益的权利。请求权的主要内容有请求赔偿权、请求调解权、申请仲裁权、提起经济诉讼权等。

(2)经济义务。经济义务是指经济法律关系主体为满足权利主体或经权利主体要求,依法必须为或不为一定行为的责任。如果经济法律关系主体不履行或不完全履行经济义务,则要依法承担相应的法律责任。

经济义务根据法律规定的不同,可分为法定义务和约定义务。

法定义务不能由当事人通过约定方式免除,约定义务不得违反法律规定;国家机关与社会组织在履行经济义务时,是基于其地位与经济职能的,又称为经济职责,是特殊的经济义务,一般以作为的方式履行。

企业应当承担的法定经济义务主要有依法行使所有权义务、履行经营职能、依法纳税、依法缴纳社会保险、保证产品质量、保证安全生产等。

三、经济法律事实

法律是行为规范,对自己或他人的行为具有指引、评价、预测、制裁的功能。适用法律时首先需要对具体的法律事实与相应抽象的法律规范相比较,对具体法律事实合法性做出判断,形成法律关系,从而调整各种社会行为,建立法律秩序。

经济法律事实,是指由经济法所确认,能够引起经济法律关系产生的情况。经济法律事实根据是否包括当事人的主观意志可以划分为经济法律行为和经济法律事件:

(1)经济法律行为。经济法律行为是指能够引起经济法律关系产生、变更和终止的有意识的活动。法律行为又有合法行为和违法行为之分。前者是指符合经济法律规范的行为,如经济调控行为,签订合同的行为等;后者是指违反经济法律规范的行为,如滥用经济权利的行为、偷税、漏税、欠税等行为。

(2)经济法律事件。经济法律事件是指能够引起经济法律关系产生、变更和终止,不以人们的意志为转移的客观事实,包括自然现象和社会现象两大类。前者如水灾、地震、泥石流等;后者如战争、动乱、重大国际关系变化等。当事人可以在合同中约定不可抗力的范围,根据《民法典》规定,因不可抗力的原因,造成合同不能履行或者只能部分履行时,根据不可抗力的影响,当事人依法部分或者全部免除责任。

经济法律事实是以现存经济法律规范的存在为前提条件的,是产生、变更和终止经济法律关系的依据。

(3)经济合法行为应当具备以下四个条件:

①行为人必须具备经济法律关系主体资格。这种资格就是经济法律关系主体必须具有权利能力和行为能力,这是经济行为合法有效的前提。不同的经济法律关系主体所具有的权利能力和行为能力也不同。国家经济管理机构应当在其管理职权范围内从事经济管理活动。

②行为人的意思表示必须真实。经济法律关系主体进行经济行为时所做的意思表示,应当是真实意志。由于一方欺诈、胁迫,迫使对方违背真实意愿而进行的经济行为,都属无效经济行为。

③行为人的行为内容必须合法。经济法律关系主体进行经济行为的内容必须符合法律、行政法规的规定,或者与经济法律规范规定不相抵触。同时,还不得有损国家利益或者社会公共利益。

④行为人的行为必须具备法定形式。经济法律关系主体从事经济行为时,必须采取合法方式进行意思表示。法律明确规定,必须采用书面形式或需要经过批准、鉴证、公证以及办理登记过户等手续的,均必须采取法律规定的形式,履行法律规定的手续,否则行

为无效。除法律规定外,经济法律关系主体对经济法律行为采取何种形式,可以相互协商决定。

(4)经济违法行为。经济违法行为是指法律、法规所规定的损害国家、集体和他人经济权利的行为。经济违法行为不仅没有任何法律效力,而且还要受到法律的制裁。经济违法行为就其社会危害程度可分为两种:一种是严重的经济违法行为,其行为触犯刑法,是构成犯罪的经济行为;另一种是一般的经济违法行为,其行为触犯行政管理法规和经济法规,不构成犯罪,只需承担经济责任和行政责任。

任务四 比较法律渊源

法律渊源,是法的各种具体表现形式。法律渊源与立法机关及法律效力直接相关。我国法律渊源主要有宪法、法律、行政法规、地方性法规、规章、司法解释、国际条约及国际惯例。

1. 宪法

宪法是由全国人民代表大会制定和修改的,是国家的根本大法,具有最高法律效力。宪法规定了国家的基本政治制度、基本经济制度,是包括经济法在内全部法律制度的基础,所有的法律制度不得与宪法相违背。

2. 法律

法律是由全国人民代表大会及其常委会制定的规范性文件,在法律地位和法律效力上仅次于宪法。法律是经济法存在和表现的主要形式,并构成经济法律制度的核心内容。例如,《中华人民共和国反不正当竞争法》《中华人民共和国价格法》《中华人民共和国税收征收管理法》《中华人民共和国公司法》《中华人民共和国会计法》。

3. 行政法规

行政法规是指由国家最高行政机关的国务院制定的规范性文件,其法律地位和法律效力仅次于宪法和法律。由于经济法对社会的普遍干预,政府对经济的全方位管理和广泛参与,决定了经济法以行政法规的形式大量存在。例如,《中华人民共和国企业法人登记管理条例》《股票发行与交易管理暂行条例》《中华人民共和国劳动合同法实施条例》《国有土地上房屋征收与补偿条例》。

4. 地方性法规

省、自治区、直辖市以及省级人民政府所在地城市和经国务院批准的较大城市的人民代表大会及其常委会可以制定地方性法规。地方性法规不得与宪法、法律和行政法规相抵触。

民族自治地方的人民代表大会有权根据当地特点,制定自治条例和单行条例。自治条例和单行条例报上一级人大常委会批准后生效,它们也属于经济法的渊源。

特别行政区基本法是经全国人民代表大会授权特别行政区享有立法权。特别行政区基本法和有关规范性文件是特殊地方性规范。

5. 规章

部门规章。部门规章是指国务院所属的各部、各委员会根据法律和国务院行政法规、决定、命令,在本部门权限内发布的规章和规范性的命令和指示。例如《银行账户管理办法》《支付结算办法》。

地方规章。地方规章是指省、自治区、直辖市以及省级人民政府所在地城市和经国务院批准的较大城市的人民政府制定的规范性决定和命令,也是经济法的渊源之一。

6. 司法解释

最高人民法院和最高人民检察院关于处理经济案件的批复和指示、通知等规范性文件,是处理经济活动纠纷的重要形式之一。例如《最高人民法院关于审理劳动争议案件适用法律若干问题的解释(三)》。各级领导的讲话不具有法律效力。

7. 国际条约

国际条约是指我国作为国际法主体同外国或地区缔结的双边、多边协议和其他具有条约、协定性质的文件。上述文件生效后,对缔约国的国家机关、团体和公民具有法律上的约束力。例如,我国加入世界贸易组织与相关国家或地区签订的关贸总协议。

8. 国际惯例

国际惯例是指在国际交往中逐渐形成的不成文的原则和规范,在我国法律和缔结或参加的国际条约中没有规定的,适用国际惯例,成为经济法的渊源之一。

你知道吗?

1. 法律是怎样的一种行为规范?
2. 经济法调整哪些社会关系?
3. 经济法律关系有哪些构成要素?
4. 如何判断一个行为是合法行为还是违法行为?

试一试

1. 经济法律关系主体享有的权利和承担的义务指向的对象是:
   A. 客体   B. 内容
   C. 事实   D. 事件

2. 法律事实中的"事件"指的是:
   A. 签订合同   B. 自然灾害
   C. 交通肇事   D. 行政拘留

3. 经济法律关系调整的对象主要包括:
   A. 市场主体管理关系   B. 市场秩序管理关系
   C. 宏观调控关系   D. 社会保障关系

4.经济法律关系的主体包括:

A.企业　　　　　　　　　B.国家机关

C.自然人　　　　　　　　D.社会团体

5.由国务院制定、法律效力次于法律的是:

A.宪法　　　　　　　　　B.法律

C.行政法规　　　　　　　D.地方性法规

延伸阅读一 ▶▶▶

你知道'违法'离'犯罪'有多远的距离吗?

项目二　平等主体的权利义务

学习目标

1. 了解民事法律关系的基本概念
2. 掌握民事法律行为与代理行为
3. 体会时效制度在权利救济中的价值

学习情境

"借条"和"欠条"区别何在？

在日常经济活动中，因资金流动而发生的私人借贷常出现借款时要么不好意思要个字据，要么随便留下一个字条的现象。但是世事无常，如果对方因经营不善，不能及时偿还借款，需要诉之法院时，就需要有个字据作为证据。

实践中一张只记载了当事人姓名、金额及签字日期的"借条"与"欠条"，当事人一般认为是一样的，殊不知两者在法律上，推定当事人的意思表示有所不同。

借条，是因借款而产生，当事人之间是借款合同关系，借条本身被视为借款合同。只有签字日期，没有约定还款期的借条，属于没有约定还款期限的借款合同，法律规定债权人可以"随时"要求借款人清偿。当借款人不能清偿时，开始计算债权人的诉讼时效，债权人可以在诉讼时效内行使自己的权利。

"随时"是一个不特定的时间，可长可短，最长可以是自借款之日起二十年。这就是借条与欠条之间的重要区别。

欠条，是表示欠款人应当向债权人清偿的债务，是当事人之间存在的债权债务关系的凭证。债权人视引起债务的具体行为，应当在欠条签字之日起诉讼时效内向欠款人请求还款，否则将丧失胜诉权。提供欠条的权利人还应当证明形成欠款的事实，合法的债权债务受法律保护，这是与借条之间的另一个重要区别。

任务一　识别民事主体资格

一、民法的基本概念

民法是调整平等主体的自然人、法人和非法人组织之间的人身关系和财产关系的法律规范的总称。民法主要保护的是平等主体之间的人身权利、财产权利以及其他合法权益。包括以下几个方面：

民事主体是指参加民事法律关系，享有民事权利和承担民事义务的当事人。其中享有民事权利的一方为权利主体；承担义务的一方为义务主体。

人身关系是指平等主体之间基于人身自由和人格尊严形成的社会关系。包括生命权、身体权、健康权、姓名权、肖像权、名誉权、隐私权、婚姻自主权等人格关系；还包括名称权、名誉权、荣誉权及因婚姻、家庭关系产生的身份关系。个人信息受法律保护。除法律另有规定外，人身权利不能放弃或转让。

财产关系是指平等主体之间基于财产的支配和流转所形成的社会关系。包括财产所有权关系，即财产的占有、使用、收益和处分；还包括商品买卖、财产租赁、债权等。

其他财产权利是指除人身权和财产权外的知识产权、股权和其他投资性权利以及民事主体享有的其他民事权利，包括对数据、网络虚拟财产的保护、对未成年人、老年人、残疾人、妇女、消费者权利有法律特别规定的保护。

二、民事主体资格

在民事法律关系中，民事主体包括自然人、法人和非法人组织，他们在法律地位上是平等的。

1. 自然人

自然人是指基于自然生理规律出生的人，包括公民、外国人和无国籍人。自然人必须具有民事权利能力和民事行为能力。

（1）公民

公民是指具有一国国籍，并根据该国法律规定享有权利和承担义务的人。我国宪法规定，凡具有中华人民共和国国籍的人都是中华人民共和国的公民。

（2）外国人

外国人是指在一国境内不具有该国国籍而具有他国国籍的人。不具有该国国籍的人有时也包括无国籍人。外国人一进入一国国境就处于该国的属地优越权之下，要服从所在国的管辖，遵守所在国的法令。所在国则要保护外国人的生命财产的安全和合法权益。

（3）无国籍人

无国籍人是指不具有任何国家国籍的人，或根据任何国家法律都不认为是其公民的人。无国籍人在国际上不受任何国家的外交保护。在中国，无国籍人与外国人处于同等地位。

2. 民事权利能力

民事权利能力是指民事主体享有民事权利和承担民事义务的资格,是民事主体参与民事活动的前提条件,该资格是法律赋予的,不能放弃。

我国公民的民事权利能力始于出生,终于死亡,公民的民事权利能力一律平等。

3. 民事行为能力

民事行为能力是指民事主体能够以自己的行为进行民事活动,取得民事权利和承担民事义务的资格。

自然人的民事行为能力根据年龄和智力发育的不同情况,分为完全民事行为能力人、限制民事行为能力人和无民事行为能力人三种。

(1)完全民事行为能力人。完全民事行为能力人是指可以独立进行民事活动的自然人。我国法律规定,十八周岁以上智力健全的成年人是完全民事行为能力人。十六周岁以上不满十八周岁的未成年人,以自己的劳动收入为主要生活来源的,视为完全民事行为能力人。

(2)限制民事行为能力人。限制民事行为能力人是指只有部分民事行为能力的自然人。我国法律规定,八周岁以上的未成年人和不能完全辨认自己行为的成年人是限制民事行为能力人。限制民事行为能力人可以进行与其年龄、智力和精神状态相适应的民事活动,其他民事活动须由其法定代理人或经法定代理人的同意才能进行,否则行为无效。

(3)无民事行为能力人。无民事行为能力人是指不具有独立进行民事活动能力的自然人。我国法律规定,不满八周岁的未成年人和不能辨认自己行为的成年人是无民事行为能力人,其民事活动由其法定代理人(监护人)代理。

无民事行为能力人造成他人损害的,由监护人承担民事责任。单纯对限制民事行为能力人或无民事行为能力人获利的行为,例如,接受奖励、赠与、报酬、赔偿费等,不受法律限制。

胎儿是特殊的民事主体,涉及遗产继承、接受赠予等胎儿利益保护的,胎儿视为具有民事权利能力;但是胎儿娩出时为死体的,其民事权利能力自始不存在。

4. 法人

法人是指具有民事权利能力和民事行为能力,依法独立享有民事权利和承担民事义务的社会组织。我国法人分为营利法人、非营利法人、特别法人等。

营利法人包括公司及其他企业法人;非营利法人包括事业单位、社会团体、基金会、社会服务机构等;特别法人包括机关法人、农村集体经济组织法人、城镇农村的合作经济组织法人、基层群众性自治组织法人。

(1)法人成立的条件

法人应当具备下列条件:依法成立;有必要的财产或经费;有自己的名称、组织机构和住所;能够独立承担民事责任。

法人与非法人组织的区别在于是否独立承担民事责任。非法人组织,例如个人独资企业、合伙企业,还有经济组织的内部机构、个体工商户等都不能独立承担民事责任。个人独资企业、个体工商户由其投资人以个人财产或家庭财产对企业债务承担无限责任;经济组织的内部机构由该组织承担民事责任。

法人的投资人以其投资额为限承担民事责任。虚假出资或恶意逃避债务的投资人应当依法承担相应的民事责任。

(2)法人的民事权利能力与民事行为能力

法人依法设立后,具有民事权利能力和民事行为能力。法人的民事权利能力与民事行为能力是相一致的,从法人设立时产生,到法人终止时消灭。法人的法定代表人代表法人对外从事民事活动。

(3)法定代表人

法人的法定代表人是法人的组织机构,是依照法律或章程规定,代表法人行使职权的正职负责人。在公司制企业中,董事长为法定代表人。

企业法人应当在核准登记的经营范围内从事经营。法定代表人行使职务行为的法律后果由法人承担。法定代表人违法从事经营活动,本人应承担相应的法律责任。

任务二　辨别民事法律行为

民事法律行为,是指民事主体以意思表示为要素,设立、变更或终止民事法律关系的行为。民事法律行为具有的法律特征是:以意思表示为要素,以设立、变更或终止权利义务为目的,并导致民事权利义务设立、变更、终止效果。

1. 民事法律行为有效要件

民事法律行为的有效要件是指法律行为足以产生权利义务的设立、变更、终止的法律效力。依据《民法典》第一百四十三条规定,具备下列条件的民事法律行为有效:

(1)行为人具有相应的民事行为能力;

(2)意思表示真实;

(3)不违反法律、行政法规的强制性规定,不违背公序良俗。

民事法律行为可以采用书面形式、口头形式或其他形式。法律、行政法规规定或者当事人约定采用特定形式的,应当采用特定形式,例如批准、备案、审核、公告或默示等。

2. 无效民事法律行为

无效民事法律行为是指欠缺法律行为有效要件,行为人设立、变更、终止权利义务的内容不发生法律效力的行为。无效民事法律行为的法定情形:

(1)无民事行为能力人实施的;

(2)限制民事行为能力人依法不能独立实施的;

(3)违反法律、行政法规的强制性规定的;

(4)违背公序良俗的;

(5)行为人与相对人恶意串通,损害他人合法权益的。

无效民事法律行为自始没有法律约束力。民事法律行为部分无效,不影响其他部分的效力的,其他部分仍然有效。

3. 可撤销的民事法律行为

以下情形和人员可以依据《民法典》规定,请求人民法院或者仲裁机关予以撤销相应的民事法律行为:

(1)基于重大误解实施民事法律行为,行为人有权请求撤销;

(2)一方以欺诈手段,使对方在违背真实意思的情况下实施的民事法律行为,受欺诈方有权请求撤销;

(3)第三人实施欺诈行为,使一方在违背真实意思的情况下实施的民事法律行为,对方知道或应当知道该欺诈行为的,受欺诈方有权请求撤销;

(4)一方或者第三人以胁迫手段,使对方在违背真实意思的情况下实施的民事法律行为,受胁迫方有权请求撤销;

(5)一方利用对方处于危困状态、缺乏判决能力等情形,致使民事法律行为成立时显失公平的,受损害方有权请求撤销。

被撤销的民事法律行为从行为开始时没有法律约束力。

依据《民法典》规定,有下列情形之一的,撤销权消灭:

(1)当事人自知道或应当知道撤销事由之日起一年内、重大误解的当事人自知道或者应当知道撤销事由之日起九十日内没有行使撤销权;

(2)当事人受胁迫,自胁迫行为终止之日起一年内没有行使撤销权;

(3)当事人知道撤销事由后明确表示或者以自己的行为表明放弃撤销权。

当事人自民事法律行为发生之日起五年内没有行使撤销权的,撤销权消灭。

民事法律行为被确认为无效、被撤销或者确定不发生效力后,行为人因该行为取得的财产,应当予以返还;不能返还或者没有必要返还的,应当折价补偿。有过错的一方应当赔偿对方由此所受的损失;各方都有过错的,应当各自承担相应的责任。法律另有规定的,依照其规定。

4. 附条件民事行为

民事法律行为在法律中所附条件是当事人所约定的,具有民事法律行为产生或者终止法律效力的客观情况。只有符合下列要求的条件,才能构成民事法律行为所附条件:

(1)应当是尚未发生的事实,而不是在实施民事法律行为时已经发生或者正在发生的事实;

(2)应当是当事人在约定时不知道其将来是否发生,而不是明确在将来必须发生或者必须不发生的事实;

(3)应当是当事人依其意志所选择的事实,而不是法律规定的条件;

(4)应当是符合法律要求的事实,当事人约定的事实不得违反法律的强制性规定,也不得违背社会公序良俗;

(5)应当是约定用于限制民事法律行为效力的事实,而不是为了其他目的。

民事法律行为可以附条件(期限),但是按照其性质不得附条件(期限)的除外。附生效条件(期限)的民事法律行为,自条件成就(期限届至)时生效。附解除条件(终止期限)的民事法律行为,自条件成就(期限届满)时失效。

任务三 正确行使代理权

一、代理的法律特征

代理,是指代理人在代理权限内以被代理人的名义与第三人实施民事法律行为,由被代理人承担民事责任。被代理人又称为本人,第三人又称为相对人。代理具有以下法律特征:

1. 代理人以被代理人的名义实施法律行为。
2. 代理人直接向第三人进行意思表示,此为代理行为与行纪行为的区别。
3. 代理人在代理权限内独立地进行意思表示,此为代理行为与居间行为的区别。
4. 代理行为的法律效果直接归属于被代理人。

公民、法人和非法人组织可以通过代理人实施民事法律行为。

二、代理的适用范围

代理行为适用于民事主体之间设立、变更或终止民事权利义务的法律行为,也适用于申请行为、申报行为、诉讼行为、管理、表决等。

依据法律规定,以下情形不得代理:

1. 依法必须由本人亲自进行不能代理。例如,遗嘱、婚姻登记、收养子女等。
2. 具有人身性质的法律行为不得代理。例如,约稿、绘画、演出、授课、演讲等。
3. 被代理人无权进行的行为不能代理。
4. 法律规定只能由某些民事主体才能代理的行为,他人不能代理。例如证券发行。
5. 违法行为不适用代理。

三、代理的种类

代理可分为委托代理、法定代理和指定代理。

1. 委托代理。委托代理是指根据被代理人的委托而产生的代理关系。可以采用书面形式或口头形式,但法律规定采用书面形式的应当采用书面形式。

授权委托书。授权委托书是委托代理的书面证明,应当载明委托人(被代理人)、代理人的姓名或名称、代理事项、权限和期间,并由被代理人签字或盖章。授权委托书是委托人单方法律行为。

如授权不明,则被代理人应向第三人承担民事责任,代理人承担连带责任。

2. 法定代理。法定代理是指根据法律的直接规定而产生的代理关系。一般是针对无行为能力人、限制行为能力人的代理,因由法律直接规定,法定代理权与被代理人意志无关。

3. 指定代理。指定代理是指在没有法定代理人或者委托代理人的情况下,按照人民法院或有关部门的指定而产生的代理关系。

四、代理权的行使

1. 代理权行使原则

代理权是代理人基于委托或法律规定以被代理人的名义从事的民事活动。代理人应当秉承勤勉谨慎的原则,只能在代理权限范围内亲自履行代理职责。

2. 代理权滥用

代理人不得滥用代理权。代理人滥用代理权包括:

(1)自己代理。即代理人以被代理人的名义同自己实施民事法律行为。

(2)双方代理。即代理人同时代理被代理人和其他人实施民事法律行为。但是被代理的双方同意或者追认的除外。

(3)恶意串通。即代理人与相对人恶意串通,损害被代理人合法利益的行为。

3. 无权代理

无权代理是指没有代理权、超越代理权或代理权终止后继续实施的代理行为。无权代理只有在被代理人自收到通知之日起三十日内予以追认方能变为有权代理,否则对被代理人不发生法律效力。相对人知道或者应当知道行为人无权代理的,相对人和行为人按照各自的过错承担责任。

4. 表见代理

表见代理是指代理人没有代理权、超越代理权或者代理权终止后,仍然实施代理行为,但相对人有理由相信代理人具有代理权,代理行为有效。

有理由相信代理人有代理权应当是相对人主观没有过错且尽到注意义务,客观表现为代理人持有盖有被代理人公章的空白介绍信或合同等。由于被代理人撤销了代理人的代理权而没有通知原来与代理人发生民事关系的相对人,代理人后来以被代理人的名义从事的活动也是表见代理。

执行法人或者非法人组织工作任务的法定代表人和其他工作人员,就其职权范围内的事项,以法人或非法人组织名义实施民事法律行为,对法人或者非法人组织发生效力。

任务四 计算诉讼时效

一、诉讼时效概念

诉讼时效是指权利人在法定期间不提起诉讼以请求保护其民事权利,按法律规定消灭其胜诉权的一种制度。

诉讼时效是一种消灭时效,诉讼时效届满,消灭的是诉讼当事人请求法律强制性保护的权利,即胜诉权,而不是起诉权,权利人仍有通过诉讼方式请求保护的权利。

诉讼时效期间届满的,义务人可以提出不履行义务的抗辩;义务人自愿履行的,不得要求返还。

二、诉讼时效期间

1.诉讼时效。依据我国《民法典》规定,除法律另有规定外,权利人向人民法院请求保护民事权利的诉讼时效期间为三年。

诉讼时效期间自权利人知道或者应当知道权利受到损害以及义务人之日起计算。法律另有规定的,依照其规定。(1)当事人约定同一债务分期履行的,自最后一期履行期限届满之日起计算;(2)未成年人遭受性侵害的损害赔偿请求权,自受害人年满十八周岁之日起计算。

2.最长诉讼时效。法律对权利受到损害的权利保护的最长期限为自受到损害之日起二十年,超过二十年人民法院不予保护。

三、诉讼时效的中止、中断与延长

1.诉讼时效中止。诉讼时效中止是指在诉讼时效期间的最后六个月内,因不可抗力或者其他障碍使权利人不能行使请求权,则法律规定诉讼时效暂停计算,待不可抗力等中止原因消除后,诉讼时效期间为自中止时效的原因消除之日起满六个月届满的制度。

2.诉讼时效中断。诉讼时效中断是指因权利人向义务人提出履行请求或提起诉讼、仲裁或具有同等效力的其他情形,义务人同意履行义务等,从中断、有关程序终结时起,诉讼时效期间重新计算。

3.诉讼时效延长。诉讼时效延长是指诉讼时效期间超过二十年,有特殊情况的,人民法院可以根据权利人的申请决定延长。

四、不适用诉讼时效规定的请求权

根据《民法典》规定,下列请求权不适用诉讼时效的规定:
(1)请求停止侵害、排除妨碍、消除危险;
(2)不动产物权和登记的动产物权的权利人请求返还财产;
(3)请求支付抚养费、赡养费;
(4)依法不适用诉讼时效的其他请求权。包括:支付存款本金及利息请求权;兑付国债、金融债券以及向不特定对象发行的企业债券本息请求权;基于投资关系产生的缴付出资请求权。

诉讼时效的期间、计算方法以及中止、中断的事由由法律规定,当事人约定无效。当事人对诉讼时效利益的预先放弃无效。

你知道吗?

1.民事法律调整哪些社会关系?
2.小女孩巨额捐赠行为为什么需要监护人同意?
3.商家七天无条件退货的法律依据是什么?
4.营销人员以什么方式代表企业从事对外商业活动?
5.时效制度给管理者提了个什么醒?

试一试

1. 民法规范以下财产关系：
A. 财产的占有、使用、收益和处分
B. 财产的赠与
C. 财产的买卖和租赁
D. 人身或财产损害的赔偿

2. 人身关系包括人格权利与身份权利，以下为身份权利的是：
A. 生命权
B. 姓名权
C. 名誉权
D. 抚养权

3. 十六周岁的初中学生能否以自己的名义购买房屋：
A. 不能
B. 能
C. 需要经父母书面同意
D. 说不准

4. 法人的民事行为能力来源于：
A. 行业主管部门批准
B. 工商注册登记
C. 工商部门备案
D. 企业自主行为

5. 民事法律行为有效的条件是：
A. 产生设立、变更和终止民事法律关系的效力
B. 主体具有相应的民事行为能力
C. 意思表示真实
D. 民事行为内容不违反法律或社会公益

6. 以下民事行为可以代理：
A. 管理行为
B. 表决行为
C. 发言
D. 离婚

7. 以下属于滥用代理权的是：
A. 代理买卖双方的民事行为
B. 以代理人的身份与自己交易
C. 公司业务员给予收受公司业务折扣
D. 未经法人授权与第三人进行的业务

8. 诉讼时效为二年的是：
A. 因身体受到伤害请求赔偿的
B. 因合同违约请求承担违约责任的
C. 因产品质量不合格请求财产损害赔偿的
D. 因寄存物灭失而请求赔偿的

延伸阅读二 ▶▶▶

你知道"年龄"是一个很重要的法律事实吗？

项目三　　民事权利救济途径

学习目标

1. 了解民事诉讼程序的基本内容
2. 掌握诉讼管辖、当事人、审判及执行程序
3. 体会民事诉讼程序对当事人权利救济的影响

学习情境

被判证据不足的合同之诉为何赢了？

2020年12月,辽宁省高级人民法院分别对基于拆许字〔2010〕第17号《房屋拆迁许可》相同拆迁事实的418户业主的再审申请作出撤销原判决,支持再审申请人(一审原告)请求拆迁人按回迁面积支付每平方米300元基础装修款的诉讼请求的判决。判决中分别从法律规定与评估认定的角度、诚实信用与公平原则适用的角度、从常识判断与公知认同的角度、从其他证据材料与安置协议能否相互印证的角度、从合同形式约定与实质意思探究的角度、从格式条款订立要求及说明义务的角度,全面论述了被拆迁人提出的拆迁协议约定的房屋价值每平方米5 200元中包含300元的装修费用,拆迁人交付的是清水房,故应当按每平方米300元的价格向再审申请人支付装修费的诉讼主张应当支持。

该案起于沈阳市某拆迁人2010年8月依据沈房拆公字[2010]年第17号拆迁公告,对1 254名HK小区业主拆迁,1 123户业主选择就地置换安置。问题出现在:一方面,在拆迁宣传和评估公示阶段,由于拆迁人所属主管部门领导在拆迁动员大会上口头向回迁业主承诺"拆一补一""拎包入住",在双方签订《城市房屋拆迁补偿安置协议》(非租赁房屋产权调换)前在业主单元门张贴本单元房屋评估价表,没有将《房地产评估报告》全文向各业主公示,其中《房地产估价报告》"估价的假设和限制条例"中记载"本次评估已考虑到房屋为每平方米300元以下简单装修的费用"内容一直到2015年拆迁人以证据方式向法院提交,从没有公开过。另一方面,2013年拆迁人向被拆迁人交付房屋时回迁房屋是清水房。

拆迁人与回迁业主的分歧表现在:部分业主认为拆迁前承诺的"拎包入住""拆一补一",所以回迁房屋应当具有基本的居住功能,交付回迁房屋的标准应当具备用基础装修,包括门、座便、地砖和墙砖等;拆迁人则认为双方签订的《城市房屋拆迁补偿安置

协议》中没有约定交付标准,也没约定基础装修,交付清水房是符合回迁交付的惯例和要求的。因双方协商不成,600多位回迁业主在2015年5月向沈阳市皇姑区人民法院提起民事诉讼,要求拆迁人向被拆迁人按回迁房屋面积退还每平方米300元的基础装修款。该诉讼经一审法院、二审法院,第一次辽宁省高级人民法院再审发回重审后,又经一审法院、二审法院审理均以原告(上诉人)即拆迁人所主张按回迁房屋面积返还每平方米300元基础装修费证据不足,驳回拆迁人原告的诉讼请求。历经六年,在辽宁省高级人民法院提审中,在事实中查明拆迁人以每平方米5 200元收取了拆迁人的回迁房款,以每平方米4 800元的价格向开发商回购的回迁房屋,其中每平方米400元的差价拆迁人取得利益失衡。

2021年3月始,其他业主在得知辽宁省高级人民法院的再审判决后,特别是知道自己的回迁房屋房款中也包含了每平方米300元基础装修款,依据同类案件相同判决的原则,向沈阳市皇姑区人民法院提出诉讼,因拆迁人在签订《城市房屋拆迁补偿安置协议》前未向业主依法公告评估报告假设条件部分涉及评估价格包括基础装修每平方米300元的内容,故自2020年12月辽宁省高级人民法院作出判决,诉讼时效开始起算,最终法院支持了拆迁业主的诉讼请求。

本案再审纠正体现了法律所保护的是合同的平等、诚信和公平的价值原则。

资料来源:中国裁判文书网

任务一 选择一审人民法院

如果经济法律关系主体在经济管理和经济活动中发生争议,或者当事人的权利受到侵害,双方协商无法达成一致时,向人民法院提起诉讼是一个明智的选择。因此,诉讼成为解决争议、取得权利救济的最主要途径。

一、民事诉讼与民事诉讼法

民事诉讼,是指人民法院根据纠纷当事人的请求,运用审判权确认争议各方权利义务关系,解决经济纠纷的活动。经济纠纷所涉及的诉讼多数属于民事诉讼,适用《民事诉讼法》的有关规定。

《中华人民共和国民事诉讼法》在1991年4月9日,第七届全国人民代表大会第四次会议通过,并根据2007年10月28日第十届全国人民代表大会常务委员会第三十次会议《关于修改〈中华人民共和国民事诉讼法〉的决定》进行第一次修正;根据2012年8月31日第十一届全国人民代表大会常务委员会第二十八次会议《关于修改〈中华人民共和国民事诉讼法〉的决定》进行第二次修正;根据2017年6月27日第十二届全国人民代表大会常务委员会第二十八次会议《关于修改〈中华人民共和国民事诉讼法〉的决定》第三次修正了《中华人民共和国民事诉讼法》,自 2017 年 7 月 1 日起施行。根据 2021 年 12 月 24 日中华人民共和国第十三届全国人民代表大会常务委员会第三十二次会议通过《全国人民代表大会常务委员会关于修改〈中华人民共和国民事诉讼法〉的决定》,自 2022 年 1 月 1 日起施行。

二、诉讼的基本原则

1. 人民法院独立行使审判权原则。人民法院审理案件,不受任何行政机关、社会团体和个人的干涉。
2. 以事实为根据,以法律为准绳原则。
3. 适用法律平等原则。公民在适用法律上一律平等。
4. 诉讼以本民族语言文字进行原则。在少数民族聚居或者多民族共同居住的地区,人民法院应当用当地民族通用的语言文字审理案件并发布法律文书。人民法院应当对不通晓当地民族通用语言、文字的诉讼参与人提供翻译。

三、诉讼的基本制度

1. 公开审判制度。人民法院审判案件一律公开进行,但涉及国家秘密、个人隐私的案件不进行公开审理。
2. 合议制度。人民法院在审理民事案件时实行集体审理和评议的制度。
3. 回避制度。为了保证案件的公正审理,与案件有一定利害关系的审判人员或其他有关人员,不得参与本案的审理活动或诉讼活动。
4. 两审终审制度。人民法院审理民事案件,依照法律规定实行两审终审制度。所谓两审终审制度是指某一案件经过两级人民法院审判后即告终结的制度。

四、管辖

管辖,是指各级人民法院之间以及同级人民法院之间受理第一审民事、经济纠纷案件的分工和权限,包括级别管辖、地域管辖、移送管辖与指定管辖。

1. 级别管辖

依据《民事诉讼法》规定,我国人民法院分为四级:
(1)基层人民法院,原则上管辖第一审案件。
(2)中级人民法院,管辖在本辖区内有重大影响的案件、重大涉外案件及由最高人民法院确定由中级人民法院管辖的案件。
(3)高级人民法院,管辖在辖区内有重大影响的第一审案件。
(4)最高人民法院,管辖在全国有重大影响的案件以及认为应当由它审理的案件。此外,我国还有军事法院、海事法院和铁路运输法院等专门人民法院。

2. 地域管辖

地域管辖,包括一般地域管辖、特殊地域管辖、专属地域管辖、协议地域管辖。
(1)一般地域管辖,适用"原告就被告"原则,即由被告住所地人民法院管辖。我国《民事诉讼法》规定了十类特殊地域管辖：

①因合同纠纷提起的诉讼，由被告住所地或者合同履行地人民法院管辖。

②因保险合同纠纷提起的诉讼，由被告住所地或者保险标的物所在地人民法院管辖。

③因票据纠纷提起的诉讼，由票据支付地或者被告住所地人民法院管辖。

④因公司设立、确认股东资格、分配利润、解散等纠纷提起的诉讼，由公司住所地人民法院管辖。

⑤因铁路、公路、水上、航空运输和联合运输合同纠纷提起的诉讼，由运输始发地、目的地或者被告住所地人民法院管辖。

⑥因侵权行为提起的诉讼，由侵权行为地或者被告住所地人民法院管辖。

⑦因铁路、公路、水上和航空事故请求损害赔偿提起的诉讼，由事故发生地或者车辆、船舶最先到达地、航空器最先降落地或者被告住所地人民法院管辖。

⑧因船舶碰撞或者其他海事损害事故请求损害赔偿提起的诉讼，由碰撞发生地、碰撞船舶最先到达地、船舶被扣留地或者被告住所地人民法院管辖。

⑨因海难救助费用提起的诉讼，由救助地或者被救助船舶最先到达地人民法院管辖。

⑩因共同海损提起的诉讼，由船舶最先到达地、共同海损理算地或者航程终止地的人民法院管辖。

(2) 专属地域管辖

依据《民事诉讼法》规定，以下三类案件是专属地域管辖的案件：

①不动产纠纷提起的诉讼，由不动产所在地人民法院管辖。

②因港口作业中发生纠纷提起的诉讼，由港口所在地人民法院管辖。

③因继承遗产纠纷提起的诉讼，由被继承人死亡时住所地或者主要遗产所在地人民法院管辖。

(3) 协议地域管辖

协议地域管辖，是指合同双方当事人在合同中协议选择管辖法院，但不得违反《民事诉讼法》对级别管辖和专属管辖的规定。

合同或者其他财产权益纠纷的当事人可以书面协议选择被告住所地、合同履行地、合同签订地、原告住所地、标的物所在地等与争议有实际联系的地点的人民法院管辖。

两个以上人民法院都有管辖权的诉讼的，原告可以向其中一个人民法院起诉；原告向两个以上有管辖权的人民法院起诉的，由最先立案的人民法院管辖。

3. 移送管辖与指定管辖

受诉人民法院发现受理的案件不属于本院管辖的，应当移送有管辖权的人民法院，接受移送的人民法院应当受理。有管辖权的人民法院由于特殊原因，不能行使管辖权的，由上级人民法院指定管辖。人民法院之间因管辖权发生争议的，由争议双方协商解决，协商不成，报请双方共同的上级人民法院指定管辖。

上级人民法院有权审理下级人民法院管辖的第一审民事案件；确有必要将本院管辖的第一审民事案件交下级人民法院审理的，应当报请其上级人民法院批准。

依据《最高人民法院关于人民法院登记立案若干问题的规定》，自2015年5月1日起，人民法院对依法应该受理的一审民事起诉、行政起诉和刑事自诉案件实行立案登记制,对起诉、自诉,人民法院应当一律接收诉状,出具书面凭证并注明收到日期。对符合法律规定的起诉、自诉,人民法院应当当场予以登记立案。

任务二　参与诉讼活动

诉讼参与人以自己的名义参加经济诉讼活动,并受人民法院裁判约束。《民事诉讼法》规定,参与诉讼的人有当事人和诉讼代理人。

音频:合同纠纷案件的诉讼管辖

一、当事人

当事人是指因民事权益发生纠纷,以自己的名义进行诉讼,与案件审理的结果有法律上的利害关系,并受法院裁判约束的人。法人由其法定代表人进行诉讼。其他组织由其主要负责人进行诉讼。

当事人有权委托代理人,提出回避申请,收集、提供证据,进行辩论,请求调解,提起上诉,申请执行。当事人可以查阅本案有关材料,并可以复制本案有关材料和法律文书。

当事人具体包括:

1. 原告

原告是指为维护自己的经济权益,以自己的名义向人民法院提起诉讼的公民、法人或其他组织。

2. 被告

被告是指与原告发生经济权益争议,被原告指控,并被人民法院通知应诉的公民、法人或其他组织。

3. 共同诉讼人

共同诉讼人是指当事人一方或双方为二人以上(含二人),诉讼标的是共同的,或者诉讼标的是同一种类、人民法院认为可以合并审理并经当事人同意,一同在人民法院进行诉讼的人。二人以上共同起诉的,称为共同原告,二人以上共同应诉的,称为共同被告。

对污染环境、侵害众多消费者合法权益等损害社会公共利益的行为,法律规定的机关和有关组织可以向人民法院提起诉讼。

4. 第三人

经济诉讼中的第三人是指在已经开始的诉讼中,对他人之间的诉讼标的具有全部的或部分的独立请求权的人,或者虽然不具有独立请求权,但案件的处理结果与其有法律上的利害关系的人。其中,有独立请求权的第三人与本诉的原被告双方独立,处于原告地位的,享有原告的诉讼权利,承担原告的诉讼义务;无独立请求权的第三人则依附某一方当事人而参加诉讼,在诉讼中享有一定的权利,人民法院判决其承担民事责任的,享有上诉权,以及在二审程序中承认和变更诉讼请求、进行和解、请求执行等权利。

诉讼第三人,因不能归责于本人的事由未参加诉讼,但有证据证明发生法律效力的判决、裁定、调解书的部分或者全部内容错误,损害其民事权益的,可以自知道或者应当知道其民事权益受到损害之日起六个月内,向做出该判决、裁定、调解书的人民法院提起诉讼。

人民法院经审理,诉讼请求成立的,应当改变或者撤销原判决、裁定、调解书;诉讼请求不成立的,驳回诉讼请求。

二、诉讼代理人

诉讼代理人是为被代理人利益,以被代理人名义进行诉讼的人。诉讼代理人又分为法定诉讼代理人和委托诉讼代理人。

1. 法定诉讼代理人

法定诉讼代理人是指根据法律规定代理无诉讼行为能力的当事人实施诉讼行为的人。法定诉讼代理人的范围与监护人的范围是一致的,如未成年人以其监护人为法定诉讼代理人,精神病人以其父母、配偶、成年子女为共同法定诉讼代理人。

2. 委托诉讼代理人

委托诉讼代理人是指受当事人的委托,以当事人的名义代为诉讼的人。当事人可以委托一至二位诉讼代理人。依据《民事诉讼法》规定,下列人员可以经委托人的书面授权成为诉讼代理人:

(1)律师、基层法律服务工作者;
(2)当事人的近亲属或者工作人员;
(3)当事人所在社区、单位以及有关社会团体推荐的公民。

委托诉讼代理人必须在委托授权范围内实施诉讼行为。诉讼结果由委托人承担。

三、证据与举证责任

诉讼活动中,当事人或代理人应当对自己所主张的事实依法举证,人民法院对事实的认定主要是依据案件的举证责任,由原告、被告分别举证和质证,对证据能够证明的事实予以审查认定,作出判决。

1. 证据

证据是指能够证明案件情况的一切事实,证据必须查证属实,才能作为认定事实的根据。《民事诉讼法》第六十六条规定民事证据包括:

(1)当事人的陈述;
(2)书证;
(3)物证;
(4)视听资料;
(5)电子数据;
(6)证人证言;
(7)鉴定意见;
(8)勘验笔录。

2. 举证责任

举证责任又称证明责任,是指当事人对自己提出的主张,有提出证据并加以证明的责任。如果当事人未能尽到上述责任,则有可能承担对其主张不利的法律后果。

经济诉讼中实行的是"谁主张,谁举证"的原则。当然,当事人及其诉讼代理人因客观原因不能自行收集的证据,或者人民法院认为审理案件需要的证据,人民法院应当调查收集。最高人民法院《关于民事诉讼证据的若干规定》自2020年5月1日起实施,当事人有如实陈述事实的义务。

任务三　了解法院审判与执行程序

一、第一审程序

第一审程序包括普通程序和简易程序。

适用普通程序审理的案件,由三名以上的审判员或审判员与陪审员共同组成合议庭审理。普通程序应当在立案之日起六个月内审结。有特殊情况需要延长的,由本院院长批准,可以延长六个月;还需要延长的,报请上级人民法院批准。

简易程序审理的案件,是指基层人民法院及其派出的人民法庭,审理简单民事案件所适用的既独立又简便易行的诉讼程序。它适用于事实清楚、权利与义务明确,争议不大的简单案件。由审判员一人独任审理。

应当适用简易程序,标的额为各省、自治区、直辖市上年度就业人员年平均工资百分之五十以下的,适用小额诉讼的程序审理,实行一审终审。

除法定适用简易程序外,当事人双方也可以约定适用简易程序。简易程序应在三个月内审结。

1. 起诉和受理

(1)起诉。起诉是指当事人就经济纠纷向人民法院提起诉讼,请求人民法院依照法定程序进行审判的行为。起诉必须符合下列条件:

①原告是与本案有直接利害关系的公民、法人和其他组织;

②有明确的被告;

③有具体的诉讼请求、事实和理由;

④属于人民法院受理民事诉讼的范围和受诉人民法院管辖。

(2)受理。人民法院收到起诉状,应在七日内审查立案并通知当事人;认为不符合起诉条件的,应当在七日内裁定不予受理。原告对裁定不服的,可以向上一级人民法院提起上诉。

2. 审理前的准备

人民法院应当在立案之日起五日内将起诉状副本发送给被告,被告在收到起诉状之日起的十五日内提出答辩状。被告提出答辩状的,人民法院应当在收到之日起五日内将答辩状副本发送原告。被告不提出答辩状的,不影响人民法院审理。

人民法院对决定受理的案件,应当在受理案件通知书和应诉通知书中向当事人告知有关的诉讼权利与义务。合议庭组成人员确定后,应当在三日内告知当事人。

3. 开庭审理

开庭审理是指人民法院在当事人和其他诉讼参与人的参加下,依照法定的形式和程序,在法庭上对案件进行全面审理并作出裁判的诉讼活动。

人民法院审理民事案件,应当在开庭三日前通知当事人和其他诉讼参与人。公开审理的,应当公示当事人姓名、案由和开庭的时间、地点。

人民法院审理民事案件,除涉及国家秘密、个人隐私或者法律另有规定的以外,应当公开进行。离婚案件,涉及商业秘密的案件,当事人申请不公开审理的,可以不公开审理。开庭审理包括庭审准备、法庭调查、法庭辩论、评议和宣判等阶段。

4. 调解和判决

人民法院审理民事案件,根据当事人自愿的原则,在事实清楚的基础上,分清是非,进行调解。调解可以由审判员一人主持,也可以由合议庭主持,并尽可能就地进行。调解达成协议,人民法院应当制作调解书。调解书经双方当事人签收后,即具有法律效力。调解不成时,应当及时判决。判决可以当庭宣布,也可以定期宣判。

二、第二审程序

第二审程序又称上诉程序。当事人不服地方人民法院第一审判决的,有权在判决书送达之日起十五日内向上一级人民法院提起上诉。当事人不服地方人民法院第一审裁定的,有权在裁定书送达之日起十日内向上一级人民法院提起上诉。

1. 递交上诉状

上诉应当递交上诉状。上诉状的内容,应当包括当事人的姓名、法人的名称及其法定代表人的姓名或者其他组织的名称及其主要负责人的姓名;原审人民法院名称、案件的编号和案由;上诉的请求和理由。

上诉状应当通过原审人民法院提出,并按照对方当事人或者代表人的人数提出副本。当事人直接向第二审人民法院上诉的,第二审人民法院应当在五日内将上诉状移交原审人民法院。

2. 合议庭审理

第二审人民法院对上诉案件,应当组成合议庭,开庭审理。经过审阅和调查,询问当事人,在事实核对清楚后,合议庭认为不需要开庭审理的,也可以径行判决、裁定。

第二审人民法院审理上诉案件,可以进行调解。调解达成协议,应当制作调解书,由审判人员、书记员署名,加盖人民法院印章。调解书送达后,原审人民法院的判决即视为撤销。

3. 第二审的审限

人民法院审理对判决上诉的案件,应当在第二审立案之日起三个月内审结。有特殊情况需要延长的,由本院院长批准。人民法院审理对裁定的上诉案件,应当在第二审立案之日起三十日内作出终审裁定。

三、特别程序

1. 确认调解协议案件

申请司法确认调解协议,由双方当事人依照人民调解法等法律,自调解协议生效之日起三十日内,共同向调解组织所在地基层人民法院提出。

人民法院受理申请后,经审查,符合法律规定的,裁定调解协议有效,一方当事人拒绝履行或者未全部履行的,对方当事人可以向人民法院申请执行;不符合法律规定的,裁定驳回申请,当事人可以通过调解方式变更原调解协议或者达成新的调解协议,也可以向人民法院提起诉讼。

2. 实现担保物权案件

申请实现担保物权,由担保物权人以及其他有权请求实现担保物权的人依照《民法典》(物权篇)等法律,向担保财产所在地或者担保物权登记地基层人民法院提出申请。

人民法院受理申请后,经审查,符合法律规定的,裁定拍卖、变卖担保财产,当事人依据该裁定可以向人民法院申请执行;不符合法律规定的,裁定驳回申请,当事人可以向人民法院提起诉讼。

四、审判监督程序

1. 审判监督程序受理

审判监督程序,又称再审程序。审判监督程序不是民事诉讼的第二审程序,而是纠正人民法院所作生效裁判错误的一种补救性的独立审判程序。

当事人对已经发生法律效力的判决、裁定,认为有错误的,可以向上一级人民法院申请再审;当事人一方人数众多或者当事人双方为公民的案件,也可以向原审人民法院申请再审。当事人申请再审的,不停止对判决、裁定的执行。

2. 再审程序的审理

各级人民法院院长对本院已经发生法律效力的判决、裁定,发现确有错误,认为需要再审的,应当提交审判委员会讨论决定。

最高人民法院对地方各级人民法院已经发生法律效力的判决、裁定以及上级人民法院对下级人民法院已经发生法律效力的判决、裁定,发现确有错误的,有权提审或者指令下级人民法院再审。

人民法院审理再审案件,应当另行组成合议庭。

3. 再审程序的判决

人民法院按照审判监督程序再审的案件,发生法律效力的判决、裁定是由第一审法院作出的,按照第一审程序审理,所作的判决、裁定,当事人可以上诉;发生法律效力的判决、裁定是由第二审法院作出的,按照第二审程序审理,所作的判决、裁定,是发生法律效力的判决、裁定；上级人民法院按照审判监督程序提审的，按照第二审程序审理，所作的判决、裁定是发生法律效力的判决、裁定。

五、执行程序

对发生法律效力的判决、裁定、调解书和其他应由人民法院执行的法律文书，当事人必须履行。拒绝履行的，享有权利的一方可向人民法院申请强制执行。

生效的民事判决、裁定、调解书由第一审人民法院强制执行。仲裁裁决书、调解书和公证债务文书由被执行人住所地或被执行财产所在地的人民法院执行。

申请执行的期间为二年，从法律文书规定履行期间的最后一日起计算。申请执行时效的中止、中断，适用法律有关诉讼时效中止、中断的规定。

你知道吗？

1. 原告如何选择一审法院？
2. 哪些人能够参与诉讼活动？
3. 举证责任如何决定诉讼成败？
4. 每个程序的审限是多少？

试一试

1. 特殊管辖中，以下表述正确的是：

A. 因合同纠纷提起的诉讼，由被告住所地或者合同履行地人民法院管辖

B. 因票据纠纷提起的诉讼，由票据支付地或者被告住所地人民法院管辖

C. 因侵权行为提起的诉讼，由侵权行为地或者被告住所地人民法院管辖

D. 因铁路、公路、水上、航空运输和联合运输合同纠纷提起的诉讼，由运输始发地、目的地或者被告住所地人民法院管辖

2. 以下哪种事由引起的纠纷，由公司住所地人民法院管辖：

A. 公司设立　　　　　　　　B. 确认股东资格

C. 分配利润　　　　　　　　D. 公司解散

3. 下列纠纷属于专属管辖：

A. 不动产纠纷提起的诉讼，由不动产所在地人民法院管辖

B. 因港口作业中发生纠纷提起的诉讼，由港口所在地人民法院管辖

C. 因继承遗产纠纷提起的诉讼，由被继承人死亡时住所地或者主要遗产所在地人民法院管辖

D. 因知识产权归属纠纷引起的诉讼，由被告所在地中级人民法院管辖

4. 法律允许合同双方当事人在合同中协议选择的管辖法院范围是：

A. 原告住所地　　　　　　　B. 合同履行地

C. 合同签订地　　　　　　　D. 标的物所在地

5.当事人可以用以下形式证明争议事实:
A.当事人的陈述　　　　　　B.书证
C.视听资料　　　　　　　　D.电子数据

6.原告起诉满足以下条件方可被法院依法受理:
A.原告是与本案有直接利害关系的公民、法人和其他组织
B.有明确的被告
C.有具体的诉讼请求和事实理由
D.属于人民法院受理民事诉讼的范围和受诉人民法院管辖

7.以下有关上诉期限正确的是:
A.判决书作出之日起十五日内向上一级人民法院提起上诉
B.裁定书作出之日起十日内向上一级人民法院提起上诉
C.判决书送达之日起十五日内向上一级人民法院提起上诉
D.裁定书送达之日起十日内向上一级人民法院提起上诉

延伸阅读三 ▶▶▶

你知道什么样的'微信记录'证据能被法院采纳吗?

市场主体设立、变更、终止

模块二

【学习任务】
1. 学习不同企业的法律特征
2. 掌握各类企业的设立条件和设立程序
3. 比较设立各类企业的优劣

【管理与法律的共同语言】

　　我国在"解放思想,实事求是,团结一致向前看"的精神感召下,拉开了全面进行经济建设的大幕。四十余年走过的改革开放之路,"摸着石头"沿着从单一股东的私营企业到多人股东的公众股份公司的轨道,走得最远的当属以《公司法》为标志的现代企业制度的经济体制改革。在从计划经济迈向市场经济的历程中,我国摒弃了"一大二公"的公有制经济体制,逐步走向了坚持和完善"以公有制为主体,多种所有制经济共同发展"的社会主义市场经济制度,企业形态呈现多元化,企业的划分逐渐突破了所有制标准,呈现以企业的资本形态、投资人责任形式为标准的《个人独资企业法》《合伙企业法》《公司法》等市场化的企业组织法。

项目四　企业的设立

学习目标

1. 了解各类企业的法律特征
2. 掌握各类企业的设立条件和设立程序
3. 体会设立各类企业的优劣

学习情境

构建企业有哪些基本要求？

根据国家现行企业法律制度的要求，企业必须经工商行政部门登记，取得营业执照，具有相应的民事权利能力和民事行为能力，方可在经营范围内从事经济活动，否则，其经营行为不受法律保护。

企业是以营利为目的的经济组织。企业投入运行的基本要素和所形成的基本结构及自我调节的方式是企业运行的重要内容。依法取得企业经营资格、建立相应的组织机构、依法进行管理是实现企业运行和营利的前提。

创立企业首先要选择所要投资的行业，其次还要考虑由哪些人投资，投资的金额、方式，企业债务的承担，同时还要兼顾企业发展的目标，投资人或企业可能得到的各项投资、税收的优惠政策等问题，最后具体考虑设立哪一种企业形态，在哪里进行工商登记。

设立登记和企业运行受现行法律制度的规制。2013年7月3日，国务院常务会议讨论并原则通过了《中国(上海)自由贸易试验区总体方案》(草案)，国务院批准设立中国(上海)自由贸易试验区，包括实现自由贸易区内人民币自由兑换，以及企业所得税降至百分之十五的政策，成为中国自由贸易的试验田，在政府与市场关系中为企业开了方便之路。

资料来源：中国(上海)自由贸易试验区管理委员会官网

任务一　设立个人独资企业

一、个人独资企业的概念及法律特征

1. 个人独资企业的概念

个人独资企业，是指依照《中华人民共和国个人独资企业法》(以下简称《个人独资企

业法》）在中国境内设立，由一个自然人投资，财产为投资人个人所有，投资人以其个人财产对企业债务承担无限责任的经营实体。

2. 个人独资企业的法律特征

（1）投资人为一个自然人。根据《个人独资企业法》的规定，个人独资企业的投资人只能是一个自然人，国家机关、国家授权投资的机构或者国家授权的部门、企业、事业单位等都不能作为个人独资企业的投资人。

（2）企业的财产为投资人个人所有。企业的财产不论是投资人的原始投入，还是经营所得，均归投资人所有，投资人是企业的所有者，依法享有企业财产的所有权，其权利依法可以继承和转让；企业内部机构、决策程序比较简单，投资人可以依法自己经营。

（3）投资人对企业的债务承担无限责任。当企业的资产不足以清偿到期债务时，投资人应以自己个人的全部财产用于清偿企业债务。

（4）企业是非法人企业。个人独资企业不具有法人资格，也无独立承担民事责任的能力。但个人独资企业是独立的民事主体，可以以自己的名义从事民事活动。

3. 个人独资企业的权利与义务

广义的个人独资企业法，是指国家关于个人独资企业制定的各种法律规范的总称；狭义的个人独资企业法是1999年8月30日第九届全国人民代表大会常务委员会第十一次会议通过的《个人独资企业法》，该法共六章四十八条。自2000年1月1日起施行。

依据现行《个人独资企业法》规定，个人独资企业享有如下权利与义务：

（1）个人独资企业权益受法律保护

个人独资企业的财产权，是指个人独资企业的财产所有权，包括对财产的占有、使用、处分和收益的权利；其他合法权益是指财产所有权以外的相关权益，例如，名称权、自主经营权、平等竞争权、拒绝摊派权等。

（2）个人独资企业依法履行法定义务

个人独资企业从事经营活动必须遵守法律、行政法规，遵守诚实信用原则，不得损害社会公共利益；个人独资企业应当依法履行纳税义务；个人独资企业应当依法招用职工，企业职工的合法权益受法律保护。

二、个人独资企业的设立条件

根据《个人独资企业法》第八条的规定，设立个人独资企业应当具备下列条件：

1. 投资人为一个自然人。投资人只能是中国公民，投资人应当具有完全行为能力，法律、行政法规禁止从事营利性活动的人，不得作为投资人申请设立个人独资企业。例如，法官、检察官、警察、国家公务员及商业银行的工作人员等。

2. 有合法的企业名称。名称是企业的标志，个人独资企业的名称应当与其责任形式及从事的营业范围相符合。个人独资企业的名称中不得使用"有限""有限责任""公司"字样，个人独资企业的名称可以为厂、店、部、中心、工作室等。

3. 有投资人申报的出资。法律对设立个人独资企业的出资额未作限制，投资人申报的出资额应当与企业的生产经营规模相适应。

根据国家工商行政管理局《关于实施〈个人独资企业登记管理办法〉有关问题的通知》

规定，设立个人独资企业可以用货币出资，也可以用实物、土地使用权、知识产权或者其他财产权利出资。采取实物、土地使用权、知识产权或者其他财产权利出资的，应将其折算成货币数额。

投资人以其家庭财产出资作为个人出资的，应当依法以家庭共有财产对企业债务承担无限责任。投资人的企业收益主要用于家庭生活时，视为家庭财产出资。

4.有固定的生产经营场所和必要的生产经营条件。生产经营场所包括企业的住所和与生产经营相适应的住所。住所是企业的主要办事机构所在地，是企业的法定地址。

5.有必要的从业人员。即要有与其生产经营范围、规模相适应的从业人员。

三、个人独资企业的设立程序

1.提出申请。申请设立个人独资企业，应当由投资人或者其委托的代理人向个人独资企业所在地的登记机关提出设立申请。投资人申请设立登记，应当向登记机关提交下列文件：投资人签署的个人独资企业设立申请书、投资人身份证明、生产经营场所使用证明等。委托代理人申请设立登记时，应当出具投资人的委托书和代理人的合法证明。

设立申请书应当载明的事项有：企业的名称和住所、投资人的姓名和住所、投资人的出资额、出资方式、经营范围及经营方式。

个人独资企业投资人以个人财产出资或者以家庭共有财产作为个人出资的，应当在设立申请书中予以明确。

2.工商登记。登记机关应当在收到设立申请文件之日起十五日内，对符合《个人独资企业法》规定条件的，予以登记，发给营业执照；对不符合《个人独资企业法》规定条件的，不予登记，并发给《企业登记驳回通知书》。

个人独资企业的营业执照的签发日期，为个人独资企业成立日期。在领取个人独资企业营业执照前，投资人不得以个人独资企业名义从事经营活动。

个人独资企业设立分支机构，应由投资人或其委托的代理人向分支机构所在地的登记机关申请登记，领取营业执照。分支机构的民事责任由设立该分支机构的个人独资企业承担。

你知道吗？

设立个人独资企业需要满足哪些条件？

试一试

1.不能成为个人独资企业出资的是：
A.房屋　　　　　　　　　　B.劳务
C.机器设备　　　　　　　　D.商标权

2.不能成为个人独资企业投资人的是：
A.退休公务员　　　　　　　B.教师
C.警察　　　　　　　　　　D.商业银行工作人员

3. 设立个人独资企业应当按什么顺序筹备：
A. 工商登记　　　　　　　　　　　B. 投资人出资
C. 申请个人独资企业的名称　　　　D. 选择厂址和聘用人员
4. 设立申请书应当载明的事项有：
A. 企业的名称和住所　　　　　　　B. 投资人的姓名和住所
C. 投资人的出资额和出资方式　　　D. 经营范围及方式

学习拓展

你知道什么叫"个体工商户"吗？

个体工商户，是指公民个人或家庭依据《个体工商户条例》，经核准登记，以个体财产或家庭财产为经营资本，在法定范围内从事工商业经营的一种特殊民事主体。

法律赋予公民（自然人）以个体工商户的特殊形式从事工商业经营，个体工商户不是严格法律意义上的企业。个体工商户可以不起字号名称。

个体工商户投入的资产实行申报制，不需要经过法定的验资机构验资，个人或家庭对债务承担无限责任。个体工商户也可以没有固定的生产经营场所，而是流动经营。个体工商户不能设立分支机构。个体工商户不能以企业名义投资作为公司股东，只能以个人投资者（自然人）身份投资成为公司股东。

城镇待业人员、农村村民、港澳台同胞以及国家政策允许的其他人员，可以申请从事个体工商业经营，依法经核准登记后为个体工商户。

从事美容、机动车修理、家电修理职业（工种）的个体工商户和私营企业从业人员，应当具有相应的职业资格证书。

法官、警察、检察官、商业银行工作人员、国家公务员及党政机关工作人员等属于国家政策不允许个人投资经营的人员，不得申请个体工商户登记。

学习情境

什么情况下选择成立合伙企业？

1997年2月23日，第八届全国人民代表大会常务委员会第二十四次会议通过《中华人民共和国合伙企业法》，该法于2006年8月27日第十届全国人民代表大会常务委员会第二十三次会议修订，自2007年6月1日起施行。有限合伙制度在完善我国企业责任制度，保护非公有制经济，促进企业融资等方面提供了制度上的保障。

合伙企业以其组织简便灵活、运营成本低、应变能力强等优势，始终具有很强的生命力。自《合伙企业法》施行后，投资人在设立企业时，除了可以选择有限责任公司或者股份有限公司外，又多了个选择。合伙企业可以为投资人下列投资特点和愿望提供法律支持：

1. 个人之间或至少一个承担无限责任个人与法人或其他组织间开办合伙企业,适用《合伙企业法》。法人参与合伙可以利用合伙企业形式灵活、合作简便、成本较低等优势,实现其特定的经营目标,也有利于大型企业与创新型中小企业进行合作开发新产品、新技术,实现创新发展,增强企业竞争力。

2. 法人或其他组织发挥资金优势与自然人的智力优势相结合,组合开办合伙企业,适用《合伙企业法》。法人可以利用合伙形式与具有专业知识与技能等智力优势的个人,建立以有限合伙为组织形式的风险投资机构,从事高科技项目的投资。

3. 有限合伙企业中的"有限责任"的特殊适用。有限合伙企业的法人与其他组织的"有限责任"是以其出资额为限,对合伙企业及合伙企业的债务人承担有限责任。合伙企业法中"有限责任"对象与有限责任公司中的"有限责任"不同,后者只对公司以其出资额为限承担有限责任,不直接对公司的债务人承担责任。

4. 会计、律师等以专业知识和专门技能为客户提供有偿服务的专业服务机构,设立为特殊的普通合伙企业,适用《合伙企业法》。

5. 根据《财政部 国家税务总局关于合伙企业合伙人所得税问题的通知》(财税〔2008〕159号),合伙企业合伙人是自然人的,缴纳个人所得税;合伙人是法人和其他组织的,缴纳企业所得税。

任务二 设立合伙企业

一、合伙企业的概念及法律特征

1. 合伙企业的概念

合伙企业,是指自然人、法人和其他经济组织依照《中华人民共和国合伙企业法》(以下简称《合伙企业法》)在中国境内设立的由各合伙人订立合伙协议,共同出资、合伙经营、共享收益的普通合伙企业和有限合伙企业。

2. 合伙企业的法律特征

(1)合伙企业的合伙人以合伙协议形成契约关系,而非股权关系;合伙人的权利与义务以合伙协议约定为主,没有约定或约定不明确的按《合伙企业法》的规定执行。

(2)合伙人可以以法定的方式出资。普通合伙人可以以劳务出资,即以自己已经付出的或未来付出的能够给合伙企业带来利益的劳务出资。

(3)合伙企业事务可以由全体合伙人管理,也可以由一名或者数名合伙人、委托其他人执行合伙企业事务。

(4)合伙人对合伙企业债务人承担连带责任。合伙协议不得约定合伙人只享有合伙企业权利而不承担合伙企业义务,也不得约定只承担合伙企业风险,不享有合伙收益。

音频:合伙型联营企业是否属于合伙企业

二、普通合伙企业的设立

1. 普通合伙企业的概念

普通合伙企业由普通合伙人组成，合伙企业出资没有最低出资限额要求，经合伙人同意可以以劳务等形式出资，合伙企业财产不足清偿到期债务时，合伙人对合伙企业债务承担无限连带责任。合伙人按合伙协议的约定享有权利并承担义务，协议约定不清或没有约定时，按法律规定。

2. 普通合伙企业的设立条件

设立普通合伙企业，应当具备下列条件：

(1)有二个以上合伙人。自然人和其他组织都可以依法成为普通合伙企业的合伙人。合伙人为自然人的，应当具备完全民事行为能力。法律、行政法规规定禁止从事营利性活动的人，不得成为合伙企业的合伙人。国有独资公司、国有企业以及公益性的事业单位、社会团体不得成为普通合伙人。

(2)有书面合伙协议。合伙协议经全体合伙人签字、盖章后生效。

(3)有合伙人认缴或者实际缴付的出资。合伙人可以用货币、实物、知识产权、土地使用权或者其他财产权利出资，也可以用劳务出资。

合伙人以劳务出资的，其评估办法由全体合伙人协商确定，并在合伙协议中载明；其他非货币出资需要评估作价的，可以由全体合伙人协商确定，也可以由全体合伙人委托法定评估机构评估。

非货币出资需要依法办理相应财产权转移手续。

(4)有合伙企业的名称和生产经营场所。合伙企业名称中应当标明"普通合伙"字样。

(5)法律、行政法规规定的其他条件。

由以专业知识和专门技能为客户提供有偿服务的专业服务机构，设立的特殊的普通合伙企业，例如会计师事务所、律师事务所等，如果一个合伙人或者数个合伙人在执业活动中因故意或者重大过失造成合伙企业债务的，有责任的合伙人应承担无限责任或者无限连带责任，而其他合伙人以其在合伙企业中的财产份额为限承担有限责任。

> 微课
>
> 音频：合伙企业与有限公司的区别

三、有限合伙企业的设立

1. 有限合伙企业的概念

有限合伙企业，是由普通的合伙人和有限合伙人组成的。有限合伙人可以是公民、法人和其他组织。有限合伙人不参与执行合伙企业事务，不对外代表组织，只按合伙协议比例享受利润分配，以其出资额为限对合伙的债务承担清偿责任，其对企业承担着主要的投资任务。

2. 有限合伙企业的设立条件

有限合伙企业的设立，需要符合以下条件：

(1)有限合伙企业由二个以上五十个以下合伙人设立，法律另有规定的除外。有限合伙企业至少应当有一个普通合伙人。国有独资公司、国有企业以及公益性的事业单位、社会团体不得成为有限合伙企业的普通合伙人。

(2)有限合伙企业名称中应当标明"有限合伙"字样,不得使用"有限公司""有限责任公司"字样。

(3)有限合伙企业的合伙协议除符合普通合伙协议要求外,还应当载明法律要求的事项。

(4)有限合伙人可以用货币、实物、知识产权、土地使用权或者其他财产权利出资,但有限合伙人不得以劳务出资。

有限合伙人应当按照合伙协议的约定按期足额缴纳出资;未按期足额缴纳的,应当承担补缴义务,并对其他合伙人承担违约责任。

有限合伙企业实现了企业管理权和出资权的分离,可以结合企业管理方和资金方的优势,是私募基金、股权投资基金的主要组织形式。

你知道吗?

1. 如何设立有限合伙企业?
2. 设立有限合伙企业与无限合伙企业有何区别?

试一试

1. 哪些人不能成为普通合伙人:
A. 法律、行政法规规定禁止从事营利性活动的人　　B. 事业单位
C. 国有企业　　D. 社会团体

2. 有限合伙人的出资方式与普通合伙人的出资方式不同之处是:
A. 不能用知识产权出资　　B. 不能用其他财产权出资
C. 不能用劳务出资　　D. 不能用土地使用权出资

3. 以下企业属于有限合伙企业的是:
A. 会计师事务所　　B. 律师事务所
C. 私募基金　　D. 股权投资基金

4. 以下描述正确的是:
A. 有限合伙企业有二个以上合伙人
B. 有限合伙企业的合伙人只能是自然人
C. 有限合伙企业合伙人是二个以上五十个以下
D. 有限合伙人承担有限责任

学习情境

什么情况下设立有限责任公司?

公司是企业的一种,是指依照《中华人民共和国公司法》(以下简称《公司法》)在

中国境内设立的有限责任公司和股份有限公司。公司是企业法人,有独立的法人财产,享有法人财产权。公司以其全部财产对公司的债务承担责任。公司股东依法享有资产收益、参与重大决策和选择管理者等权利。

有限责任公司与股份有限公司相比,是集人合公司与资合公司于一体,具有形式简单规范,管理相对封闭,责任明确的特点。投资人以其出资额为限对公司承担有限责任,投资人不直接向公司的债权人承担责任。

有限责任公司是我国现代企业制度中适应行业最多、投资人投资最广泛的企业形态。一般对于企业注册资本不大,投资人不多且知识技能、投资资金差别不明显,具有一定人合性质的企业,投资人会首选设立有限责任公司。

任务三 设立有限责任公司

一、有限责任公司的设立

1. 有限责任公司的概念

有限责任公司,是指依据《公司法》设立的,由法定数额的股东出资组成,股东以其出资额为限对公司承担责任,公司以其全部资产对公司债务承担责任的企业法人组织。

2. 有限责任公司的设立条件

依据《公司法》规定,设立有限责任公司,应当具备下列条件:

(1)股东符合法定人数。有限责任公司由五十个以下股东出资设立。

(2)有符合公司章程规定的全体股东认缴的出资额。有限责任公司的注册资本为在公司登记机关登记的全体股东认缴的出资额。法律、行政法规以及国务院决定对有限责任公司注册资本实缴、注册资本最低限额另有规定的,从其规定。

股东可以以货币、实物、知识产权、土地使用权等法定出资形式,可以用货币估价并可以通过依法转让的非货币财产作价出资;法律、行政法规规定不得作为出资的财产除外。股东可以分期缴纳认缴的出资。

以非货币财产出资的,应当评估作价,核实财产,不得高估或低估作价。

(3)股东共同制定公司章程。公司章程中应当载明:①公司名称和住所;②公司经营范围;③公司注册资本;④股东的姓名或者名称;⑤股东的出资方式、出资额和出资时间;⑥公司的机构及其产生办法、职权、议事规则;⑦公司法定代表人;⑧股东会会议认为需要规定的其他事项。股东应当在公司章程上签名、盖章。

(4)有公司名称,建立符合有限责任公司要求的组织机构。有限责任公司的名称上要有"有限"或"有限责任"字样,有限责任公司的组织机构包括股东会、董事会、监事会和经理。

(5)有公司住所。

3.有限责任公司的设立程序

(1)订立公司章程。公司章程是公司股东权利的行使及公司管理的重要法律依据。设立公司时,全体股东应当将设立公司的基本情况以及各方面的权利与义务在章程中明确规定。

(2)股东认缴出资。股东以货币出资的,应当按期将货币出资足额存入有限责任公司的银行账户;以非货币出资的,应当依法办理其财产权的转移手续。股东不按照规定缴纳出资的,除应当向公司足额缴纳外,还应当向已按期足额缴纳出资的股东承担违约责任。

(3)申请设立登记。股东认足公司章程规定的出资后,股东的首次出资经依法设立的验资机构验资后,由全体股东指定的代表或者共同委托的代理人向和公司登记机关报送公司设立登记申请书、公司章程等文件,申请设立登记。公司登记机关审查后,对符合法定条件的,予以登记并发给营业执照,公司营业执照签发日期为公司成立日期。

申请设立有限责任公司,应当向公司登记机关提交下列文件:①公司董事长签署的设立登记申请书;②全体股东指定代表或者共同委托代理人的证明;③公司章程;④股东的法人资格证明或者自然人的身份证明;⑤载明公司董事、监事、经理的姓名、住所的文件以及有关委派、选举或者聘用的证明;⑥公司法定代表人任职文件和身份证明;⑦公司名称预先核准通知书;⑧公司住所证明。

有限责任公司成立后,股东不得抽回资本。

二、有限责任公司特别规定

1.一人有限责任公司的概念

一人有限责任公司,是指只有一个自然人股东或者一个法人股东的有限责任公司。

2.一人有限责任公司的特别规定

(1)一个自然人只能投资设立一个一人有限责任公司,该一人有限责任公司不能投资设立新的一人有限责任公司。

(2)一人有限责任公司应当在公司登记中注明自然人独资或者法人独资并在营业执照中载明。

(3)一人有限责任公司不设立股东会,但要制定公司章程。

(4)公司应当在每一会计年度终了时编制财务会计报告,并经会计师事务所审计。股东不能证明公司财产独立于股东自己的财产的,应当对公司债务承担连带责任。

3.设立国有独资公司的特别规定

(1)国有独资公司,是指国家单独出资、由国务院或者地方人民政府授权本级人民政府国有资产监督管理机构履行出资人职责的有限责任公司。

(2)国有独资公司章程由国有资产监督管理机构制定,或者由董事会制订报国有资产监督管理机构批准。

(3)国务院确定的生产特殊产品的公司或者属于特定行业的公司,应当采取国有独资公司形式。例如,生产货币、邮票、军用核心产品等产品及铁路、航空、电信、自来水、煤气、供电、供热等城市公用事业等行业。

你知道吗？

1. 有限责任公司设立的条件是什么？
2. 股东对公司承担哪些责任？
3. 一人有限责任公司与国有独资公司有哪些特殊规定？

试一试

1. 依据《公司法》规定，符合有限责任公司设立条件的是：
   A. 股东二人至五十人　　　　　　　　B. 股东在中国境内有住所
   C. 没有最低注册资本限额的要求　　　D. 股东共同制定的章程
2. 有限责任公司设立股东出资应当满足：
   A. 全体股东按章程中约定认缴出资
   B. 全体股东应当认缴一定金额的出资
   C. 全体股东可以以货币、实物、知识产权、土地使用权等形式出资
   D. 公司章程中应当规定公司认缴出资的期限
3. 依据《公司法》规定，公司章程可以载明以下内容：
   A. 公司注册登记的时间　　　　　　　B. 公司经营范围
   C. 股东不按约定出资的违约责任　　　D. 公司法定代表人
4. 一人有限责任公司区别于个人独资企业的表现是：
   A. 股东对公司只承担有限责任　　　　B. 有最低注册资本额的要求
   C. 股东可以是自然人或法人　　　　　D. 公司要有章程
5. 依据《公司法》规定，对国有独资公司表述正确的是：
   A. 资金雄厚的国有大型企业可以投资设立国有独资企业
   B. 国有独资公司不需要制定章程
   C. 国有独资公司是一人公司
   D. 国有独资公司有行业限制

任务四　设立股份有限公司

一、股份有限公司的设立

1. 股份有限公司的概念

股份有限公司，是指全部注册资本由等额股份构成，股东以其所持股份为限对公司承担责任，公司以其全部资产对公司债务承担有限责任的企业法人。

股份有限公司是适合于以资本为纽带，投资人数分散、开放管理的企业。股份有限公司达到上市条件后可以依法上市，是典型的资合企业。

2. 股份有限公司的设立条件

依据《公司法》规定,设立股份有限公司应符合以下条件:

(1)发起人符合法定人数。设立股份有限公司,应当有二人以上二百人以下为发起人,其中须有半数以上的发起人在中国境内有住所。

(2)全体发起人认购的股本总额或者募集的实收股本总额符合公司章程规定;法律、行政法规对股份有限公司注册资本的最低限额有较高规定的,从其规定。不再对公司注册资本限额、如何缴纳资本、出资方式等作强制性规定。

(3)股份发行、筹办事项符合法律规定。

(4)发起人制订公司章程,采用募集方式设立的经创立大会通过。

(5)有公司名称,建立符合股份有限公司要求的组织机构。

(6)有公司住所。

3. 股份有限公司的设立方式

股份有限公司的设立,可以采取发起设立或者募集设立的方式。

股份有限公司采取发起设立方式设立的,注册资本为在公司登记机关登记的全体发起人认购的股本总额。在发起人认购的股份缴足前,不得向他人募集股份。

法律、行政法规以及国务院决定对股份有限公司注册资本实缴、注册资本最低限额另有规定的,从其规定。

股份有限公司采取募集方式设立的,注册资本为在公司登记机关登记的实收股本总额。

(1)发起设立

发起设立,是指由发起人认购公司应发行的全部股份而设立公司。以发起设立方式设立股份有限公司的,发起人应当书面认足公司章程规定其认购的股份,并按照公司章程规定缴纳出资。以非货币财产出资的,应当依法办理其财产权的转移手续。

发起人不按照前款规定缴纳出资的,应当按照发起人协议的约定承担违约责任。

发起人认足公司章程规定的出资后,应当选举董事会和监事会,由董事会向公司登记机关报送公司章程以及法律、行政法规规定的其他文件,申请设立登记。

公司营业执照签发日期为公司成立日期。

(2)募集设立

募集设立,是指由发起人认购公司应发行股份的一部分,其余股份向社会公开募集或者向特定对象募集而设立公司。

以募集设立方式设立股份有限公司的,发起人认购的股份不得少于公司股份总数的百分之三十五;但是,法律、行政法规另有规定的,从其规定。

发起人向社会公开募集股份,必须公告招股说明书,并制作认股书。由依法设立的证券公司承销,并同证券公司签订承销协议,同银行签订代收股款协议。

发行股份的股款缴足后,必须经依法设立的验资机构验资并出具证明。发起人应当在三十日内主持召开公司创立大会。创立大会由发起人、认股人组成。

董事会应于创立大会结束后三十日内,向公司登记机关报送有关文件,申请设立登记。

二、外国公司的分支机构

分支机构又称为分公司或办事处等,是指在业务、资金、人事等方面受总公司管辖而不具有法人资格的分支机构。分公司在法律上、经济上没有独立性,仅仅是总公司的附属机构。分公司没有自己的名称、章程,没有自己的财产,并以总公司的资产对分公司的债务承担法律责任。

《公司法》允许外国公司在中国境内设立分支机构。外国公司在中国境内设立分支机构,必须向中国主管机关提出申请,经批准后,向公司登记机关依法办理登记,领取营业执照。

外国公司的分支机构应当在其名称中标明该外国公司的国籍及责任形式。外国公司的分支机构应当在本机构中置备该外国公司章程。

外国公司在中国境内设立的分支机构不具有中国法人资格。外国公司对其分支机构在中国境内进行经营活动承担民事责任。

你知道吗?

1. 股份有限责任公司的设立条件是什么?
2. 股份有限责任公司有哪几种设立方式?
3. 外国公司的分支机构是不是子公司?

试一试

1. 股份有限责任公司设立条件是:
A. 发起人为二人至二百人,半数以上在中国境内有住所
B. 发起设立或募集设立
C. 符合法律规定的最低注册资本限额
D. 采用募集方式设立章程需要经创立大会通过

2. 发起设立的股份有限责任公司,股东应当是:
A. 认购公司应发行股份的百分之二十
B. 认购公司应发行股份的百分之三十五
C. 认购公司应发行股份的一部分
D. 认购公司应发行股份的全部

3. 发起人和社会公司募集股份应当:
A. 公告招股说明书　　B. 自行购买不低于百分之三十五的股份
C. 制作认股书　　　　D. 由证券公司承销

4. 股份有限责任公司的创立大会应当是:
A. 在发行股份股款缴足后三十日内召开
B. 由全部股东参加
C. 由发起人主持召开

D. 结束后三十日内申请设立登记

5. 对外国公司分支机构描述正确的是：

A. 外国公司分支机构能独立经营

B. 外国公司分支机构应当办理营业执照

C. 外国公司分支机构能独立承担法律责任

D. 外国公司分支机构可以承担民事责任

延伸阅读四 ▶▶▶

你知道外商投资企业的国民待遇和负面清单制度吗？

项目五　企业变更与终止

学习目标

1. 掌握企业法人的变更形式
2. 掌握企业的解散与清算制度
3. 掌握法人破产制度

学习情境

企业登记制度知多少？

我国各类企业只有通过工商行政管理部门的登记，即企业登记，取得营业执照才具有从事相应经济活动的法律资格。因此，我国的企业登记制度，一方面调控进入市场经济的主体的数量与质量，分配主体资源，另一方面也考虑了交易中第三人利益、市场交易的合法性和安全性。企业登记本身包括审核企业进入市场是否符合法定条件。进行登记备案，通知公告，是建立市场公信力、国家调控社会经济秩序的重要途径。企业登记成为界定企业经营合法性的重要记载和判断依据。

企业的登记包括设立登记、变更登记、注销登记。企业的设立登记是指企业对于取得具有对抗性的经营权利和社会公信力进行的登记。变更登记是在企业登记后，受经营条件、投资人、资金的影响，企业需要变更登记的内容、企业或组织形式而进行的登记。注销登记是为了督促经营者履行清算义务，合法地退出市场，保护信用及经济秩序的稳定，企业经营期满或其他法定或约定的情形出现时，企业终止所要进行的登记。

目前我国的企业登记相关制度存在的：企业登记制度分散，登记标准不规范，杂而无序，不具有权威性；政府职能不清，登记前审批多，导致企业入门难；企业登记管理不规范，公示效率低，导致公信力不足等正在日渐完善。

任务一　企业法人变更的形式和手续

一、企业法人变更的形式

1. 人格的变更。法人人格的变更是指法人的分立与合并。依据《民法典》规定，分立、合并前法人的权利和义务由分立、合并后的法人享有和承担。

2. 组织形态的变更。法人组织形态的变更是指在原有的法人人格不变的情况下，法人从一种组织形态转换成另一种组织形态。例如，有限合伙企业转换成普通合伙企业、有限责任公司转换成股份有限公司等。由于组织形态的变更，法人相应的权利义务及责任形式也将依法变更。

3. 宗旨的变更。法人宗旨的变更是指在法人人格不变的情况下，企业经营范围发生改变，导致法人的民事权利能力和民事行为能力改变。

4. 其他注册事项的变更。法人其他注册事项的变更是指法人的名称、住所、注册资金、法定代表人等事项的变更。

二、企业法人变更的手续

1. 企业法人的合并

合并，是指两个以上的法人依照法定程序变为一个法人的行为。法人的合并有吸收合并和新设合并两种方式。吸收合并又称为吞并式合并，是一个法人吸收其他法人，合并后只有一个法人，被吸收法人解散。新设合并又称为创设式合并，是两个以上法人合并设立一个新的法人，原合并各方均解散的合并方式。合并各方合并前的权利和义务应当由合并后存续的法人或者新设的法人享有和承担。

合并不需要法定的清算程序，但需要由相应的权力机构表决并根据合并各方缔结的合并协议，编制资产负债表及财产清单。法人应当自作出合并决议之日起十日内通知债权人，并于三十日内在报纸上公告；债权人自接到通知书之日起三十日内，未接到通知书的自公告之日起四十五日内，可以要求法人清偿债务或者提供相应的担保。

2. 企业法人的分立

分立，是指一个企业依法分为两个以上的法人。法人的分立有新设分立和存续分立两种形式。新设分立又称为创设式分立，是指由一个法人设立成两个或两个以上法人，原法人解散的分立方式。存续分立又称派生式分立，是指由一个法人分成两个或两个以上的法人，原法人继续存在的分立方式。法人分立前企业的债权债务由分立后的企业承担连带责任，但是，法人在分立前与权利人就债务清偿达成的协议另有规定的除外。

法人分立的程序与法人合并的程序基本相同。法人分立时编制资产负债表及财产清单。法人应当自作出分立决议之日起十日内通知债权人，并于三十日内在报纸上公告。

法人合并或者分立，登记事项发生变更的，应当依法向法人登记机关办理变更登记；法人解散的，应当依法办理法人注销登记；设立新法人的，应当依法办理法人设立登记。

3. 企业法人注册资本的增加和减少

企业法人在存续期间为了调整经营规模，有限责任公司和股份有限公司可以依法增加、减少注册资本。

有限责任公司增加注册资本时，股东认缴新增资本的出资，按照《公司法》关于设立有限责任法人缴纳出资的有关规定执行。股份有限公司为增加注册资本发行新股时，股东认缴新股应当按照《公司法》关于设立股份有限公司缴纳股款的规定执行。

4. 办理登记手续

法人合并或者分立，登记事项发生变更的，应当依法向法人登记机关办理变更登记；

法人解散的,应当依法办理法人注销登记;设立新法人的,应当依法办理法人设立登记。

> **你知道吗?**
> 企业变更有哪些形式?

试一试

1. 企业法人的变更分为:
   A. 法人人格变更　　　　　　　　B. 法人组织形态变更
   C. 法人宗旨变更　　　　　　　　D. 其他注册事项变更
2. 法人的分立与合并属于法人的:
   A. 法人人格变更　　　　　　　　B. 法人组织形态变更
   C. 法人宗旨变更　　　　　　　　D. 其他注册事项变更
3. 法人其他注册事项的变更包括:
   A. 法人名称　　B. 法人住所　　C. 注册资金　　D. 法定代表人
4. 企业合并的程序是:
   A. 合并企业各自清算
   B. 合并企业签订合并协议
   C. 企业法人应当自合并决议之日起三十日内通知债权人
   D. 企业法人应当自合并决议之日起三十日内在报纸上公告
5. 企业分立的程序是:
   A. 企业分立只由权力机构决议　　B. 新设式合并原企业财产清算
   C. 设立新法人应当办理法人登记　D. 存续式合并原企业进行变更登记

任务二　企业法人的解散与清算

一、企业法人的解散

法人解散,是指已成立的法人基于一定的合法事由而使法人消灭的法律行为。解散的事由一般包括:法律或公司章程规定的营业期限届满或其他约定解散事由出现;企业权力机构决议解散;企业法人合并、分立解散;依法被吊销营业执照、登记证书,被责令关闭或者被撤销;其他法律、法规规定的事项。

二、企业解散的法律要求

1. 公司的解散

公司主要依据法定情形解散,章程中也可以约定解散事项。持有三分之二以上表决权的股东可以通过修改公司章程来修改已约定的解散事项;公司经营管理发生严重困难,继续存续会使股东利益受到重大损失,通过其他途径不能解决的,持有公司全部股东表决权百分之十以上的股东,可以请求人民法院解散公司。

2. 外资企业的解散

外资企业主要依据合营或合作期限届满而自然解散。此外,在合同规定的有效期间内,企业发生严重亏损、合营一方不履行合营企业协议、合同或章程规定的义务、因不可抗力遭受严重损失无力继续经营,或企业未达到其经营目的,同时又无发展前途等情形,应由董事会提供解散申请书,报审批机构批准解散。

3. 自然人投资企业的解散

个人独资企业与普通合伙企业除因投资人或合伙人决定或约定的解散事由出现而解散外,还会因投资人死亡或者被宣告死亡,无继承人或者继承人决定放弃继承而解散。

三、企业法人的清算

1. 企业法人清算一般规定

企业法人解散应组织清算组,通知债权人,并依法公告。清算组清理公司财产,编制资产负债表和财产清单,处理与清算有关的企业未了结的业务,清缴所欠税款,清理债权、债务,代表公司参与民事诉讼,处理企业清偿债务后的剩余财产,依法定程序清算,并向工商行政管理机关和税务机关办理注销登记手续。

2. 公司的清算

公司的清算,在解散事由出现之日起十五日内成立清算组,开始清算。清算组自成立之日起十日内通知、公告债权人申报债权,并于六十日内在报纸上公告。债权人应当自接到通知书之日起三十日内,未接到通知书的自公告之日起四十五日内,向清算组申报债权。

有限责任公司的清算组由股东组成,股份有限公司的清算组由董事会或者股东大会确定的人员组成。逾期不成立清算组进行清算的,债权人可以申请人民法院指定有关人员组成清算组进行清算。人民法院应当受理该申请,并及时组织清算组进行清算。

公司经人民法院裁定宣告破产后,清算组应当将清算事务移交给人民法院。

3. 外资企业的清算

外商投资企业由清算委员会负责清算事宜。清算委员会的成员一般应当在合营企业的董事中选任。外资企业则应由法定代表人、债权人代表及有关主管机关的代表组成。董事不能担任或者不适合担任清算委员会成员时,合营企业可以聘请中国的注册会计师、律师担任。审批机构认为必要时,可以派人进行监督。

清算组在清理公司财产、编制资产负债表和财产清单后,发现公司财产不足清偿债务的,应当依法向人民法院申请宣告破产。

4. 个人独资企业与合伙企业清算

个人独资企业由投资人或者债权人申请人民法院指定清算人进行清算。

合伙企业的清算人由全体合伙人担任。经全体合伙人的过半数同意,可以自合伙企业解散事由出现后十五日内指定一个或者数个合伙人,或者委托第三人担任清算人。自合伙企业解散事由出现之日起十五日内未确定清算人的,合伙人或其他利害关系人可以申请人民法院指定清算人。

> **你知道吗?**
>
> 不同企业如何进行清算?

试一试

1. 企业法人解散的法定事由包括:
   A. 企业营业期限届满　　　　　　　B. 企业权力机构决议
   C. 违法被吊销营业执照　　　　　　D. 被责令关闭或被撤销
2. 公司解散的事由包括:
   A. 法律规定解散情形出现
   B. 章程约定的解散情形出现
   C. 持百分之七十表决权股东修改公司章程解散事由
   D. 持公司全部股东表决权百分之十的股东向人民法院提出解散
3. 企业清算组的组成,符合法律规定的是:
   A. 有限责任公司清算组成员由股东组成
   B. 股份有限公司清算组成员由董事或股东组成
   C. 外资企业由董事或法院指定
   D. 个人独资企业清算组由法院指定
4. 合伙企业清算由第三人清算的情形是:
   A. 全体合伙人共同委托　　　　　　B. 全体合伙人过半数同意委托
   C. 合伙企业解散事由出现后十五日内　D. 合伙企业解散事由超过十五日后

学习情境

破产清算制度体现怎样的价值?

从1986年开始,我国破产制度经历了对国有法人企业、企业法人到非法人企业破产规范的深化过程。2006年新出台的《企业破产法》和《合伙企业法》首次规定非法人破产清算,合伙企业不能清偿债务时,债权人可以向法院提出破产申请,在我国开创性地确立了合伙企业破产制度。在合伙企业破产过程中,同时涉及合伙企业、合伙人、合伙企业债权人和合伙人债权人四方利益主体以及社会公共利益;合伙企业破产制度必须要解决两类不同债权人之间的利益冲突,平衡保护两类债权人的利益;解决合伙企业的破产,合伙人是否也要破产等价值取向的问题,目前非法人破产清算实践中仍没有好的案例。

另外,虽然破产制度起源于个人破产制度,但由于现代社会经济与传统的市场经济环境不同,对因信贷危机不能偿付到期债务的个人(消费者)破产制度成为新的研究热点。在我国,当个人消费信贷不能清偿到期债务时,依然只能通过民事诉讼途径解决;个人投资的个人独资企业解散后,投资人对个人独资企业存续期间的债务仍应承担偿还责任,但债权人在五年内未向债务人提出偿债请求的,该责任消灭。可见,我国个人破产清算制度方面尚属空白。

任务三 学习破产清算程序

一、破产的清算

1. 破产的概念

破产,又称破产清算程序,是企业主体法律制度中的一个重要内容,是指债务人在不能清偿到期债务,资产不足以清偿全部债务或者明显缺乏清偿能力的情况下,在人民法院审理与监督下,强制清算企业全部财产,公平清偿全体债权人的法律制度。

2. 破产的界定

企业法人不能清偿到期债务是破产界限的实质标准。所谓的"不能清偿"是指因丧失清偿能力,并且已到期的债务是不能以信用、能力和财产等任何方式来清偿的,并且持续不能清偿。

3. 破产的申请

依据《企业破产法》规定,破产申请应当由申请人以书面形式向债务人住所地人民法院提出。

申请人可以是债务人也可以是债权人。当债务人满足破产条件时,可以向人民法院提出重整、和解或者破产清算申请;债务人不能清偿到期债务的,债权人可以向人民法院提出对债务人重整或者破产清算的申请。

提出破产申请时,申请人应当向人民法院提交破产申请书和有关证据。

4. 破产的受理

债权人提出破产申请的,人民法院应当自收到申请之日起五日内通知债务人,并告知债务人不得进行有碍公平清偿的行为。债务人可在收到通知之日起七日内向人民法院提出异议,法院应当自异议期满之日起十日内裁定是否受理该债务人的申请。除债权人提出破产申请外,人民法院应当自收到破产申请之日起十五日内裁定是否受理。有特殊情况的,经上一级人民法院批准,可以延长十五日。

人民法院受理破产申请的,应当将裁定自作出之日起五日内送达申请人。不予以受理破产申请的,应当将裁定自作出之日起五日内送达申请人并说明理由。申请人对裁定不服的,可以自裁定送达之日起十日内向上一级人民法院提起上诉。

人民法院裁定受理破产申请的,应当同时指定管理人,并在裁定破产申请之日起二十五日内通知已知债权人,并在《人民法院报》等报刊上予以公告。

破产受理的效力:(1)有关债务人财产的保全措施应当解除,执行程序应当中止;(2)债务人的债务人或者财产持有人应当向管理人清偿债务或者交付财产;(3)管理人对破产申请受理前成立、债务人和对方当事人均未履行完毕的合同有权决定解除或者继续履行,并通知对方当事人。破产管理人由人民法院指定。

二、债务人财产

债务人财产,是指破产申请受理时属于债务人的全部财产,以及破产申请受理后至破产程序终结前债务人取得的财产。为保护债权人利益,《企业破产法》对债务人的财产规定了撤销权、无效行为、取回权和抵销权。

1. 撤销权

撤销权是因债务人实施减少债务人财产的行为危及债权人的债权时,管理人可以请求人民法院撤销该行为的权利。《企业破产法》规定,人民法院受理破产申请前一年内,涉及债务人财产的下列行为是可撤销的行为:(1)无偿转让财产的;(2)以明显不合理的价格进行交易的;(3)对没有财产担保的债务提供财产担保的;(4)对未到期的债务提前清偿的;(5)放弃债权的。

撤销权必须由管理人行使,而且可撤销的行为必须发生在人民法院受理破产申请前一年内。经管理人请求被人民法院撤销的行为即归于消灭。

人民法院受理破产申请前六个月内,债务人不能清偿到期债务,并且资产不足以清偿全部债务或者明显缺乏清偿能力,仍对个别债权人进行清偿的,管理人有权请求人民法院予以撤销。但是,个别清偿使债务人财产受益的除外。

据以上行为取得的财产,管理人有权予以追回,已受领的第三人,应负有返还财产的义务,原物不存在时,应折价赔偿。追回的债权计入破产债权。

2. 无效行为

无效行为是行为人的行为因不具备法律规定的有效条件而没有法律效力。《企业破产法》规定,涉及债务人财产的下列行为无效:(1)为逃避债务而隐匿、转移财产的;(2)虚构债务或者承认不真实的债务的。

3. 取回权

取回权是财产的权利人可以不依照破产程序,从由管理人管理、控制的债务人财产中,取回原本不属于债务人财产的权利。

人民法院受理破产案件时,出卖人已将买卖标的物向作为买受人的债务人发运,债务人尚未收到且未付清全部价款的,出卖人可以取回在运途中的标的物。但是,管理人可以支付全部价款,请求出卖人交付标的物。

4. 抵销权

抵销权是当事人双方既互负债务,又互负债权,各自以自己的债权充抵对方所负债务,使自己的债务与对方的债务在等额内消灭的制度。抵销权可使破产债权人在抵销的破产债权内得到全额偿还。

为防止破产抵销权利为当事人所滥用,损害他人利益,《企业破产法》规定下列情形的债务不得抵销:

(1)债务人的债务人在破产申请受理后取得他人对债务人的债权的;

(2)债权人已知债务人有不能清偿到期债务或者破产申请的事实,对债务人负担债务的;但是,债权人因为法律规定或者有在破产申请一年前负担债务的除外;

(3)债务人的债务人已知债务人有不能清偿到期债务或者破产申请的事实,对债务人取得债权的;但是,债务人的债务人因为法律规定或者有在破产申请一年前取得债权的除外。

三、债权申报及债权人会议

1. 债权申报

债权申报,是指债务人的债权人在接到人民法院的破产申请受理裁定通知或者公告后,在法定期限内向人民法院申请登记债权,以取得破产债权人地位的行为。

申报期限自人民法院发布受理破产申请公告之日起计算,最短不得少于三十日,最长不得超过三个月。债权人没有在申报期内申报债权的,视同放弃参加破产程序的权利,不得享有破产债权人在破产过程中享有的表决权、破产财产分配权等。

申报债权按下列要求进行:

(1)不到期债权,在申请受理时视为到期;

(2)附条件、附期限的债权和诉讼、仲裁未决的债权,债权人可以申报债权;

(3)债权人应当在人民法院确定的债权申报期限内向管理人申报债权;

(4)债权人申报债权时,应当书面说明债权的数额和有无财产担保,并提交有关证据;

(5)连带债权人可以由其中一人代表全体连带债权人申报债权,也可以共同申报债权;

(6)债务人的保证人或者其他连带债务人已经代替债务人清偿债务的,以其对债务人的求偿权申报债权;

(7)连带债务人中数人被裁定适用《企业破产法》规定的程序的,其债权人有权就全部债权分别在各破产案件中申报债权;

(8)管理人或者债务人依照《企业破产法》规定解除合同的,对方当事人以因合同解除所产生的损害赔偿请求权申报债权。

2. 债权人会议

全体申报债权的债权人均为债权人会议成员,债权人会议是全体债权人的自治机构。债权人会议的决议,须由出席会议的有表决权的债权人过半数通过,并且其代表的债权额占无财产担保债权总额的二分之一以上,但法律另有规定的除外。

债权人会议的决议对全体债权人均有法律约束力。

四、破产费用及共益债务

1. 破产费用

破产费用,是指人民法院受理破产申请后,为破产程序的顺利进行及对债务人财产的管理、变价、分配过程中,必须支付的并且用债务人财产优先支付的费用。

破产费用包括：破产案件的诉讼费用；管理、变价和分配债务人财产的费用；管理人执行职务的费用和聘用工作人员的费用。

2. 共益债务

共益债务，是指人民法院受理破产申请后，管理人为全体债权人的共同利益管理债务人财产时所负担或产生的债务，以及因债务人财产产生的，以债务人财产优先支付的债务。

共益债务包括：因管理人或者债务人请求对方当事人履行双方均未履行完毕的合同所产生的债务；债务人财产因无因管理所产生的债务；因债务人不当得利所产生的债务；为债务人继续营业而应支付的劳动报酬和社会保险费用以及由此产生的其他债务；管理人或者相关人员执行职务致人损害所产生的债务；债务人财产致人损害所产生的债务。

五、破产重整与和解

1. 重整

重整，是指企业法人不能清偿到期债务时，不立即进行破产清算，而是在人民法院的主持下，由债务人与债权人达成协议，制订债务人重整计划，债务人继续营业，并在一定期限内全部或部分清偿债务的制度。债务人或债权人均可向人民法院提出重整申请。

在重整期间，经债务人申请，人民法院批准，债务人可以在管理人的监督下自行管理财产和营业事务。管理人负责管理财产和营业事务的，可以聘任债务人的经营管理人员负责营业事务。

在重整期间，有下列情形之一的，经管理人或者利害关系人请求，人民法院应当裁定终止重整程序，并宣告债务人破产：

(1) 债务人的经营状况和财产状况继续恶化，缺乏挽救的可能性；
(2) 债务人有欺诈、恶意减少债务人财产或者其他显著不利于债权人的行为；
(3) 由于债务人的行为致使管理人无法执行职务。

债务人或者管理人未在人民法院裁定债务人重整之日起六个月内按期提出重整计划草案的，人民法院应当裁定终止重整程序，并宣告债务人破产。该期限经债务人或者管理人请求，有正当理由的，人民法院可以裁定延期三个月。

人民法院应当自收到重整计划草案之日起三十日内召开债权人会议，对重整计划草案进行表决。经人民法院裁定批准的重整计划，对债务人和全体债权人均有约束力。

债权人未依照《企业破产法》规定申报债权的，在重整计划执行期间不得行使权利；在重整计划执行完毕后，可以按照重整计划规定的同类债权的清偿条件行使权利。

2. 和解

和解，是指具备破产原因的债务人，为了避免破产清算，直接或在受理破产申请后、宣告债务人破产前，向人民法院申请和解，提交和解协议草案，与债权人会议达成协商解决债务的协议的制度。

和解并非人民法院作出破产宣告的必经程序。是否和解依债务双方当事人意思而定。债权人会议通过和解协议的决议，须由出席会议的有表决权的债权人过半数同意，并且其所代表的债权额占无财产担保债权总额的三分之二以上。

债权人会议通过和解协议的,由人民法院裁定认可,终止和解程序,并予以公告。管理人应当向债务人移交财产和营业事务,并向人民法院提交执行职务的报告。和解协议对全体和解债权人均有约束力。

和解协议草案经债权人会议表决未获得通过,或者已经债权人会议通过的和解协议未获得人民法院认可的,人民法院应当裁定终止和解程序,并宣告债务人破产。债务人不履行协议,债权人只能请求人民法院终止和解协议的执行,宣告其破产。

六、破产宣告与财产分配顺序

1. 破产宣告

破产宣告是指人民法院依据当事人的申请或法定职权裁定宣告债务人破产以清偿债务的活动。破产宣告后,债务人称为破产人,债务人财产称为破产财产,破产申请时对债务人享有的债权称为破产债权。

有下列情形之一的,人民法院应以书面形式宣告债务人破产:(1)企业不能清偿到期债务,又不具备法律规定的不予宣告破产条件的;(2)企业被法院依法裁定终止重整程序的;(3)法院依法裁定终止和解协议执行的。

2. 破产财产分配顺序

破产财产分配顺序是指破产财产分配的先后顺序,同一顺序不足清偿的,按比例清偿。

(1)破产财产的优先受偿权,即别除权,是指对破产人的特定财产享有担保权的权利人,对该特定财产享有优先受偿的权利。依该特定财产拍卖、出售或者法定方式处理的价款,首先用于清偿对其享有抵押权、质押权或留置权的人,剩余部分再用于清偿破产人的其他债权人的债权。

(2)破产费用和共益债务清偿,破产费用和共益债务由债务人财产随时清偿;债务人财产不足以清偿所有破产费用和共益债务的,先行清偿破产费用;债务人财产不足以清偿所有破产费用或公益债务的,按照比例清偿;债务人财产不足以清偿破产费用的,管理人应当提请人民法院终结破产程序。

(3)破产人所欠职工的工资和医疗、伤残补助、抚恤费用,所欠的应当划入职工个人账户的基本养老保险、基本医疗保险费用,以及法律、行政法规规定应当支付给职工的补偿金。

(4)破产人欠缴的除前项规定外的社会保险费用和破产人所欠的税款。

(5)普通破产债权。

破产财产分配方案经人民法院裁定认可后,由管理人执行。

破产人无财产可供分配的,管理人应当请求人民法院裁定终结破产程序,裁定由人民法院作出,并予以公告。由破产人的原登记机关办理注销登记。

你知道吗?

1. 谁可以申请企业破产? 2. 破产受理的效力有哪些?
3. 如何界定破产债务企业的财产? 4. 什么情况下法院宣告企业破产?
5. 企业破产清算的顺序是如何规定的?

试一试

1. 人民法院受理企业破产的条件应当理解为：
   A. 企业对到期的债务没有财产来清偿
   B. 企业不愿意清偿到期债务
   C. 企业持续不能清偿到期债务
   D. 企业丧失清偿债务的能力

2. 可以申请破产的主体是：
   A. 破产企业　　　　　　　　B. 破产企业上级主管部门
   C. 债权人　　　　　　　　　D. 到期债权未得到清偿的债权人

3. 管理人正确行使撤销权应当是：
   A. 人民法院受理破产申请一年内行使
   B. 债务人无偿转让财产
   C. 被撤销的行为发生在破产申请受理前六个月内
   D. 债务人对个别债权人债务的抵销

4. 债权人申请债权应当：
   A. 向人民法院提出申请
   B. 向破产企业管理人提出申请
   C. 向债权人会议提出申请
   D. 申报债权的期限最长不超过三个月

5. 破产财产优先受偿权被称为：
   A. 取回权　　　　　　　　　B. 别除权
   C. 撤销权　　　　　　　　　D. 抵销权

6. 破产清算中扣除破产费用后先清偿：
   A. 所欠职工的工资和医疗、伤残补助、抚恤费用
   B. 所欠社会保险费用
   C. 管理人为债务继续营业而支付的劳动报酬
   D. 所欠的税款

延伸阅读五 ▶▶▶

公司的法定代表人能不能通过诉讼方式变更？

企业内部治理结构

模块三

【学习任务】

1. 掌握法人与非法人企业内部管理机制
2. 掌握企业财产的归属与转让
3. 掌握企业劳动关系的管理

【管理与法律的共同语言】

　　进入20世纪80年代,世界性的经济改革浪潮迭起,这给我国的经济体制改革与政治体制改革带来重要影响。面对改革的历史必然性和体制与模式的选择,邓小平提出"摸着石头过河",以政企分开为宗旨,从微观经济入手,解决社会主义公有制的所有权与经营权运行模式,参照德国公司法,确定了"法人治理结构",明确要求履行股东会的决策职能,选聘经营者的职能,确立董事会的独立性和公正性,强化监事会的作用,并在不断的改革与深化中,逐渐诠释出决策权、经营权与监督权的运行理念,构成现代企业制度的核心,体现着我国经济体制改革的模式与价值。

项目六　非法人企业内部管理

学习目标

1. 了解个人独资企业内部管理模式
2. 了解合伙企业的内部管理规定
3. 区别企业内部约定与企业债权人的关系

学习情境

如何理解企业的人合性？

人合性是相对于资合性而言的。人合性的企业是以投资人的信用和劳动为依托组成的经济组织。普通合伙企业合伙人之间主要以合伙人彼此的了解和信任为基础，了解彼此信用情况和经营能力后才能共同出资、共同经营、共担风险和共负盈亏，这是典型的人合性企业。出资在合伙企业中处于次要地位，甚至合伙人可以约定以劳务出资。

有限合伙企业、有限责任公司具有一定程度的人合性。有限合伙企业是有限合伙人将普通合伙人视为合伙，以普通合伙人的智力成果为主，具有人合性；普通合伙人将有限合伙人视为投资的股东，具有资本性质。有限责任公司是相对封闭、股东具有人合与资合的双重性质的公司。两者相比，有限合伙企业属于单一性的人合，有限责任公司则是混合性的人合。

人合性的企业责任以信用为主，投资人与企业均承担无限责任；企业形态方面，以委托管理与联合管理为主。资合性企业则以资本为主，投资人与企业均以出资或资本为限承担有限责任；企业形态方面，以董事会为主。人合性企业出资人权利义务的分配以约定为主，法定为辅。在法定部分中，先以出资为主，出资不能确定时，平均分配或承担各自的义务。资合性企业股东的权利义务主要以出资为主，享有股东权利并承担股东义务。人合性的约定不能对抗第三人。

任务一 个人独资企业事务管理

一、企业事务管理模式

个人独资企业投资人有权自主选择企业事务的管理形式。个人独资企业事务管理主要有三种模式：

1. 自行管理

由个人独资企业投资人本人对本企业的经营事务直接进行管理。

2. 委托管理

由个人独资企业投资人委托其他具有民事行为能力的人负责企业的事务管理。

3. 聘任管理

由个人独资企业投资人聘用其他具有民事行为能力的人负责企业的事务管理。

投资人委托或者聘用他人管理个人独资企业事务，应当与受托人或者被聘用的人签订书面合同。合同应订明委托的具体内容、授予的权利范围、受托人或者被聘用的人的义务、报酬和责任等。受托人或者被聘用的人员应当履行诚信、勤勉义务，以诚实信用的原则对待投资人和企业，尽其所能依法保障企业利益，按照与投资人签订的合同负责个人独资企业的事务管理。

二、管理人的义务

我国《个人独资企业法》规定，被投资人委托或者聘用的管理个人独资企业事务的人员不得有下列行为：

(1)利用职务上的便利，索取或者收受贿赂；
(2)利用职务或者工作上的便利侵占企业财产；
(3)挪用企业的资金归个人使用或者借贷给他人；
(4)擅自将企业资金以个人名义或者他人名义开立账户储存；
(5)擅自以企业财产提供担保；
(6)未经投资人同意，从事与本企业相竞争的业务；
(7)未经投资人同意，同本企业订立合同或者进行交易；
(8)未经投资人同意，擅自将企业商标或者其他知识产权转让给他人使用；
(9)泄露本企业的商业秘密；
(10)法律、行政法规禁止的其他行为。

任务二　普通合伙企业事务执行

一、合伙事务执行的形式

根据《合伙企业法》的规定,合伙人执行合伙企业事务,可以有以下两种形式:

1. 全体合伙人共同执行合伙事务

全体合伙人共同执行合伙事务是合伙事务执行的基本形式,也是合伙企业经常使用的一种形式,更适合于合伙人较少的合伙企业。

合伙协议未约定或者全体合伙人未决定委托执行事务合伙人的,全体合伙人均为执行事务合伙人。

采取全体合伙人共同执行合伙事务的合伙企业,按照合伙协议的约定,各合伙人都直接参与经营,处理合伙企业的事务,对外代表合伙企业。

2. 委托一个或数个合伙人执行合伙事务

委托执行合伙事务形式是在各合伙人共同执行合伙事务的基础上引申而来的。在合伙企业中,有权执行合伙事务的合伙人并不都愿意行使这项权利,而愿意委托其中一个或者数个合伙人执行合伙事务,从而从共同执行合伙事务的基本形式中,引申出共同委托一部分人去执行合伙事务的形式。按照合伙协议的约定或者经全体合伙人决定,可以委托一个或者数个合伙人对外代表合伙企业,执行合伙事务。

合伙人可以将合伙事务委托一个或者数个合伙人执行,但并非所有的合伙事务都可以委托给部分合伙人决定。根据《合伙企业法》的规定,除合伙协议另有约定外,合伙企业的下列事项应当经全体合伙人一致同意:

(1)改变合伙企业的名称;
(2)改变合伙企业的经营范围、主要经营场所的地点;
(3)处分合伙企业的不动产;
(4)转让或者处分合伙企业的知识产权和其他财产权利;
(5)以合伙企业名义为他人提供担保;
(6)聘任合伙人以外的人担任合伙企业的经营管理人员。

二、合伙人在执行合伙事务中的权利和义务

1. 合伙人在执行合伙事务中的权利

根据《合伙企业法》的规定,合伙人在执行合伙事务中的权利主要包括以下内容:

(1)同等权利。合伙人对执行合伙事务享有同等的权利。合伙企业的特点之一就是合伙经营,各合伙人无论其出资多少,都有权平等享有执行合伙企业事务的权利。

(2)对外代表权。执行合伙事务的合伙人对外代表合伙企业。合伙人在代表合伙企业执行事务时,不是以个人的名义进行一定的民事行为,而是以合伙企业事务执行人的身份组织实施企业的生产经营活动。

(3)监督权。不执行合伙事务的合伙人有监督权利。《合伙企业法》规定,不执行合伙事务的合伙人有权监督执行事务合伙人执行合伙事务的情况。这一规定有利于维护全体合伙人的共同利益,同时也可以促进合伙事务执行人更加认真谨慎地处理合伙企业事务。

(4)查阅权。查阅权是合伙人查阅合伙企业会计账簿等财务资料的权利。每个合伙人都有权利而且有责任关心和了解合伙企业的全部经营活动。

(5)异议权和撤销权。合伙人有提出异议的权利和撤销委托的权利。合伙人分别执行合伙事务的,执行事务合伙人可以对其他合伙人执行的事务提出异议。提出异议时,应当暂停该项事务的执行。如果发生争议,依照有关规定做出决定。受委托执行合伙事务的合伙人不按照合伙协议或者全体合伙人的决定执行事务的,其他合伙人可以决定撤销该委托。

2. 合伙人在执行合伙事务中的义务

根据《合伙企业法》的规定,合伙人在执行合伙事务中的义务主要包括以下内容:

(1)报告义务。合伙事务执行人向不参加执行事务的合伙人报告企业经营状况和财务状况。

(2)竞业禁止。合伙人不得自营或者同他人合作经营与本合伙企业相竞争的业务。

(3)禁止同本企业交易。除合伙协议另有约定或者经全体合伙人一致同意外,合伙人不得同本合伙企业进行交易。

(4)不得损害合伙企业利益。合伙人不得从事损害本合伙企业利益的活动。

三、合伙事务的决议

《合伙企业法》规定,合伙人对合伙企业有关事项做出决议,按照合伙协议约定的表决办法办理。合伙协议未约定或者约定不明确的,实行的表决办法是:合伙人一人一票,并需要经全体合伙人过半数通过。《合伙企业法》对合伙企业的表决办法另有规定的,从其规定。

《合伙企业法》规定,合伙人按照合伙协议的约定或者经全体合伙人决定,可以增加或者减少对合伙企业的出资、处分合伙企业的不动产、改变合伙企业的名称等,除合伙协议另有约定外,应当经全体合伙人一致同意。

四、与善意第三人关系

《合伙企业法》规定,合伙企业对合伙人执行合伙事务以及对外代表合伙企业权利的限制,不得对抗善意第三人。这里所指的善意第三人,是指本着合法交易的目的,诚实地通过合伙企业的合伙企业事务执行人,与合伙企业之间建立民事、商事法律关系的法人、非法人团体或自然人。如果第三人与合伙企业事务执行人恶意串通、损害合伙企业利益,则不属善意的情形。不得对抗善意第三人,主要是针对给第三人造成的损失而言,当执行合伙事务的合伙人给善意第三人造成损失时,合伙企业不能因为有对合伙人执行合伙事务以及对外代表合伙企业权利的限制,主张对善意第三人不承担责任。

五、普通合伙企业的入伙与退伙

1. 入伙

入伙，是指在合伙企业存续期间，合伙人以外的第三人加入合伙，从而取得合伙人资格。

(1)入伙的条件和程序。《合伙企业法》规定，新合伙人入伙，除合伙协议另有约定外，应当经全体合伙人一致同意，并依法订立书面入伙协议。订立入伙协议时，原合伙人应当向新合伙人如实告知原合伙企业的经营状况和财务状况。

(2)新合伙人的权利义务。一般来讲，入伙的新合伙人与原合伙人享有同等权利，承担同等责任。但是，如果原合伙人愿意以更优越的条件吸引新合伙人入伙，或者新合伙人愿意以较为不利的条件入伙，也可以在入伙协议中另行约定。关于新入伙人对入伙前合伙企业的债务承担问题，《合伙企业法》规定，新合伙人对入伙前合伙企业的债务承担无限连带责任。

2. 退伙

退伙，是指合伙人退出合伙企业，从而丧失合伙人资格。合伙人退伙一般有两种原因：自愿退伙和法定退伙。

(1)自愿退伙，是指合伙人基于自愿的意思表示而退伙。自愿退伙可以分为协议退伙和通知退伙两种。

关于协议退伙，《合伙企业法》规定，合伙协议约定合伙期限的，在合伙企业存续期间，有下列情形之一的，合伙人可以退伙：①合伙协议约定的退伙事由出现；②经全体合伙人一致同意；③发生合伙人难以继续参加合伙企业的事由；④其他合伙人严重违反合伙协议约定的义务。合伙人违反上述规定退伙的，应当赔偿由此给合伙企业造成的损失。

关于通知退伙，《合伙企业法》规定，合伙协议未约定合伙期限的，合伙人在不给合伙企业事务执行造成不利影响的情况下，可以退伙，但应当提前三十日通知其他合伙人。由此可见，法律对通知退伙有一定的限制，即附有以下三项条件：①必须是合伙协议未约定合伙企业的经营期限；②必须是合伙人的退伙不给合伙企业事务执行造成不利影响；③必须提前三十日通知其他合伙人。这三项条件必须同时具备，缺一不可。合伙人违反上述规定退伙的，应当赔偿由此给合伙企业造成的损失。

(2)法定退伙，是指合伙人因出现法律规定的事由而退伙。法定退伙分为当然退伙和除名两类。

关于当然退伙，《合伙企业法》规定，合伙人有下列情形之一的，当然退伙：①作为合伙人的自然人死亡或者被依法宣告死亡；②个人丧失偿债能力；③作为合伙人的法人或者其他组织依法被吊销营业执照、责令关闭、撤销或者被宣告破产；④法律规定或者合伙协议约定合伙人必须具有相关资格而丧失该资格；⑤合伙人在合伙企业中的全部财产份额被人民法院强制执行。此外，合伙人被依法认定为无民事行为能力人或者限制民事行为能力人的，经其他合伙人一致同意，可以依法转为有限合伙人，普通合伙企业依法转为有限合伙企业。其他合伙人未能一致同意的，该无民事行为能力或者限制民事行为能力的合伙人退伙。当然退伙以退伙事由实际发生之日为退伙生效日。

关于除名,《合伙企业法》规定,合伙人有下列情形之一的,经其他合伙人一致同意,可以决议将其除名:①未履行出资义务;②因故意或者重大过失给合伙企业造成损失;③执行合伙事务时有不正当行为;④发生合伙协议约定的事由。对合伙人的除名决议应当书面通知被除名人。被除名人接到除名通知之日,除名生效,被除名人退伙。被除名人对除名决议有异议的,可以自接到除名通知之日起三十日内,向人民法院起诉。

(3)退伙的法律效力,具体表现如下:

①合伙人退伙,其他合伙人应当与该退伙人按照退伙时的合伙企业财产状况进行结算,退还退伙人的财产份额。退伙人对给合伙企业造成的损失负有赔偿责任的,相应扣减其应当赔偿的数额。退伙时有未了结的合伙企业事务的,待该事务了结后再进行结算。

②退伙人在合伙企业中财产份额的退还办法,由合伙协议约定或者由全体合伙人决定,可以退还货币,也可以退还实物。

③合伙人退伙时,合伙企业财产少于合伙企业债务的,退伙人应当依照法律规定分担亏损,即如果合伙协议约定亏损分担比例的,按照合伙协议的约定办理;合伙协议未约定或者约定不明确的,由合伙人协商决定;协商不成的,由合伙人按照实缴出资比例分担;无法确定出资比例的,由合伙人平均分担。

退伙人对退伙前的合伙企业债务,承担无限连带责任。

任务三 有限合伙企业事务执行

一、有限合伙企业事务执行的特别规定

1.执行合伙事务。有限合伙企业由普通合伙人执行合伙事务,禁止有限合伙人执行合伙事务。

《合伙企业法》规定,有限合伙人不执行合伙事务,不得对外代表有限合伙企业。有限合伙人的下列行为,不视为执行合伙事务:

(1)参与决定普通合伙人入伙、退伙;

(2)对企业的经营管理提出建议;

(3)参与选择承办有限合伙企业审计业务的会计师事务所;

(4)获取经审计的有限合伙企业财务会计报告;

(5)对涉及自身利益的情况,查阅有限合伙企业财务会计账簿等财务资料;

(6)在有限合伙企业中的利益受到侵害时,向有责任的合伙人主张权利或者提起诉讼;

(7)执行事务合伙人怠于行使权利时,督促其行使权利或者为了本企业的利益以自己的名义提起诉讼;

(8)依法为本企业提供担保。

2.利润分配。《合伙企业法》规定,有限合伙企业不得将全部利润分配给部分合伙人,但是合伙协议另有约定的除外。

3.同业竞争。有限合伙人可以同本企业进行交易,可以经营与本企业相竞争的业务。

二、有限合伙企业入伙与退伙

1. 入伙

《合伙企业法》规定,新入伙的有限合伙人对入伙前有限合伙企业的债务,以其认缴的出资额为限承担责任。在普通合伙企业中,新入伙的合伙人对入伙前合伙企业的债务承担无限连带责任,而在有限合伙企业中,新入伙的有限合伙人对入伙前有限合伙企业的债务,以其认缴的出资额为限承担责任。

2. 退伙

《合伙企业法》规定,有限合伙人出现下列情形之一的,当然退伙:
(1)作为合伙人的自然人死亡或者被依法宣告死亡;
(2)作为合伙人的法人或者其他组织依法被吊销营业执照、责令关闭、撤销,或者被宣告破产;
(3)法律规定或者合伙协议约定合伙人必须具有相关资格而丧失该资格的;
(4)合伙人在合伙企业中的全部财产份额被人民法院强制执行。

有限合伙人退伙后,对退伙前的有限合伙企业债务,以其退伙时从有限合伙企业中取回的财产为限承担责任。

《合伙企业法》规定,除合伙协议另有约定外,普通合伙人转变为有限合伙人,或者有限合伙人转变为普通合伙人,应当经全体合伙人一致同意。有限合伙人转变为普通合伙人的,对其作为有限合伙人期间有限合伙企业发生的债务承担无限连带责任。普通合伙人转变为有限合伙人的,对其作为普通合伙人期间合伙企业发生的债务承担无限连带责任。

你知道吗?

1.合伙企业可以选择哪些管理模式?
2.有限合伙企业管理特点是什么?

试一试

1.个人独资企业出资人委托管理或者聘用他人管理时,合同应载明的事项可以是:
A.授予的权利范围　　　　　　B.受托人或者被聘用人应履行的义务
C.受托人或者被聘用人的报酬　　D.受托人或者被聘用人的责任

2.根据《合伙企业法》的规定,除合伙协议另有约定外,合伙企业的下列事项应当经全体合伙人一致同意:
A.改变合伙企业注册登记信息
B.处分合伙企业的不动产
C.处分合伙企业的知识产权和其他财产权利
D.聘任合伙人以外的人担任合伙企业的经营管理人员

3. 合伙人在执行合伙事务中的法定义务为：

A. 向不参加执行事务的合伙人报告企业经营状况和财务状况

B. 不得自营或者同他人合作经营与本合伙企业相竞争的业务

C. 合伙人不得同本合伙企业进行交易

D. 合伙人不得从事损害本合伙企业利益的活动

4. 普通合伙企业需要经全体合伙人一致表决方为有效的行为是：

A. 合伙人同本合伙企业进行交易

B. 增加或者减少对合伙企业的出资

C. 处分合伙企业的不动产

D. 新合伙人入伙

5. 下列情形为当然退伙的是：

A. 合伙人的自然人死亡

B. 个人丧失偿债能力

C. 合伙人的法人或者其他组织依法被吊销营业执照

D. 未履行出资义务

延伸阅读六 ▶▶▶

你知道合伙企业在管理中存在哪些法律风险吗？

项目七　公司法人治理结构

学习目标

1. 了解公司法人治理结构
2. 掌握股东(大)会、董事会、监事会的组成及职权
3. 理解高级管理者与股东之间权利义务的差别

学习情境

你知道公司章程如何约定吗？

公司章程是由全体公司发起人或全体股东订立,规定公司成立、组织运行规则、股东权利义务等公司重要事项,对公司、股东、董事、监事及高级管理人员具有约束力的规范性文件。公司章程属于自治性规范,是公司运行的基本准则。公司章程内容要不违反法律强制性规定,不违反社会公共利益,意思表示真实,具备相应的程序及记载事项,具有优于法律、行政法规的效力。制定公司章程应当注意遵循以下原则：

一、必须记载的事项。公司名称、住所、经营范围、公司设立方式,董事会、监事会的组成、职权、任期和议事规则,公司法定代表人、公司利润分配办法、解散及清算办法等内容应当在公司章程中记载,这些是公司成立登记主管部门审查设立的基本内容。

二、依据《公司法》授权的内容。公司章程的自治性,在《公司法》中具体表述为："除非法规定外,依据公司章程规定……","公司章程另有规定……除外(或从其规定)"等,上述内容在公司章程中可以加以明确约定。

三、有限制的约定。公司章程被理解为自治性团体规范,但是章程约定的内容是受法律限制的。例如,《公司法》第十三条规定"公司法定代表人依照公司章程的规定,由董事长、执行董事或者经理担任,并依法登记。"就是对公司法定代表人在公司章程中进行约定,并对约定的范围做了限制,只能在董事长、执行董事或经理三者中对公司章程做具体约定。还有,以"但是"的形式体现对公司章程约定内容的界定。例如,"董事任期由公司章程规定,但每届任期不得超过三年。"

四、禁止约定的内容。《公司法》第五条明确规定："公司从事经营活动,必须遵守法律、行政法规。"依据《民法典》第一百五十三条规定："违反法律、行政法规的强制性规定的民事法律行为无效。但是,该强制性规定不导致该民事法律行为无效的除外。违背公序良俗的民事法律行为无效。"因此,公司章程必须遵守《公司法》的效力性强制

性规定,不得违背公序良俗,否则章程内容无效。

公司章程约定的内容只限涉及公司、股东及高级管理人员的特定权利与义务,而且不违反《公司法》及其他法律制度的强制性规定,即使《公司法》没有直接授权,公司章程约定也是合法的。

任务一 有限责任公司的组织机构

有限责任公司的组织机构主要包括:股东会、董事会或者执行董事、经理、监事会或者监事。有限责任公司组织机构的设立必须遵守《公司法》的有关规定,公司的股东会、董事会或者执行董事、监事会或者监事必须依照法律、行政法规和公司章程的规定行使职权。

一、股东会

1. 股东会组成及职权

有限责任公司的股东会由全体股东组成,其中股东是指公司的出资人。在我国,除国家特别规定外,有权代表国家投资的机构或者政府部门、企业法人、具有法人资格的事业单位和社会团体、自然人均可以依法成为有限责任公司的股东。公司股东作为出资人按投入公司的资本额享有所有者的资产收益、重大决策和选择管理者等权利。

根据《公司法》的规定,股东会是有限责任公司的权力机构,是公司的最高决策机关,对公司的重大问题进行决策。国有独资公司不设股东会,由国有资产监督管理机构行使股东职权或者其可以授权公司董事会行使股东会的部分职权。

有限责任公司股东会行使下列职权:(1)决定公司的经营方针和投资计划;(2)选举和更换非由职工代表担任的董事、监事,决定有关董事、监事的报酬事项;(3)审议批准董事会的报告;(4)审议批准监事会或者监事的报告;(5)审议批准公司的年度财务预算方案、决算方案;(6)审议批准公司的利润分配方案和弥补亏损方案;(7)对公司增加或者减少注册资本做出决议;(8)对发行公司债券做出决议;(9)对公司合并、分立、解散、清算或者变更公司形式做出决议;(10)修改公司章程;(11)公司章程规定的其他职权。

对股东会上述事项,股东以书面形式一致表示同意的,可以不召开股东会会议,直接做出决定,并由全体股东在决定文件上签名、盖章。

2. 股东会会议

有限责任公司股东会会议分为定期会议和临时会议。定期会议按照公司章程的规定按时召开;临时会议是在公司章程规定的会议时间以外召开的会议。代表十分之一以上表决权的股东,三分之一以上的董事、监事会或者不设监事会的公司监事,均可以提议召开临时会议。

召开股东会会议,除公司章程另有规定或全体股东另有约定外,应当于会议召开十五日前通知全体股东。股东会会议应当对所议事项的决定做成会议记录,出席会议的股东应当在会议记录上签名。

有限责任公司股东会的首次会议由出资最多的股东召集和主持。以后的股东会会议,设立董事会的,由董事会召集,董事长主持;董事长因特殊原因不能履行职务时,由董事长指定的副董事长或者其他董事主持。

股东会会议对公司的重大问题做出决议,需由股东进行表决。根据《公司法》规定,股东会会议由股东按照出资比例行使表决权。对某些涉及股东根本利益的事项的表决,《公司法》做了特别规定,例如,股东会对公司增加或者减少注册资本以及公司分立、合并、解散、变更公司形式或者修改公司章程做出决议,必须经代表三分之二以上表决权的股东通过。

除上述几方面外,有限责任公司股东会的议事方式和表决程序,由公司章程规定。

二、董事会、经理

1. 董事会组成和职权

有限责任公司的董事会是公司股东会的执行机构,向股东会负责。董事会成员由三人至十三人组成。两个以上的国有企业或者两个以上的其他国有投资主体投资设立的有限责任公司,其董事会成员中应当有公司职工代表。董事会中的职工代表由公司职工民主选举产生。董事会设董事长一人,可以设副董事长一至二人。董事长、副董事长的产生办法由公司章程规定,董事长为公司的法定代表人。股东人数较少和规模较小的有限责任公司,可以设一名执行董事,不设董事会;执行董事可以兼任公司经理,执行董事为公司的法定代表人。董事任期由公司章程规定,但每届任期不得超过三年。董事任期届满,可以连选连任。董事在任期届满前,股东会不得无故解除其职务。

根据《公司法》的规定,董事会行使下列职权:(1)负责召集股东会会议,并向股东会报告工作;(2)执行股东会的决议;(3)决定公司的经营计划和投资方案;(4)制订公司的年度财务预算方案、决算方案;(5)制订公司的利润分配方案和弥补亏损方案;(6)制订公司增加或者减少注册资本以及发行公司债券的方案;(7)制订公司合并、分立、解散或者变更公司形式的方案;(8)决定公司内部管理机构的设置;(9)决定聘任或者解聘公司经理及其报酬事项,并根据经理的提名决定聘任或者解聘公司副经理、财务负责人及其报酬事项;(10)制定公司的基本管理制度;(11)公司章程规定的其他职权。

2. 董事会会议

董事会会议由董事长召集和主持。董事长因特殊原因不能履行职务时,由董事长指定的副董事长或者其他董事召集和主持。三分之一以上董事同意可以提议召开董事会会议,召开董事会会议应当于会议召开十日前通知全体董事。董事会应当将所议事项的决定做成会议记录,出席会议的董事应当在会议记录上签名。

董事会的议事方式和表决程序除《公司法》规定的以外,由公司章程规定。

3. 经理

有限责任公司设经理,由董事会聘任或者解聘。经理负责公司日常经营管理工作,对董事会负责。

经理行使下列职权：(1)主持公司的生产经营管理工作，组织实施董事会决议；(2)组织实施公司年度经营计划和投资方案；(3)拟订公司内部管理机构设置方案；(4)拟订公司的基本管理制度；(5)制定公司的具体规章；(6)提请聘任或者解聘公司副经理、财务负责人；(7)聘任或者解聘除应由董事会聘任或者解聘以外的负责管理人员；(8)公司章程和董事会授予的其他职权。

4. 董事、经理的职责

根据《公司法》的规定，董事、经理必须承担以下职责：(1)遵守公司章程，忠实履行职务，维护公司利益，不得利用在公司的地位和职权为自己谋取私利；(2)不得挪用公司资金或者将公司资金借贷给他人；(3)不得将公司资产以其个人名义或者以其他个人名义开立账户存储；(4)不得以公司资产为本公司的股东或者其他个人债务提供担保；(5)不得自营或者为他人经营与其所任职公司同类的业务或者从事损害本公司利益的活动，从事上述业务或者活动的，所得收入应当归公司所有；(6)除公司章程规定或者股东会同意外，不得同本公司订立合同或者进行交易；(7)除依照法律规定或者经股东会同意外，不得泄露公司秘密；(8)执行公司职务时违反法律、行政法规或者公司章程的规定，给公司造成损害的，应当承担赔偿责任。

三、监事会

1. 监事会组成和职权

有限责任公司监事会是公司内部的监督机构。《公司法》规定，经营规模较大的有限责任公司设立监事会，监事会成员不得少于三人。股东人数较少和规模较小的有限责任公司可以只设一至二名监事，不设监事会。

监事会应在其组成人员中推选一名召集人。监事会由股东代表和适当比例的公司职工代表组成，其中，职工代表的比例不得低于三分之一，具体比例由公司章程规定。监事会中的职工代表由公司职工民主选举产生。

监事的任期每届为三年。监事任期届满，可以连选连任。董事、经理及财务负责人不得兼任监事，国家公务员也不得兼任监事。

根据《公司法》的规定，监事会或者不设监事会的监事行使下列职权：(1)可以检查公司财务；(2)对董事、高级管理人员执行公司职务的行为进行监督，对违反法律、行政法规、公司章程或者股东会决议的董事、高级管理人员提出罢免的建议；(3)当董事、高级管理人员的行为损害公司利益时，要求董事、高级管理人员予以纠正；(4)提议召开临时股东会会议，在董事会不履行《公司法》规定的召集和主持股东会会议职责时召集和主持股东会会议；(5)向股东会会议提出提案；(6)依法对董事、高级管理人员提起诉讼；(7)公司章程规定的其他职权。

监事可以列席董事会会议，并对董事会决议事项提出质询或者建议。

监事会、不设监事会的公司的监事发现公司经营情况异常时，可以进行调查；必要时，可以聘请会计师事务所等协助工作，费用由公司承担。

2. 监事会会议

监事会每年度至少召开一次会议，监事可以提议召开临时监事会会议。监事会的议事方式和表决程序,除《公司法》规定以外,由公司章程规定。监事会决议应当经半数以上监事通过。监事会应当对所议事项的决定做成会议记录,出席会议的监事应当在会议记录上签名。

四、有限责任公司的股权转让

有限责任公司成立后,股东不得随意抽回资本,但股东之间可以相互转让全部或部分股权。股东向股东以外的人转让股权,应当经其他股东过半数同意。股东应就其股权转让事项书面通知其他股东征求同意,其他股东在接到书面通知之日起满三十日未答复的,视为同意转让。其他股东半数以上不同意转让的,不同意的股东应当购买该转让的股权,不购买的,视为同意转让。

经股东同意转让的股权,在同等条件下,其他股东有优先购买权。两个以上股东主张行使优先购买权的,协商确定各自购买比例;协商不成的,按照转让时各自的出资比例行使优先购买权。

公司章程对股权转让另有规定的,从其规定。

任务二　国有独资公司组织机构的特别规定

1.国有独资公司不设股东会,由国有资产监督管理机构行使股东会职权。国有资产监督管理机构可以授权公司董事会行使股东会的部分职权,决定公司的重大事项,但公司的合并、分立、解散、增减注册资本和发行公司债券,必须由国有资产监督管理机构决定;其中,国务院有关规定确定的重要国有独资公司的合并、分立、解散、申请破产,应当由国有资产监督管理机构审核后,报本级人民政府批准。

2.国有独资公司董事会的特别规定。国有独资公司设立的董事会,享有法律规定的有限责任公司董事会的职权和国有资产监督管理机构的授权行使职权。董事每届任期不得超过三年。董事会成员中应当有公司职工代表。董事会成员由国有资产监督管理机构委派;但是,董事成员中的职工代表由公司职工代表大会选举产生。董事会设董事长一人,可以设副董事长。董事长、副董事长由国有资产监督管理机构从董事会成员中指定。

3.国有独资公司经理的特别规定。国有独资公司设经理,由董事会聘任或者解聘。国有独资公司经理的职权与普通有限责任公司相同。经国有资产监督管理机构同意,董事会成员可以兼任经理。

4.国有独资公司的董事长、副董事长、董事、高级管理人员任职的特别规定。国有独资公司的上述人员,未经国有资产监督管理机构同意,不得在其他有限责任公司、股份有限公司或者其他经济组织中兼职。

5.国有独资公司监事会的特别规定。国有独资公司监事会成员不得少于五人,其中职工代表的比例不得低于三分之一,具体比例由公司章程规定。监事会成员由国有资产监督管理机构委派;但是,监事会中的职工代表由公司职工代表大会选举产生。

任务三 股份有限公司的组织机构

股份有限公司的组织机构包括股东大会、董事会、监事会,组织机构的组成、职权等与有限责任公司的规定基本相同。

一、股东大会

1. 股东大会的组成和职权

股份有限公司股东大会由全体股东组成。股东大会是公司的权力机构,《公司法》中关于有限责任公司股东会职权的规定,适用于股份有限公司股东大会。

2. 股东大会会议

股东大会应当每年召开一次年会。有下列情形之一的,应当在两个月内召开临时股东大会:(1)董事人数不足《公司法》规定人数或者公司章程所定人数的三分之二时;(2)公司未弥补的亏损达实收股本总额三分之一时;(3)单独或者合计持有公司百分之十以上股份的股东请求时;(4)董事会认为必要时;(5)监事会提议召开时;(6)公司章程规定的其他情形。

股东大会会议由董事会召集,董事长主持。董事会不能履行或者不履行召集股东大会会议职责的,监事会应当及时召集和主持;监事会不召集和主持的,连续九十日以上,单独或者合计持有公司百分之十以上股份的股东可以自行召集和主持。

召开股东大会会议,应当将会议召开的时间、地点和审议的事项于会议召开二十日前通知各股东;临时股东大会应当于会议召开十五日前通知各股东;发行无记名股票的,应当于会议召开三十日前公告会议召开的时间、地点和审议事项。

单独或者合计持有公司百分之三以上股份的股东,可以在股东大会召开十日前提出临时提案并书面提交董事会;董事会应当在收到提案后二日内通知其他股东,并将该临时提案提交股东大会审议。临时提案的内容应当属于股东大会职权范围,并有明确议题和具体决议事项。

股东大会不得对规定通知中未列明的事项做出决议。

股东出席股东大会会议,所持每一股份有一表决权。公司持有的本公司股份没有表决权。股东大会做出决议,必须经出席会议的股东所持表决权过半数通过。但是,股东大会做出修改公司章程、增加或者减少注册资本的决议,以及公司合并、分立、解散或者变更公司形式的决议,必须经出席会议的股东所持表决权的三分之二以上通过。

股东大会选举董事、监事,可以依照公司章程的规定或者股东大会的决议,实行累积投票制。所谓累积投票制,是指股东大会选举董事或者监事时,每一股份拥有与应选董事或者监事人数相同的表决权,股东拥有的表决权可以集中使用。

二、董事会、经理

1. 董事会的组成及职权

股份有限公司设董事会,其成员为五人至十九人。董事会成员中可以有公司职工代表。董事会中的职工代表由公司职工通过职工代表大会、职工大会或者其他形式民主选举产生。关于有限责任公司董事任期的规定,适用于股份有限公司董事。有限责任公司董事会职权的规定,适用于股份有限公司董事会。

董事会设董事长一人,可以设副董事长。董事长和副董事长由董事会以全体董事的过半数选举产生。

2. 董事会会议

董事会每年度至少召开两次会议,每次会议应当于会议召开十日前通知全体董事和监事。代表十分之一以上表决权的股东、三分之一以上董事或者监事会,可以提议召开董事会临时会议。董事长应当自接到提议后十日内,召集和主持董事会会议。

董事会召开临时会议,可以另定召集董事会的通知方式和通知时限。

董事会会议应有过半数的董事出席方可举行。董事会做出决议,必须经全体董事的过半数通过。董事会决议的表决,实行一人一票。董事应当对董事会的决议承担责任。

3. 经理

股份有限公司设经理,由董事会决定聘任或者解聘。关于有限责任公司经理职权的规定,适用于股份有限公司经理。

公司董事会可以决定由董事会成员兼任经理。公司不得直接或者通过子公司向董事、监事、高级管理人员提供借款。

公司应当定期向股东披露董事、监事、高级管理人员从公司获得报酬的情况。

三、监事会

股份有限公司设监事会,其成员不得少于三人。

监事会应当包括股东代表和适当比例的公司职工代表,其中职工代表的比例不得低于三分之一,具体比例由公司章程规定。监事会中的职工代表由职工代表大会、职工大会或者其他形式民主选举产生。

监事会设主席一人,可以设副主席。监事会主席和副主席由全体监事过半数选举产生。监事会主席召集和主持监事会会议;董事、高级管理人员不得兼任监事。有限责任公司监事任期的规定,适用于股份有限公司监事。有限责任公司监事会职权的规定,适用于股份有限公司监事会。

监事会至少每六个月召开一次会议。监事可以提议召开临时监事会会议。监事会决议应当经半数以上监事通过。监事会应当对所议事项的决定做成会议记录,出席会议的监事应当在会议记录上签名。

四、公司董事、监事、高级管理人员

1. 公司董事、监事、高级管理人员任职资格

依据《公司法》规定,有下列情形之一的,不得担任公司的董事、监事、高级管理人员:
(1)无民事行为能力或者限制民事行为能力;

(2)因贪污、贿赂、侵占财产、挪用财产或者破坏社会主义市场经济秩序,被判处刑罚,执行期满未逾五年,或者因犯罪被剥夺政治权利,执行期满未逾五年;

(3)担任破产清算的公司、企业的董事或者厂长、经理,对该公司、企业的破产负有个人责任的,自该公司、企业破产清算完结之日起未逾三年;

(4)担任因违法被吊销营业执照、责令关闭的公司、企业的法定代表人,并负有个人责任的,自该公司、企业被吊销营业执照之日起未逾三年;

(5)个人所负数额较大的债务到期未清偿。

公司违反规定选举、委派董事、监事或者聘任高级管理人员的,该选举、委派或者聘任无效。国家公务员不得兼任公司的董事、监事、经理。董事、监事、高级管理人员在任职期间出现不具备任职资格的法定情形的,公司应当解除其职务。

2. 公司董事、监事、高级管理人员义务

董事、监事、高级管理人员应当遵守法律、行政法规和公司章程,对公司负有忠实义务和勤勉义务。董事、监事、高级管理人员不得利用职权收受贿赂或者其他非法收入,不得侵占公司的财产。

董事、高级管理人员不得有下列行为:①挪用公司资金;②将公司资金以其个人名义或者以其他个人名义开立账户存储;③违反公司章程的规定;④未经股东会、股东大会或者董事会同意,将公司资金借贷给他人或者以公司财产为他人提供担保;⑤违反公司章程的规定或者未经股东会、股东大会同意,与本公司订立合同或者进行交易;⑥未经股东会或者股东大会同意,利用职务便利为自己或者他人谋取属于公司的商业机会,自营或者为他人经营与所任职公司同类的业务;⑦接受他人与公司交易的佣金并归为己有;⑧擅自披露公司秘密,违反对公司忠实义务的其他行为。

董事、高级管理人员违反前款规定所得的收入应当归公司所有。

董事、监事、高级管理人员执行公司职务时违反法律、行政法规或者公司章程的规定,给公司造成损失的,应当承担赔偿责任。依法由监事会或不设监事会的有限责任公司的监事或董事会(执行董事)、股东向人民法院提起诉讼。

3. 上市公司独立董事

上市公司,是指其股票在证券交易所上市交易的股份有限公司。上市公司设立独立董事,独立董事是指不在公司担任除董事外的其他职务,并与其受聘的上市公司及其主要股东不存在可能妨碍其进行独立客观判断的关系的董事。上市公司董事会成员中应当至少包括三分之一独立董事。

独立董事必须具有独立性,下列人员不得担任独立董事:(1)在上市公司或者其附属企业任职的人员及其直系亲属、主要社会关系(直系亲属是指配偶、父母、子女等,主要社会关系是指兄弟姐妹、岳父母、儿媳女婿、兄弟姐妹的配偶、配偶的兄弟姐妹等);(2)直接或间接持有上市公司已发行股份百分之一以上或者是上市公司前十名股东中的自然人股东及其直系亲属;(3)在直接或间接持有上市公司已发行股份百分之五以上的股东单位或者在上市公司前五名股东单位任职的人员及其直系亲属;(4)最近一年内曾经具有前三项所列举情形的人员;(5)为上市公司或其附属企业提供

财务、法律、咨询等服务的人员;(6)公司章程规定的其他人员;(7)中国证监会认定的其他人员。

中国证监会对独立董事的任职资格和独立性进行审核。独立董事每届任期与该上市公司其他董事任期相同,任期届满,可以连选连任,但是连任时间不得超过六年。

独立董事的主要职责是对上市公司董事、高级管理人员及其与公司进行的关联交易进行监督。《关于在上市公司建立独立董事制度的指导意见》赋予独立董事以下特别职权:

(1)重大关联交易(是指上市公司拟与关联人达成的总额高于三百万元或高于上市公司最近经审计净资产值的百分之五的关联交易)应由独立董事认可后,提交董事会讨论,独立董事做出判断前,可以聘请中介机构出具独立财务顾问报告,作为其判断的依据;(2)向董事会提议聘用或解聘会计师事务所;(3)向董事会提请召开临时股东大会;(4)提议召开董事会;(5)独立聘请外部审计机构和咨询机构;(6)可以在股东大会召开前公开向股东征集投票权。

独立董事行使上述职权应当取得全体独立董事的二分之一以上同意。如果上述提议未被采纳或上述职权不能正常行使,上市公司应将有关情况予以披露。

你知道吗?

1. 有限责任公司和股份有限公司"三会"的关系是什么?
2. 有限责任公司"三会"的职权和议事规则是什么?
3. 董事、监事及高级管理人员的任职资格是什么?

试一试

1. 有限责任公司股东会行使下列职权:
A. 决定有关监事的报酬事项
B. 决定公司的机构设置
C. 对股东向股东以外的人转让出资做出决议
D. 修改公司章程

2. 有限责任公司在下列情况下可以召开股东临时会议:
A. 代表四分之一以上表决权的股东提议
B. 三分之一以上董事提议
C. 监事会提议
D. 不设监事会的公司监事提议

3. 符合《公司法》规定的股东会会议规则的是:
A. 股东会会议召开十日前必须通知全体股东
B. 首次会议由出资最多的股东召集和主持
C. 董事长可随时指定副董事长或者其他董事主持
D. 出席会议的股东应当在会议记录上签名

4. 需要由股东特殊表决的事项有：

A. 公司增加或者减少注册资本　　　　　B. 公司分立、合并

C. 公司解散、变更公司形式　　　　　　D. 发行公司债券

5. 关于公司董事会下列规定事项是合法的：

A. 由三至十三名董事构成　　　　　　　B. 选举董事长

C. 需要有一定比例的职工代表　　　　　D. 董事任期可以为三年以下

6. 有限责任公司监事会是公司的内部监督机构，符合《公司法》规定的是：

A. 可以只设一至二名监事

B. 监事会成员不得少于三名

C. 监事的任期每届为三年

D. 董事、经理及财务负责人不得兼任监事

7. 有限责任公司股东转让出资要符合以下规定：

A. 公司登记后股东可以抽回资本

B. 股东不得随便抽回资本

C. 股东可以随意向其他股东转让资本

D. 股东需要经其他股东半数同意方可向股东以外的人转让股权

延伸阅读七 ▶▶▶

你知道怎么签订股权转让协议吗？

项目八　企业财产权归属与使用

学习目标

1. 了解各类企业财产的构成
2. 掌握企业出资人的权利义务
3. 掌握公司的财务会计制度

学习情境

企业财产权归属原则是什么？

"谁投资，谁有产权"是财产权归属的基本原则。财产权是指财产所有权、经营权、使用权等。企业财产权包括企业的投资、投资收益、企业依法所得。对于非法人型企业而言，企业设立后，企业对其财产有经营权、使用权，出资人不得随意转让或处分其企业的财产。对于法人型企业而言，企业对其财产有所有权、经营权和使用权，出资人不得抽回资本，但可以依法转让出资。

由国家投资的，其资产归国家所有；由集体或个人投资的，其资产归该集体或个人所有。享有经营权的主体利用国有资产投资形成的资产仍归其继续经营使用。以下资产归国家所有：

1. 国家机关占有、使用的资产全部属于国家所有，但不包括借用、租用等所有权属于他人的财产；

2. 事业单位国有财产，包括非国家机关及非国有企业单位创办的事业单位中由国家投入的资产属于国家；

3. 政党及人民团体中由国家拨款等方式形成的资产属于国有资产；

4. 全民所有制企业，即国有企业，其资产不论是国家投入还是生产经营所得均属国家所有；

5. 集体所有制企业的财产属于劳动群众集体所有，但国家对集体企业的投资及其投资收益形成的所有者权益，其产权归国家所有；

6. 以国有财产投资创办的以集体所有制名义注册登记的企业单位的资产、国有资产在集体企业的经营收益、集体企业改制成股份公司前投资性免税部分、无偿占有国有土地的所有权均归国家所有。

任务一　确定合伙企业财产归属

一、合伙企业的财产构成

根据《合伙企业法》的规定,合伙人的出资、以合伙企业名义取得的收益和依法取得的其他财产,均为合伙企业的财产。从这一规定可以看出,合伙企业财产由以下三部分构成:

1. 合伙人的出资。《合伙企业法》规定,合伙人可以用货币、实物、知识产权、土地使用权或者其他财产权利出资,也可以用劳务出资。这些出资形成合伙企业的原始财产。需要注意的是,合伙企业的原始财产是全体合伙人"认缴"的财产,而非各合伙人"实际缴纳"的财产。

2. 以合伙企业名义取得的收益。合伙企业作为一个独立的经济实体,可以有自己的独立利益,因此,以其名义取得的收益作为合伙企业获得的财产,当然归属于合伙企业,成为合伙财产的一部分。

3. 依法取得的其他财产。即根据法律、行政法规的规定合法取得的其他财产,如合法接受赠予的财产等。

二、合伙人财产份额转让

合伙人财产份额转让,是指合伙企业的合伙人向他人转让其在合伙企业中的全部或者部分财产份额的行为。由于合伙人转让财产份额将会影响合伙企业以及各合伙人的切身利益,因此,《合伙企业法》对合伙人转让财产份额做了以下限制性规定:

1. 除合伙协议另有约定外,合伙人向合伙人以外的人转让其在合伙企业中的全部或者部分财产份额时,须经其他合伙人一致同意,并且在同等条件下其他合伙人有优先受让的权利。

2. 合伙人之间转让在合伙企业中的全部或者部分财产份额时,应当通知其他合伙人。

3. 合伙人以其在合伙企业中的财产份额出质的,须经其他合伙人一致同意;未经其他合伙人一致同意,其行为无效,由此给善意第三人造成损失的,由行为人依法承担赔偿责任。合伙人擅自以其在合伙企业中的财产份额出质,违背了合伙企业存续的基础,具有主观上的过错,合伙人非法出质给善意第三人造成损失的,应当依法赔偿因其过错行为给善意第三人造成的损失。

三、有限合伙企业财产转让的特殊规定

1. 有限合伙人财产份额出质。有限合伙人可以将其在有限合伙企业中的财产份额出质。但是合伙协议另有约定的除外。

2. 有限合伙人财产份额转让。有限合伙人可以按照合伙协议的约定向合伙人以外的人转让其在有限合伙企业中的财产份额,但应当提前三十日通知其他合伙人。

3. 有限合伙人债务清偿。有限合伙人的自有财产不足清偿其与合伙企业无关的债务

的,该合伙人可以以其从有限合伙企业中分取的收益用于清偿;债权人也可以依法请求人民法院强制执行将该合伙人在有限合伙企业中的财产份额用于清偿。人民法院强制执行有限合伙人的财产份额时,应当通知全体合伙人。在同等条件下,其他合伙人有优先购买权。

任务二　学习公司财产转让

一、有限责任公司财产使用

1. 有限责任公司股东转让出资

有限责任公司成立后,股东不得随意抽回资本,但股东之间可以相互转让全部或部分股权。股东向股东以外的人转让股权,应当经其他股东过半数同意,股东应就其股权转让事项书面通知其他股东征求同意,其他股东在接到书面通知之日起满三十日未答复的,视为同意转让。其他股东半数以上不同意转让的,不同意的股东应当购买该转让的股权,不购买的,视为同意转让。

经股东同意转让的股权,在同等条件下,其他股东有优先购买权。两个以上股东主张行使优先购买权的,协商确定各自的购买比例;协商不成的,按照转让时各自的出资比例行使优先购买权。

公司章程对股权转让另有规定的从其规定。

2. 人民法院强制转让股东股权

人民法院依照法律规定的强制执行程序转让股东的股权时,应当通知公司及全体股东,其他股东在同等条件下有优先购买权。其他股东自人民法院通知之日起满二十日不行使优先购买权的,视为放弃优先购买权。

二、股份有限公司股份转让

股份有限公司的股份除法律对发起人,公司的董事、监事、高级管理人员及其他人员所持股份的转让有限制外,股份可以自由转让。

1. 发起人转让股票的限制

《公司法》规定,发起人持有的本公司股份,自公司成立之日起一年内不得转让。公司公开发行股份前已发行的股份,自公司股票在证券交易所上市交易之日起一年内不得转让。

2. 董事、监事、高级管理人员转让股票的限制

公司董事、监事、高级管理人员应当向公司申报所持有的本公司的股份及其变动情况,在任职期间每年转让的股份不得超过其所持有本公司股份总数的百分之二十五;所持本公司股份自公司股票上市交易之日起一年内不得转让。

上述人员离职后半年内,不得转让其所持有的本公司股份,但是因司法强制执行、继承、遗赠、依法分割财产等导致股份变动的除外。

上市公司董事、监事和高级管理人员所持股份不超过一千股的,可一次全部转让,不受上述转让比例的限制。公司章程可以对公司董事、监事、高级管理人员转让其所持有的本公司股份做出其他限制性规定。

3. 公司收购本公司股份例外

《上市公司章程指引》(2022年修订)规定,上市公司在特定条件下可以收购本公司股份。法律规定的特定情形包括:

(1)减少公司注册资本;

(2)与持有本公司股份的其他公司合并;

(3)将股份用于员工持股计划或者股权激励;

(4)股东因对股东大会做出的公司合并、分立决议持异议,要求公司收购其股份;

(5)将股份用于转换公司发行的可转换为股票的公司债券;

(6)公司为维护公司价值及股东权益所必需。

公司因上述第(1)项、第(2)项规定的情形收购本公司股份的,应当经股东大会决议;公司因上述第(3)项、第(5)项、第(6)项规定的情形收购本公司股份的,可以依照《上市公司章程指引》规定或者股东大会的授权,经三分之二以上董事出席的董事会会议决议,且应当通过公开的集中交易方式进行。

公司依照上述规定收购本公司股份后,属于第(1)项情形的,应当自收购之日起十日内注销;属于第(2)项、第(4)项情形的,应当在六个月内转让或者注销;属于第(3)项、第(5)项、第(6)项情形的,公司合计持有的本公司股份数不得超过本公司已发行股份总额的百分之十,并应当在三年内转让或者注销。

任务三 掌握公司财务会计制度

一、公司财务会计基本要求

1. 建立财务会计制度

公司应当依照法律、行政法规和国务院财政部门的规定建立本公司的财务会计制度。

2. 编制财务会计报告

根据我国《公司法》规定,公司应当依法编制财务会计报告。公司应当在每一会计年度终了时编制财务会计报告,并依法经会计师事务所审计。财务会计报告应当依照法律、行政法规和国务院财政部门的规定制作。财务会计报告内容主要包括:资产负债表、损益表、财务状况变动表、财务情况说明书、利润分配表等财务报表及附属明细表。

3. 财务会计报告的编制、验证和公示

(1)编制。根据《公司法》的有关规定,公司财务会计报告应当由董事会负责编制,并对其真实性、完整性和准确性负责。公司除法定的会计账簿外,不得另立会计账簿。对公司资产,不得以任何个人名义开立账户存储。

(2)验证。公司应当依法聘用会计师事务所对财务会计报告审查验证。公司聘用、解聘承办公司审计业务的会计师事务所,依照公司章程的规定,由股东会、股东大会或者董事会决定。公司股东会、股东大会或者董事会就解聘会计师事务所进行表决时,应当允许会计师事务所陈述意见。公司应当向聘用的会计师事务所提供真实、完整的会计凭证、会计账簿、财务会计报告及其他会计资料,不得拒绝、隐匿、谎报。

(3)公示。有限责任公司应当依照公司章程规定的期限将财务会计报告送交各股东。

股份有限公司的财务会计报告应当在召开股东大会年会的二十日前置备于本公司,供股东查阅;公开发行股票的股份有限公司必须公告其财务会计报告。

二、公司利润分配

公司利润是指公司在一定会计期间的经营成果,包括营业利润、投资净收益和营业外收支净额。公司依据"无盈不分、多盈多分、少盈少分"的原则对利润进行分配。我国《公司法》规定了公司税后利润分配顺序:

(1)弥补亏损;(2)缴纳所得税;(3)提取法定公积金;(4)提取任意公积金;(5)向股东分配利润。

公司弥补亏损和提取公积金后所余税后利润,有限责任公司按照股东实缴的出资比例分配,但全体股东约定不按照出资比例分配的除外;股份有限公司按照股东持有的股份比例分配,但股份有限公司章程规定不按持股比例分配的除外。

公司股东会、股东大会或者董事会违反规定,在公司弥补亏损和提取法定公积金之前向股东分配利润的,股东必须将违反规定分配的利润退还公司。公司持有的本公司股份不得分配利润。

三、公积金

公积金是公司在资本之外所保留的资金金额,又称为附加资本或准备金。公积金分为资本公积金和盈余公积金两类。资本公积金是直接由资本原因形成的公积金,资本公积金不得用于弥补公司的亏损。盈余公积金是从公司税后利润中提取的公积金。盈余公积金分为法定公积金和任意公积金两种。

1.法定公积金。法定公积金是依据法律规定强制提取的公积金。《公司法》规定,法定公积金按照公司税后利润的百分之十提取,当公司法定公积金累计额达到公司注册资本的百分之五十以上时可以不再提取。公司为了实现增加资本的目的,可以将公积金的一部分转为资本。法定公积金转增资本时,《公司法》规定,转增后所留存的该项公积金不得少于转增前公司注册资本的百分之二十五。

2.任意公积金。任意公积金是依据公司章程或股东会决议在法定公积金之外自由提取的公积金。对任意公积金转增资本的,法律没有限制。任意公积金应该按照公司股东会或者股东大会决议,从公司税后利润中提取。任意公积金的提取比例没有限制。

你知道吗？

1. 企业财产权归属的基本原则是什么？
2. 不同企业投资人转让出资有哪些不同？
3. 公司财务会计报告的内容及要求是什么？
4. 公司分配利润和提取公积金方面有哪些法律规定？

试一试

1. 以下财产归国家所有：
   A. 国家机关、事业单位占有使用的全部资产
   B. 事业单位中由国家无偿划拨使用的土地使用权
   C. 政党、人民团体中国家拨款所形成的资产
   D. 全民所有制企业全部财产

2. 依据《合伙企业法》规定，合伙企业原始财产由下列内容构成：
   A. 合伙人的出资
   B. 合伙企业经营所得
   C. 合伙企业未分配的利润
   D. 合伙企业受赠财产

3. 普通合伙企业合伙人按下列规则转让出资：
   A. 合伙人可以在合伙企业内自由向其他合伙人转让出资
   B. 合伙人需要经全体合伙人一致同意方能向其他合伙人转让出资
   C. 合伙人向合伙人以外的其他人转让出资时享有优先受让的权利
   D. 合伙人转让出资的条件在合伙协议中约定

4. 依据《公司法》规定，有限责任公司成立后，股东对其出资应当按下列规定处理：
   A. 公司登记后，股东不得抽回出资
   B. 公司登记后，股东可以向其他股东转让出资
   C. 公司登记后，股东可以抽回出资
   D. 公司登记后，股东不可以向其他股东转让出资

5. 在有限责任公司登记后，股东向其他股东转让股份时应当：
   A. 就其股权转让事项书面通知其他股东并征求同意
   B. 经其他股东过半数同意方可转让
   C. 其他股东在接到书面通知之日起满三十日未答复的，视为同意转让
   D. 其他股东半数以上不同意转让的，不得转让

6. 股份有限公司对发起人、公司的董事、监事、高级管理人员及其他人员所持股份的转让有以下限制：
   A. 发起人持有的本公司股份，自公司成立之日起一年内不得转让
   B. 董事、监事、高级管理人员离职后半年内，不得转让其所持有的本公司股份

C. 董事、监事在任职期间每年转让的股份不得超过其所持有本公司股份总数的百分之二十五

D. 董事、监事和高级管理人员所持股份不超过一千股的,可一次全部转让

7. 公司财务会计报告包括:

A. 资产负债表　　　　　　　　　　　B. 利润表

C. 现金流量表　　　　　　　　　　　D. 财务分析报告

8. 公司利润分配中法定公积金应当是:

A. 属于资本公积金

B. 按公司税后利润的百分之十提取

C. 累计超过注册资本百分之五十以上可以不再提取

D. 转增资本后所留存的法定公积金不得少于转增前公司注册资本的百分之二十五

延伸阅读八 ▶▶▶

你知道什么情况下股东会被追加为被执行人吗?

项目九　企业劳动关系管理

学习目标

1. 了解企业劳动关系管理的法律特征
2. 体会劳动者的劳动权利与企业的管理权利
3. 掌握劳动合同的管理、加班管理、工资管理

学习情境

新生代劳动关系境遇如何？

将"国家尊重与保障人权"庄严地写入宪法后，我国加速了对劳动与社会保障方面的立法，特别是2008年颁布实施了《劳动合同法》，劳动者法律意识普遍有了提高，劳动者手中也有了新的维权利器。但对新生代员工的劳动关系管理却不容乐观。

随着我国城市化进程的不断推进，一批批新生劳动力从农村、从扩招的大学中走向城市、走向社会。他们身上除了依然有前辈们在这个年龄时的涉世不深的特点，时代又在他们身上平添了更多的自我意识。企业程式化管理、单调重复的劳动，压抑着与他们年轻血液一起流淌的梦想、独立与自信。从本田千名新生代员工要求加薪，到富士康个别员工极端事件连续发生，在人们惊叹之余，不得不让社会更加关注企业劳动关系的新境遇。

任务一　认识劳动关系与劳动权利

一、劳动关系的概念及法律特征

1. 劳动关系的概念

市场经济条件下，人力资源的配置是通过劳动力市场实现的。在劳动力市场中，企业是将劳动与资本按市场价格相结合的经济组织，企业与劳动者均为享有经济主权的市场主体。企业表现为因其占有生产物资条件而成为用工主体；劳动者表现为因其拥有劳动的支配权而成为劳动主体。劳动关系是用人单位（雇主）与劳动者（雇员）之间在运用劳动者的劳动能力、实现劳动过程中所发生的关系。

2. 劳动关系的法律特征

(1)劳动关系的主体是特定的,是用人单位与劳动者之间的关系,自然人与自然人之间的雇用劳动不是法律意义上的劳动关系。

(2)劳动关系是因就业或雇用而产生的关系,而不是劳动者因集体劳动产生的分工关系。

(3)劳动关系的内容是劳动过程中产生的与劳动者提供劳动密切相关的关系。

(4)劳动关系中的雇主与雇员,是基于劳动合同,一方提供报酬、另一方为获取工资而形成的主从关系。依据《劳动合同法》第二条规定,我国用人单位包括我国境内的企业、个体经济组织、民办非企业单位等组织,以及与劳动者建立劳动关系的国家机关、事业单位、社会团体。工会,是团体劳动关系的形式主体,如签订集体合同时的主体。

各级政府官员(公务员)不是劳动关系意义中的雇员,他们的工资以及其他报酬是由法律专门规定而不是他们与政府进行协商确定的。除工资等由国务院另有规定的内容外,事业单位的聘用人员可以适用《劳动合同法》,但不是完整意义上的劳动关系。

二、劳动权利

劳动权利又称劳动者权利,是指劳动者在劳动关系中所享有的权利。劳动权利分为法定权利和约定权利,前者来自《劳动法》和《劳动合同法》等法律规定,后者来自用人单位与劳动者约定。用人单位与劳动者约定内容不得违反法律的强制性规定。

《劳动法》第三条规定,劳动者享有八项基本的劳动权利。

1. 平等就业权

(1)劳动者平等就业权,是指具有劳动能力的公民有获得职业的权利。劳动者就业,不因民族、种族、性别、宗教信仰不同而受歧视。妇女享有与男子平等的就业权利。在录用职工时,除国家规定的不适合妇女的工种或者岗位外,不得以性别为由拒绝录用妇女或者提高对妇女的录用标准。

(2)禁止用人单位录用未满十六周岁的未成年人。文艺、体育和特种工艺单位录用未满十六周岁的未成年人,必须遵守国家有关规定并保障其接受义务教育的权利。

2. 选择职业权

劳动者选择职业的权利,是指劳动者根据自己意愿选择适合自己的职业。劳动者有选择用人单位、用工岗位和用工条件的权利,劳动者依法与用人单位解除劳动合同、用人单位不得约定解除劳动合同的条件以及不得强迫劳动者劳动。

3. 取得劳动报酬权

取得劳动报酬的权利是公民的一项重要劳动权利。我国劳动者的劳动均为有偿劳动,劳动报酬不仅是劳动者与用人单位签订劳动合同的必备条款,而且用人单位还应当以现金的形式及时足额地向劳动者支付工资,工资不得低于劳动者所在地的最低工资标准。

4. 休息休假权

劳动者的休息休假权利在《宪法》及《劳动法》均有明确规定。休息是指工作间歇、两个工作日之间及公休日的时间,休假是指法定节假日、年休假、探亲假、婚丧假、事假、生育假、病假等。我国从1995年5月1日(企业最迟从1997年5月1日)开始,每周工作时间为四十小时;从2008年1月1日开始,法定休假日从十天增加到十一天,并增加了企业连续工作一年以上职工带薪年假制度。

5. 获得劳动安全卫生保护权

《劳动法》规定,用人单位必须建立、健全劳动安全卫生制度,严格执行国家安全卫生规程和标准,为劳动者提供符合国家规定的劳动安全制度,严格执行国家安全卫生规程和标准,为劳动者提供符合国家规定的劳动安全卫生条件和必要的劳动防护用品,对从事特种作业的人员进行专门培训,防止劳动过程中的事故,减少职业危害。

6. 接受职业技能培训权

职业技能培训是对准备就业的人员和已经就业的职工,以培养其基本职业技能或以提高其职业技能为目的而进行的技术业务知识和实际操作技能的教育和训练。根据《劳动合同法》规定,企业对入职员工进行岗前培训或对在职员工自行组织内训不属于用人单位为劳动者提供的专项培训,在劳动者依法解除劳动合同时不得向劳动者要求承担相应的培训费用。

7. 享受社会保险和福利权

社会保险是国家和用人单位依照法律规定或合同约定,对具有劳动关系的劳动者在暂时或永久丧失劳动能力以及暂时失业时,为保证基本生活需要,给予物质帮助的一种社会保障制度。我国目前的社会保险包括养老保险、医疗保险、工伤保险、失业保险和生育保险。

8. 提请劳动争议处理权

劳动争议是劳动关系当事人为实现劳动权利,履行劳动义务而发生的纠纷。用人单位与劳动者发生劳动争议,双方可以依法申请调解、仲裁、提起诉讼,也可以直接向劳动争议仲裁委员会申请仲裁。对仲裁裁决不服的,除法律另有规定外,可以向人民法院提起诉讼。

任务二　签订劳动合同

依据《劳动合同法》规定,劳动合同是劳动者与用人单位确立劳动关系,明确双方权利和义务的协议。用人单位自用工之日起即与劳动者建立劳动关系。建立劳动关系,应当订立书面劳动合同。已建立劳动关系,未同时订立书面劳动合同的,应当自用工之日起一个月内订立书面劳动合同。用人单位与劳动者在用工前订立劳动合同的,劳动关系自用工之日起建立。

用人单位设立的分支机构,依法取得营业执照或者登记证书的,可以作为用人单位与劳动者订立劳动合同;未依法取得营业执照或者登记证书的,受用人单位委托可以与劳动者订立劳动合同。

1. 招聘员工

用人单位招用劳动者时，应当如实告知劳动者工作内容、工作条件、工作地点、职业危害、安全生产状况、劳动报酬，以及劳动者要求了解的其他情况；用人单位有权了解劳动者与劳动合同直接相关的基本情况，劳动者应当如实说明。

用人单位招用劳动者，不得扣押劳动者的居民身份证和其他证件，不得要求劳动者提供担保或者以其他名义向劳动者收取财物。

2. 签订书面劳动合同

（1）自用工之日起一个月内，经用人单位书面通知后，劳动者不与用人单位订立书面劳动合同的，用人单位应当书面通知劳动者终止劳动关系，无需向劳动者支付经济补偿，但是应当依法向劳动者支付其实际工作时间的劳动报酬。

（2）用人单位自用工之日起超过一个月不满一年未与劳动者订立书面劳动合同的，应当依据《劳动合同法》规定向劳动者每月支付两倍的工资，并与劳动者补订书面劳动合同；劳动者不与用人单位订立书面劳动合同的，用人单位应当书面通知劳动者终止劳动关系，并依据《劳动合同法》规定支付经济补偿。

（3）用人单位自用工之日起满一年未与劳动者订立书面劳动合同的，自用工之日起满一个月的次日至满一年的前一日应当依据《劳动合同法》规定向劳动者每月支付两倍的工资，并视为自用工之日起满一年的当日已经与劳动者订立无固定期限劳动合同，应当立即与劳动者补订书面劳动合同。

3. 劳动合同的内容

（1）必备条款。根据《劳动合同法》规定，除用人单位与劳动者的自然状况外，劳动合同的期限、工作内容和工作地点、劳动报酬、社会保险、劳动保护、劳动条件和职业危害防护等是劳动合同的必备条款。此外，用人单位与劳动者可以约定试用期、培训、保守秘密、补充保险和福利待遇等其他事项。劳动合同的试用期最长不超过六个月，试用期包括在合同的期限内。

（2）合同种类。劳动合同按用人单位与劳动者约定的终止合同的内容分为固定期限劳动合同、无固定期限劳动合同和以完成一定工作任务为期限的劳动合同。约定了明确的合同终止时间为固定期限劳动合同，没有明确约定劳动合同期限的为无固定期限劳动合同。

4. 劳动合同的无效

根据《劳动合同法》规定，下列劳动合同无效或者部分无效：

（1）用人单位以欺诈、胁迫的手段或者乘人之危，使劳动者在违背真实意思的情况下订立或者变更劳动合同的；

（2）用人单位免除自己的法定责任、排除劳动者权利的；

（3）用人单位的规章制度违反法律、行政法规强制性规定的。

对劳动合同的无效或者部分无效有争议的，由劳动争议仲裁机构或者人民法院确认。劳动合同部分无效，不影响其他部分效力的，其他部分仍然有效。

任务三　解除与终止劳动合同

劳动合同解除是指劳动合同成立后终止前,双方经协商一致或依据法定情形,使合同的权利与义务提前终止的法律行为。依法订立的劳动合同对用人单位和劳动者均有约束力,双方不得随意解除劳动合同。依据《劳动合同法》规定,用人单位与劳动者解除合同主要通过以下方式解除。

一、劳动合同的协议解除

用人单位与劳动者协商一致,可以解除劳动合同,但用人单位与劳动者不得在劳动合同中约定解除劳动合同的条件。《劳动合同法》规定,用人单位提出并经与劳动者协调一致解除合同时需要依法向劳动者支付经济补偿。

二、劳动者单方解除

1. 预告解除

劳动者提前三十日以书面形式通知用人单位,可以解除劳动合同。《劳动合同法》第三十七条规定,劳动者在试用期内提前三日通知用人单位,可以解除劳动合同。依法解除劳动合同,除法律特别规定外,劳动者无需向用人单位支付赔偿金。

2. 特别解除

《劳动合同法》第三十八条规定,用人单位存在下列情形,劳动者可以随时解除劳动合同,用人单位应当向劳动者支付经济补偿:
(1)未按照劳动合同约定提供劳动保护或者劳动条件的;
(2)未及时足额支付劳动报酬的;
(3)未依法为劳动者缴纳社会保险费的;
(4)用人单位的规章制度违反法律法规的规定,损害劳动者权益的;
(5)以欺诈、胁迫的手段或者乘人之危,使对方在违背真实意思的情况下订立或者变更劳动合同的;
(6)法律、行政法规规定劳动者可以解除劳动合同的其他情形。

用人单位以暴力、威胁或者非法限制人身自由的手段强迫劳动者劳动的,或者用人单位违章指挥、强令冒险作业危及劳动者人身安全的,劳动者可以立即解除劳动合同,不需事先告知用人单位。

三、用人单位单方解除

1. 即时解除

《劳动合同法》第三十九条规定,劳动者有下列情形之一的,用人单位可以解除劳动合同:

(1)在试用期间被证明不符合录用条件的；
(2)严重违反用人单位的规章制度的；
(3)严重失职，营私舞弊，给用人单位造成重大损害的；
(4)劳动者同时与其他用人单位建立劳动关系，对完成本单位的工作任务造成严重影响，或者经用人单位提出，拒不改正的；
(5)以欺诈、胁迫的手段或者乘人之危，使对方在违背真实意思的情况下订立或者变更劳动合同的；
(6)被依法追究刑事责任的。

2. 预告解除

《劳动合同法》第四十条规定，有下列情形之一的，用人单位提前三十日以书面形式通知劳动者本人或者额外支付劳动者一个月工资后，可以解除劳动合同，用人单位应当向劳动者支付经济补偿：

(1)劳动者患病或者非因工负伤，在规定的医疗期满后不能从事原工作，也不能从事由用人单位另行安排的工作的；
(2)劳动者不能胜任工作，经过培训或者调整工作岗位，仍不能胜任工作的；
(3)劳动合同订立时所依据的客观情况发生重大变化，致使劳动合同无法履行，经用人单位与劳动者协商，未能就变更劳动合同内容达成协议的。

此外，《劳动合同法》对经济性裁员的条件和程序做了规定。

3. 限制解除

《劳动合同法》第四十二条规定，劳动者有下列情形之一的，用人单位不得单方解除劳动合同：

(1)从事接触职业病危害作业的劳动者未进行离岗前职业健康检查，或者疑似职业病病人在诊断或者医学观察期间的；
(2)在本单位患职业病或者因工负伤并被确认丧失或者部分丧失劳动能力的；
(3)患病或者非因工负伤，在规定的医疗期内的；
(4)女职工在孕期、产期、哺乳期的；
(5)在本单位连续工作满十五年，且距法定退休年龄不足五年的；
(6)法律、行政法规规定的其他情形。

4. 劳动合同的终止

《劳动合同法》第四十四条规定，出现下列情形之一的，劳动合同终止：

(1)劳动合同期满的；
(2)劳动者开始依法享受基本养老保险待遇的；
(3)劳动者死亡，或者被人民法院宣告死亡或者宣告失踪的；
(4)用人单位被依法宣告破产的；
(5)用人单位被吊销营业执照、责令关闭、撤销或者用人单位决定提前解散的；
(6)法律、行政法规规定的其他情形。

劳动合同期满,出现法律规定用人单位不得解除劳动合同的情形时,劳动合同应当续延至相应的情形消失时为止。但是,对于丧失或者部分丧失劳动能力劳动者的劳动合同的终止,按照国家有关工伤保险的规定执行。

劳动合同期满,除用人单位维持或者提高劳动合同约定条件续订劳动合同,劳动者不同意续订的情形外,用人单位应向劳动者支付补偿;

用人单位被依法宣告破产、被吊销营业执照、责令关闭、撤销或者用人单位决定提前解散而终止劳动合同时,用人单位应向劳动者支付补偿。

经济补偿按劳动者在本单位工作的年限,每满一年支付一个月工资的标准向劳动者支付。六个月以上不满一年的,按一年计算;不满六个月的,向劳动者支付半个月工资的经济补偿。支付经济补偿的年限最高不超过十二年。

任务四　区分工作时间与工资待遇

单位时间的劳动报酬体现了劳动力不同素质和市场需求,因此,工资待遇与劳动时间是保护劳动者权利、体现劳动力质与量的重要因素。

一、工作时间

工作时间又称法定工作时间,是劳动者为履行劳动义务,在用人单位从事工作或生产的时间,即劳动者在一定时间(一天、一周、一个月等)内必须用来完成其所担负工作的时间。工作时间分为标准工作时间、综合工作时间和不定时工作时间。

1. 标准工作时间

标准工作时间是指国家法律制度规定的,在正常情况下劳动者从事工作或劳动的时间。例如,职工每天工作八小时为标准工作日;每周工作四十小时为标准工作周,即每周工作五天,休息二天;每月标准工作时间为 20.86 天,每年年休假日为十一天并且为带薪休假,所以每月计薪天数为 21.75 天。

标准工作时间是其他工作时间制度的基准。计件工作时间和计时工作时间是标准工作时间的转化形式。

2. 综合工作时间

综合工作时间是因用人单位生产或工作特点,劳动者的工作时间不宜以日计算,需要分别以周、月、季、年为周期综合计算工作时间长度的工时制度。这种工时制度的适用范围是:交通、铁路、邮电、航空、水运渔业等工作性质特殊、需连续作业的职工;地质资源勘探、建筑、制盐、制糖等受季节和自然条件限制的行业的部分岗位或工种的职工。

应当注意的是,以一定周期计算,其平均计算的工时长度应与法定标准工作时间基本相同,超过部分视为延长工作时间。公休日视为正常工作时间,不计入延长工作时间,法定节假日应按延长工作时间处理。

3. 不定时工作时间

不定时工作时间是因工作特点每日没有固定工作时间的工时制度。此种工时制度的适用范围包括：企业中的高级管理人员、外勤人员、推销人员、部分值班人员和其他因工作无法按标准工作时间衡量的职工；企业中的长途运输人员、出租汽车司机和铁路、港口、仓库的部分装卸人员以及因工作性质特殊、需机动作业的职工；其他因生产特点、工作特殊需要或职责范围的关系，适合实行不定时工作制的职工。

对于不定时工作时间，应安排职工轮休调休、确保职工的休息休假权利和生产、工作任务的完成，这种工作时间不同于标准工作时间，工作时间超过标准工作时间时，不受标准工作时间的限制，而且超过部分不计为延长工作时间。

4. 延长工作时间

延长工作时间又称加班与加点，是超过标准工作时间长度的工作时间。劳动者在法定节假日、公休日工作称为加班，超过日八小时工作时间称为加点。除法律规定允许延长工作时间外，延长工作时间受一定的限制。例如，用人单位需要与工会和劳动者协商才可以延长工作时间；延长工作时间一般每日不得超过一小时，因特殊原因需要的，在保证劳动者身体健康的条件下，每日不得超过三小时，但每月不得超过三十六小时；用人单位应以高于劳动者正常工作时间的工资标准支付加班费。怀孕七个月以上和哺乳未满一周岁婴儿的女职工，不得安排加班。

二、工资待遇

1. 最低工资制度

最低工资是国家以一定的立法程序规定的，劳动者在法定时间内提供了正常劳动的前提下，其所在单位应支付的最低劳动报酬。我国允许按各地情况确定当地最低工资标准。一般采取月最低工资标准和小时最低标准的形式，前者适用于全日制劳动者，后者适用于非全日制劳动者。

在劳动者提供正常劳动的情况下，用人单位应支付给劳动者的劳动工资在剔除以下报酬后不得低于当地的最低工资标准。不计入最低工资的报酬包括：(1)加班费；(2)中班、夜班、高温、地下及有毒有害等特殊工作环境、条件下的津贴；(3)法律、行政法规规定的劳动者福利待遇等。

劳动者未提供正常劳动的，不适用最低工资规定。

2. 工资支付、加班费支付标准及扣减工资

(1)工资支付

工资支付是指用人单位应当按时以货币形式向劳动者本人直接支付劳动报酬。用人单位不得无故拖欠或克扣劳动者工资。但是，法律法规有明确规定、劳动合同约定、用人单位依法制定的厂规厂纪中规定的减发工资情形，不属于克扣工资。

非全日制用工劳动报酬结算支付周期最长不得超过十五日。

劳动合同被确认无效，劳动者已付出劳动的，用人单位应当向劳动者支付劳动报酬。劳动报酬的数额，参照本单位相同或者相近岗位劳动者的劳动报酬确定。

(2)不同工时制度的员工加班费支付标准：

工时制	延长劳动情形	支付加班费标准	加班费比例	备注
标准工作	日八小时以外工作	约定本人小时工资	不低于百分之一百五十	
标准工作	法定休息日工作	本人日或小时工资	不低于百分之二百	可以换休/申请加班费
标准工作	法定休假日工作	本人日或小时工资	不低于百分之三百	
综合工作	参照标准工作时间,超过部分按不低于百分之一百五十支付加班费			
不定时工作	只轮休,不享有加班费			

(3)扣减工资。因劳动者本人原因给用人单位造成经济损失的,用人单位可按照劳动合同的约定要求劳动者赔偿经济损失。经济损失的赔偿,可以从劳动者本人的工资中扣除,但每月扣除的部分不得超过劳动者当月工资的百分之二十。若扣除后的剩余工资部分低于当地月最低工资标准,则按最低工资标准支付。

任务五　管理特殊员工

特殊员工在劳动法律制度上没有明确的界定,但法律法规确实对一些人员的权利义务有特殊规定,我们在劳动关系管理上称这些员工为特殊员工。

一、试用期员工的管理

劳动者在试用期的工资不得低于本单位相同岗位最低档工资或者劳动合同约定工资的百分之八十,并不得低于用人单位所在地的最低工资标准。

试用期劳动者可以提前三天解除劳动合同,但是用人单位不得无故解除劳动合同。用人单位在试用期解除劳动合同的,需要向劳动者说明情况。

二、劳动合同期满员工的管理

对于劳动合同期满的员工,用人单位应当依据劳动合同的约定提前十五至三十日向员工发出《续订劳动合同通知书》或《终止劳动合同通知书》,并保存好员工的回执。

同意续订劳动合同的,用人单位应在合同期满后一个月内重新签订书面劳动合同,否则,用人单位将承担不签订书面劳动合同的责任。

同意终止劳动合同的,用人单位应按法律规定向员工支付经济补偿金、结算工资、为员工依法办理社会保险和员工档案管理的转出手续。

三、提供了专项培训员工的管理

用人单位为劳动者提供专项培训费用,对其进行专业技术培训的,可以与该劳动者订立协议,约定服务期。

劳动者违反服务期约定的,应当按照约定向用人单位支付违约金。违约金的数额不得超过用人单位提供的培训费用。用人单位要求劳动者支付的违约金不得超过服务期尚未履行部分所应分摊的培训费用。

四、约定保密事项员工的管理

用人单位可以与负有保密义务的高级技术人员和其他负有保密义务的人员等在劳动合同中或保密协议中约定竞业限制条款,以实现对企业商业秘密和竞争优势的保护。

约定的保密事项包括:竞业限制的范围、地域、期限在法律允许的范围内由用人单位与劳动者约定,竞业限制不得超过二年。在解除或者终止劳动合同后,在竞业限制期限内用人单位应按月给予劳动者经济补偿。劳动者违反竞业限制约定的,应当按照约定向用人单位支付违约金。

五、劳务派遣员工的管理

用工单位应与劳务派遣单位就劳务派遣人数、岗位、工资、社会保险、管理及其他事项签订合同,并据合同的约定接受劳务派遣员工。

用人单位应向派遣员工履行下列义务:①执行国家劳动标准,提供相应的劳动条件和劳动保护;②告知被派遣劳动者的工作要求和劳动报酬;③支付加班费、绩效奖金,提供与工作岗位相关的福利待遇;④对在岗被派遣劳动者进行工作岗位所必需的培训;⑤连续用工的,实行正常的工资调整机制。

用工单位不得将被派遣劳动者再派遣到其他用人单位。

六、返聘退休职工的管理

用人单位可以聘用已达到法定退休年龄并已享受退休养老待遇的员工,用人单位与该员工签订的合同不是劳动合同,用人单位不必为其履行社会保险的各项义务,但应向该员工承担民事责任。

七、双重劳动关系

企业停薪留职人员、未达到法定退休年龄的内退人员、下岗待岗人员以及企业经营性停产放长假人员与原单位依法保持劳动关系。

《劳动争议司法解释(三)》明确了劳动者与新的用人单位发生劳动争议后,按劳动关系处理。所以,新的用人单位从用工之日起承担全部的用人单位的义务,包括依法为劳动者办理养老、医疗、工伤、失业和生育等各项社会保险的义务。

八、劳动争议的处理

用人单位与劳动者发生劳动争议,当事人可以依法申请调解、仲裁、提起诉讼,也可以协商解决。调解应由当事人向本单位劳动争议调解委员会申请,调解不是解决劳动争议的必经程序。当事人一方可以向劳动争议仲裁委员会申请仲裁,对仲裁不服的,可以向人民法院提起诉讼。

依据《劳动争议调解仲裁法》的规定,劳动争议申请仲裁的时效期间为一年。仲裁时效期间从当事人知道或者应当知道其权利被侵害之日起计算。

仲裁时效从当事人一方向对方当事人主张权利,或者向有关部门请求权利救济,或者对方当事人同意履行义务而中断。从中断时起,仲裁时效期间重新计算。

你知道吗?

1. 企业招聘员工应当注意哪些问题?
2. 签订劳动合同应当注意哪些问题?
3. 如何变更、续订劳动合同?
4. 如何选用劳务派遣用工关系?
5. 如何解除劳动合同?
6. 加班费怎么计算?

试一试

1. 劳动合同的必备条件包括:
   A. 劳动合同的期限
   B. 工作内容和工作地点
   C. 劳动报酬
   D. 试用期

2. 劳动者有下列情形之一的,用人单位可以即时解除劳动合同:
   A. 严重违反用人单位的规章制度的
   B. 严重失职给用人单位造成重大损害的
   C. 伪造了身份证和学历证
   D. 劳动者不能胜任工作

3. 用人单位不得解除劳动合同的是:
   A. 从事接触职业病危害作业的劳动者未进行离岗前职业健康检查的
   B. 疑似职业病病人在诊断或者医学观察期间的
   C. 劳动合同订立时所依据的客观情况发生重大变化的
   D. 患病或者非因工负伤,在规定的医疗期内的

4. 关于劳动合同终止符合《劳动合同法》规定的是:
   A. 用人单位与劳动者可以约定终止劳动合同的情形
   B. 劳动合同期满的
   C. 劳动者开始依法享受基本养老保险待遇的
   D. 劳动者受到刑罚处罚的

5. 用人单位需要向劳动者支付赔偿金的是:
   A. 合同期限未满就解除劳动合同的
   B. 合同到期后终止合同
   C. 合同期满但劳动者在医疗期内解除合同的

D. 用人单位被吊销营业执照

6. 每天工作八小时是对以下哪种工作时间而言：

A. 法定工作时间　　　　　　　　B. 标准工作时间

C. 不定时工作时间　　　　　　　D. 综合工作时间

学习拓展

劳动者如何请求加付赔偿金？

用人单位未按劳动合同的约定或国家规定及时足额支付劳动者报酬、低于当地最低工资标准支付劳动者工资、安排加班却不支付加班费、解除或者终止劳动合同却未依法向劳动者支付经济补偿等行为是对劳动者劳动权利的侵害，也是对其应得财产权的侵害，根据现行劳动法律规定，由劳动行政部门责令用人单位按应付金额百分之五十以上至百分之一百以下的标准向劳动者加付赔偿金。

实践上，就加班费的加付赔偿金请求，以往人民法院不予受理。法院只审查是否存在加班事实和是否应付加班费，用人单位是否加付赔偿金问题由劳动行政管理部门处理。《劳动争议司法解释（三）》实施后，人民法院对于加班费及加付赔偿金问题分为三个审查内容：

一是审查加班事实及适用的劳动标准。加班费是基于标准工作时间而言的，如果每天工作超过八小时，用人单位应当依法向劳动者支付加班费。实行综合工作时间的岗位参照标准工作时间执行，加班不适用于不定时工作制。例如，电工岗位属于不定时工作制工作岗位，法律规定为劳动者安排适当的休息时间，所以并不存在"加班费"的问题。

二是审查劳动者是否就用人单位应当支付加班费而未支付事实并向当地的劳动行政部门投诉，如果没有投诉，只能支持用人单位向劳动者支付加班费而不能支持向劳动者加付赔偿金的请求。

三是劳动者已向当地劳动行政部门投诉，劳动行政部门已责令用人单位限期支付加班费，用人单位仍未支付的，法院将支持用人单位向劳动者支付加付赔偿金的请求。

能力拓展

单位搬迁能引发风波吗？

沈阳信达科技技术服务有限公司原来位于堪称沈阳中关村的三好街，那里出租的办公用房在沈阳也算是寸土寸金了。由于公司发展的需要，公司兼并了一家专门为其加工产品的小企业，公司的办公用房需求一下子增加了两倍。为此，2006年公司决定搬到位于浑南的某技术园区，员工上班普遍要增加半个小时以上的路程，单位还增设了一辆通勤车方便员工上下班，即使这样，由于这个公司年轻员工较多，因路途原因员工流动性变大了。

  2010年年底,公司所在地被政府规划所征用,公司需要再次搬家。公司此次搬家除了要考虑是否有足够的厂房以满足生产需要,费用是否较低且不能明显增加成本外,还要考虑单位搬迁能否引发劳动关系管理的风波,公司应如何面对?

延伸阅读九 ▶▶▶

你知道企业能约定员工不得在入职一定期限内结婚吗?

企业对外法律行为

模块四

【学习任务】
1. 掌握外部经营合同行为
2. 掌握支付行为法律规范
3. 掌握企业市场行为法律要求

【管理与法律的共同语言】

　　企业是以营利为目的的市场主体,规范企业外部经营行为是企业实现管理目标的重要途径。随着市场经济的发展,企业对外交易行为日益丰富,竞争日渐激烈,企业在市场中的表现直接影响到企业的效益、声誉甚至是存亡。

　　建立高效、安全、规范、有序的市场环境和企业行为是企业获利和发展的必要条件。一方面国家在建立市场经济制度中,不断建立和完善与之相关的法律制度,从宏观上保证企业的有序竞争和发展。另一方面对企业而言,安全快捷的交易、结算是降低企业交易风险、提高资金周转的良好方法,也是保证产品质量、保障消费者权益、提高市场竞争力、扩大市场占有率并促进企业发展的有效方式。

项目十　规范合同法律行为

学习目标

1. 掌握订立规范有效的合同
2. 掌握合同的履行、变更与终止
3. 掌握合同的违约责任并体会合同风险

学习情境

麦世宏转让了谁的商标？

苹果公司与唯冠国际旗下深圳唯冠公司关于iPad商标之争的焦点集中在商标转让的主体问题和表见代理问题，通俗地说就是转让的是谁的商标的问题。

2006年，苹果公司开始策划推出iPad产品时发现：iPad商标被唯冠国际旗下子公司唯冠台北公司于2000年在多个国家和地区注册，唯冠国际旗下深圳唯冠公司在2001年取得中国内地的iPad商标。

为了自己的市场战略，苹果公司先以撤销闲置商标为由，在英国起诉唯冠国际。然而，唯冠国际以产品仍有库存，并仍在销售而获胜。2009年12月23日，唯冠国际CEO兼主席杨荣山书面授权麦世宏签署iPad商标转让协议，将10个商标的全部权益转让给英国IP公司，该公司为此向唯冠国际支付了3.5万英镑。英国IP公司是一家苹果公司的关联公司，随后苹果公司以10英镑的价格，从英国IP公司手上买来iPad商标的所有权益。苹果公司认为这10个商标权其中包括中国内地深圳唯冠的商标权益。

2010年在iPad进入中国内地时，苹果公司起诉深圳唯冠公司，请求法院判令注册号1530557"iPad"、注册号1682310"iPad"的中国内地商标权归苹果公司所有。深圳市中级人民法院经三次开庭审理，2011年12月初，法院作出一审判决，驳回苹果公司全部诉讼请求。随后苹果公司上诉至深圳高院。

这个案件与杨荣山、袁辉和麦世宏三个人关系密切。杨荣山是唯冠深圳的创始人，2010年前任唯冠集团主席兼董事、总经理；袁辉是唯冠深圳公司的专利工程师；麦世宏是唯冠台北公司的法务处处长，外派在深圳工作。

唯冠国际CEO兼主席杨荣山书面授权麦世宏负责与英国IP公司洽谈商标转让事宜并签署该转让协议。在此期间，英国IP公司与袁辉有多个有关谈判内容的电子邮件，但这些邮件显示没有抄送唯冠深圳董事长或其他管理层，也未抄送杨荣山，只是

> 给了麦世宏本人。根据唯冠深圳公司的章程规定,转让公司商标需要经过董事会决定。麦世宏的授权书上加盖着唯冠台北公司公章和杨荣山名章。按"唯冠公司"规定,两章具全才能代表公司的授权。也就是唯冠深圳公司章程规定的合法授权应当是由唯冠深圳公司公章和杨荣山共同签章才有效。而只有杨荣山名章,没有公章授权无效,认为麦世宏所转让商标一事与唯冠深圳公司无关。
>
> 授权效力问题成为判别争议的焦点。本案最终以 6 000 万美元调解结案,最主要原因就是这种跨国公司人员的管理行为、法律行为你中有我,我中有你,操作不规范就难以厘清经纬。
>
> 资料来源:经济参考报

任务一　认识合同基本知识

一、民法典与合同概念

1. 民法典概念

《中华人民共和国民法典》(以下简称《民法典》)于 2020 年 5 月 28 日第十三届全国人民代表大会第三次会议通过,包括总则、物权、合同、人格权、婚姻家庭、继承、侵权责任、附则等部分,自 2021 年 1 月 1 日起施行。《中华人民共和国婚姻法》《中华人民共和国继承法》《中华人民共和国民法通则》《中华人民共和国收养法》《中华人民共和国担保法》《中华人民共和国合同法》《中华人民共和国物权法》《中华人民共和国侵权责任法》《中华人民共和国民法总则》同时废止。《民法典》成为调整平等主体的自然人、法人和非法人之间的人身关系和财产关系的法律规范,是我国民法立法的里程碑。

2. 合同的概念

《民法典》第三编合同规定,合同是民事主体之间设立、变更、终止民事法律关系的协议。婚姻、收养、监护等有关身份关系的协议,适用有关该身份关系的法律规定;没有规定的,可以根据其性质参照适用第三编合同规定。此外,劳动合同也不适用民法典的合同编,适用《劳动合同法》。

合同具有以下法律特征:(1)合同是民事主体之间的民事法律关系;(2)合同是双方或者多方法律行为;(3)合同是当事人之间民事权利与义务关系的协议。

二、合同的分类

1. 有名合同与无名合同

根据《民法典》合同编或者其他法律是否对合同规定有确定的名称与调整规则为标准,可将合同分为有名合同与无名合同。有名合同是立法上规定了确定名称与规则的合同,又称"典型合同"。例如《民法典》合同编的第二分编中规定的买卖合同,供用电、水、气、热力合同,赠与合同,保证合同,借款合同,租赁合同,融资租赁合同,保理合同,承揽合同,建设工程合同,运输合同,技术合同,保管合同,仓储合同,委托合同,物业服务合同,行纪合同,中介合同,合伙合同等典型合同。无名合同是立法上尚未规定有确定名称与规则的合同,又称非典型合同。

2. 单务合同与双务合同

根据合同当事人是否相互负有对价义务为标准,可将合同分为单务合同与双务合同。此处的对价义务并不要求双方的给付价值相等,而只是要求双方的给付具有相互依存、相互牵连的关系即可。单务合同是指仅有一方当事人承担义务的合同,例如赠与合同。双务合同是指双方当事人互负对价义务的合同,例如买卖合同、承揽合同、租赁合同等。

3. 有偿合同与无偿合同

根据合同当事人是否因给付取得对价为标准,可将合同分为有偿合同与无偿合同。有偿合同是指合同当事人为了从合同中获取利益需要给对方支付相应对价的合同。买卖合同、租赁合同、承揽合同、行纪合同等都是有偿合同。无偿合同是指只有一方当事人作出给付,或者虽然是双方作出给付,但双方的给付不具有对价意义的合同。

4. 诺成合同与实践合同

根据合同成立除当事人的意思表示以外,是否还要其他现实给付为标准,可以将合同分为诺成合同与实践合同。诺成合同是指当事人意思表示一致即可认定合同成立的合同。实践合同是指在当事人意思表示一致以外,尚须有实际交付标的物或者有其他现实给付行为才能成立的合同。

5. 要式合同与不要式合同

根据合同的成立是否必须符合一定的形式为标准,可将合同分为要式合同与不要式合同。要式合同是按照法律规定或者当事人约定必须采用特定形式订立方能成立的合同。不要式合同是对合同成立的形式没有特别要求的合同。确认某种合同属于要式合同必须法律有规定或者当事人之间有约定。

6. 主合同与从合同

以两个或者多个合同相互间的主从关系为标准,可将合同分为主合同与从合同。主合同是无须以其他合同存在为前提即可独立存在的合同,这种合同具有独立性。从合同,又称附属合同,是以其他合同的存在为其存在前提的合同,保证合同、定金合同、质押合同等相对于提供担保的借款合同等属于从合同。

三、合同的相对性

合同法律关系具有相对性,只在特定的合同当事人之间发生权利和义务关系,当事人只能基于合同向另一方当事人提出请求或者提起诉讼,不能向无合同关系的第三人提出合同上的请求,也不能擅自为第三人设定合同上的义务。

依据法律的特殊规定,合同的相对性有以下例外情形:

1. 在保全措施(代位权或者撤销权)中,突破了合同的相对性,使得债权人可以向合同关系以外的第三人提起诉讼,主张权利。

2. 买卖不破租赁。租赁物在租赁期间发生所有权变动的,不影响租赁合同的效力。

租赁合同的承租人可以以自己的租赁权对抗新的所有权人,突破了合同关系的相对性。

3. 建设工程合同。经发包人同意,总承包人可以将自己的部分工作交由第三人完成。第三人就其完成的工作成果与总承包人向发包人承担"连带责任"。实际施工人可以就工程款要求发包人在对承包人应付工程款范围内承担责任。

任务二 订立合同的要求

一、订立合同的原则

合同当事人订立合同遵循平等自愿、公平和诚实信用原则。当事人不得滥用权利,应善意地行使权利、履行义务。当事人订立、履行合同,应当遵守法律、行政法规的规定,遵守社会公德,不得扰乱社会经济秩序,损害社会公共利益。

依法成立的合同,对当事人具有法律约束力。当事人应当依照约定履行自己的义务,不得擅自变更或者解除合同。

二、合同订立、形式与内容

1. 合同的订立

合同的订立是指两个或两个以上当事人,依法就合同的主要条款经过协商达成一致的法律行为。

2. 合同的形式

当事人订立合同可以采用书面形式、口头形式和其他形式。法律、行政法规规定采用书面形式的,或者当事人约定采用书面形式的合同,应当采用书面形式。例如,商标转让合同依法就应当采取书面形式订立。

书面形式是合同书、信件、电报、电传、传真等可以有形地表现所载内容的形式;以电子数据交换、电子邮件等方式能够有形地表现所载内容,并可以随时调取的数据电文,视为书面形式。

书面合同在解决纠纷时易于举证,易于界定行为性质;口头合同易于交易便捷;其他形式一般依据法律规定或当事人的约定对行为或特定情形进行推定。

3. 合同的内容

合同的内容又称合同的条款,是由当事人协商一致,规定当事人权利义务的具体条文。一般包括:当事人的名称或者姓名和住所;标的;数量和质量;价款或者报酬;履行期限、地点和方式;违约责任;解决争议的方法。

合同条款根据具体合同的需要而定,并不是所有合同必须包括的内容。例如,价款是买卖合同的必要条款,但对于赠与合同来说并不需要此类条款。

三、合同订立的程序

当事人订立合同应当具备相应的资格,即具有相应的民事权利能力和民事行为能力。

除依据合同性质不能代理的以外,当事人可以委托代理人订立合同。

当事人订立合同可以采取要约、承诺方式或者其他方式进行。当事人意思表示真实一致时,合同即可成立。

1. 要约

要约是一方当事人向另一方当事人发出的希望与其订立合同的意思表示。发出要约的一方称为要约人,接受要约的对方称为受要约人。

(1)要约有效的条件。要约的意思表示应当具备:①内容具体确定;已经具备了未来合同的必要内容;②经受要约人承诺,要约人即受该意思的约束。

(2)要约的生效。以非对话方式的要约到达受要约人时生效。采用对话方式(口头方式)的要约,在受要约人知道要约内容时即生效;采用书面形式的要约,在要约到达受要约人时生效;采用数据电文形式订立合同的,收件人指定特定系统接收数据电文的,数据电文进入该特定系统时生效;未指定特定系统的,受要约人知道或应当知道该数据电文进入其系统时生效。对采用数据电文形式的要约生效时间另有约定的,从其约定。

(3)要约的撤回。要约的撤回是指在要约生效前,要约人使其失去法律效力的意思表示。要约可以撤回,撤回的通知应当在要约到达受要约人之前或者与要约同时到达受要约人。

(4)要约的撤销。要约的撤销是指在要约生效后,要约人使其法律效力归于消灭的意思表示。要约撤销的通知以对话方式做出的,该意思表示的内容应当在受要约人做出承诺之前为受要约人所知道;要约撤销的通知以非对话方式做出的,应当在受要约人做出承诺之前到达受要约人。《民法典》第四百七十六条规定,有下列情形之一的要约不可撤销:①要约人以确定承诺期限或者以其他形式明示要约不可撤销;②受要约人有理由认为要约是不可撤销的,并已经为履行合同做了合理准备工作。

(5)要约的失效。要约的失效是指要约丧失法律效力,即要约人与受要约人均不再受其约束。要约失效的情形有:①要约被拒绝;②要约被依法撤销;③承诺期限届满,受要约人未做出承诺;④受要约人对要约的内容做出实质性变更。

(6)要约邀请。要约邀请也称为要约引诱,是希望他人向自己发出要约的表示。要约邀请不是订立合同的必经程序,要约邀请的意思表示不受相对方意思的约束。例如,拍卖公告、招标公告、招股说明书、债券募集办法、基金招募说明书、商业广告和宣传、寄送商品价目表等。但是,如果商业广告和宣传的内容符合要约条件的,构成要约。

2. 承诺

承诺是受要约人同意要约的意思表示。承诺的内容应当与要约的内容一致。承诺除按交易习惯或要约的要求以行为做出承诺外,应当以通知的方式做出;承诺生效时合同成立,但是法律另有规定或当事人另有约定除外。

(1)承诺有效的条件。有效的承诺应当同时满足以下条件:①承诺必须由受要约人做出;②必须向要约人做出;③内容必须与要约的内容一致;④应当在有效期限内到达要约人。

(2)承诺有效期限。是指依通常情形可期待承诺到达的期间,一般包括要约到达受要约人的期间、受要约人做出承诺的期间、承诺通知到达要约人的期间。有以下几种情形:

①要约确定承诺期限的,承诺应当在要约确定的期限内到达要约人;
②要约没有确定承诺期限的,承诺应当依照下列规定到达:
要约以对话方式做出的,应当即时做出承诺,但当事人另有约定的除外;
要约以非对话方式做出的,承诺应当在合理期限内到达;
③要约以信件或者电报做出的,承诺期限自信件载明的日期或者电报交发之日开始计算。信件未载明日期的,自投寄该信件的邮戳日期开始计算;
④要约以电话、传真、电子邮件等快速通讯方式做出的,承诺期限自要约到达受要约人时开始计算。

(3)承诺的生效。承诺应当在要约确定的期限内到达要约人,承诺自通知到达要约人时生效。具体表现的情形有:
①承诺应当以通知的方式做出,但也不排除以一定行为或其他方式做出。生效规定与要约生效规定一致。
②承诺不需要通知的,根据交易习惯或者要约的要求做出承诺的行为时生效。
③采用数据电文形式订立合同。收件人指定特定系统接收数据电文的,该数据电文进入该特定系统时生效;未指定特定系统的,要约人知道或应当知道该数据电文进入其系统时生效,对采用数据电文形式的要约生效时间另有约定的,从其约定。

(4)承诺的撤回。承诺人发出承诺后反悔的,可以撤回承诺,撤回承诺的条件是撤回承诺的通知应当在承诺通知到达要约人之前或者与承诺通知同时到达要约人,即在承诺生效前到达要约人。

(5)承诺的迟到。有两种情形,一是受要约人超过承诺期限发出承诺,或者在承诺期限内发出承诺,按照通常情形不能及时到达要约人的,是新要约;但是,要约人及时通知受要约人该承诺有效的除外;二是受要约人在承诺期限内发出承诺,按照通常情形能及时到达要约人,但因其他原因使承诺到达要约人时超过承诺期限的,为迟到承诺,除要约人及时通知受要约人因承诺超过期限不接受该承诺的以外,该承诺有效。

(6)新要约。《民法典》第四百八十八条规定,受要约人对要约的内容做出实质性变更的,为新要约。有关合同标的、数量、质量、价款或者报酬、履行期限、履行地点和方式、违约责任和解决争议方法等内容的变更,是对要约内容的实质性变更。对要约内容做出非实质性变更的,除要约人及时表示反对或者要约表明承诺不得对要约的内容做出任何变更外,该承诺有效,合同的内容以承诺的内容为准。

四、合同成立的时间和地点

1.合同成立的时间

承诺生效时合同成立,这是大部分合同成立的时间标准。依据《民法典》规定,合同成立的时间有:

(1)当事人采用合同书形式订立合同的,自双方当事人均签名、盖章或者按指印时合同成立。在签名、盖章或者按指印前,当事人一方已经履行主要义务,对方接受时,该合同成立。

(2)法律、行政法规规定或者当事人约定合同应当采用书面形式订立,当事人未采用书面形式但是一方已经履行主要义务,对方接受时,该合同成立。

(3)当事人采用信件、数据电文等形式订立合同要求签订确认书的,签订确认书时合同成立。

(4)当事人一方通过互联网等信息网络发布的商品或者服务信息符合要约条件的,对方选择该商品或者服务并提交订单成功时合同成立,但是当事人另有约定的除外。

2. 合同成立的地点

依据《民法典》规定,合同成立的地点有以下情形:

(1)承诺生效的地点为合同成立的地点。这是大部分合同成立的地点标准。

(2)采用数据电文形式订立合同的,收件人的主营业地为合同成立的地点;没有主营业地的,其住所地为合同成立的地点。当事人另有约定的,按照其约定。

(3)当事人采用合同书形式订立合同的,最后签字、盖章或者按指印的地点为合同成立的地点,但是当事人另有约定的除外。

五、法定合同

1. 国家订货合同。国家根据抢险救灾、疫情防控或者其他需要下达国家订货任务、指令性任务的,有关民事主体之间应当依照有关法律、行政法规规定的权利和义务订立合同。法定的要约义务人应当及时发出合理的要约;法定承诺人不得拒绝对方合理的订立合同要求。

2. 预约合同。当事人约定在将来一定期限内订立合同的认购书、订购书、预订书等,构成预约合同。当事人一方不履行预约合同约定的订立合同义务的,对方可以请求其承担预约合同的违约责任。

3. 格式条款。是指当事人为了重复使用而预先拟定,并在订立合同时未与对方协商的条款。提供格式条款的一方未履行提示或者说明义务,致使对方没有注意或者理解与其有重大利害关系的条款的,对方可以主张该条款不成为合同的内容。格式条款的效力、解释依据法定或不利于提供格式条款的一方原则确定。

4. 悬赏合同。悬赏人以公开方式声明对完成特定行为的人支付报酬的,完成该行为的人可以请求其支付。

音频:《民法典》对格式条款相关提示与说明义务的规定

六、缔约过失责任的概念和特点

1. 缔约过失责任的概念

缔约过失责任又称缔约过错责任,是当事人在订立合同过程中,因故意或者过失致使合同未成立、未生效、被撤销或无效,给对方造成损失而应承担的赔偿责任。

《民法典》规定,当事人在订立合同过程中有下列情形之一,造成对方损失的,应当承担赔偿责任:

(1)假借订立合同,恶意进行磋商;

(2)故意隐瞒与订立合同有关的重要事实或者提供虚假情况;

(3)有其他违背诚实信用原则的行为。

(4)当事人泄露或者不正当地使用在订立合同过程中知悉的商业秘密或其他应当保密的信息。

2.缔约过失责任特点

缔约过失责任不同于合同的违约责任。违约责任产生于合同成立之后,而缔约过失责任发生在合同成立之前,适用于合同未成立、合同未生效、合同无效等情况下对过失方追究的合同侵权责任。

任务三　确认合同的效力

一、合同生效

口头合同的效力

1.合同生效的概念

合同生效是指依法成立的合同具有法律约束力。合同生效不同于合同成立,合同是否成立是一个事实问题,需要考察当事人间是否有要约和承诺。合同生效是一个价值判断,需要考察当事人之间的合同是否符合法律的精神与规定,能否发生法律所认可的效力。

2.合同生效条件

依据法律规定,符合下列条件时,合同生效:(1)签订合同时当事人具有相应的民事行为能力;(2)签订合同的意思表示真实;(3)不违反法律、行政法规的强制性规定,不违背公序良俗。

3.合同生效的时间

依据《民法典》规定,合同生效的时间有三种情形:

(1)依法成立的合同,自成立时生效;但是法律另有规定或者当事人另有约定的除外;

(2)法律、行政法规规定应当办理批准等手续生效的,在依照其规定办理批准等手续后生效;合同的变更、转让、解除等情形依法应当办理批准等手续的,自批准后合同变更、转让、解除生效。

(3)当事人对合同的效力可以附条件或者附期限。附条件生效的合同,自条件成就时合同生效;附生效期限的合同,自期限届至时合同生效。

二、效力待定合同的追认

效力待定的合同,是指合同订立后尚未生效,须经权利人追认才能生效的合同。

1.限制民事行为能力人独立订立的与其年龄、智力、精神状况不相适应的合同。限制民事行为能力人订立的合同,经法定代理人同意或者追认后,该合同有效,但纯获利益的合同或者与其年龄、智力、精神健康状况相适应而订立的合同,不必经法定代理人同意或者追认。

2.无权代理人订立的合同。行为人没有代理权、超越代理权或者代理权终止后以被代理人的名义订立的合同,未经被代理人追认,对被代理人不发生效力,由行为人承担责任;相对人可以催告被代理人自收到通知之日起三十日内予以追认。被代理人未作表示的,视为拒绝追认。行为人实施的行为被追认前,善意相对人有撤销的权利。撤销应当以通知的方式做出。

3.无处分权人订立的合同。无处分权的人处分他人财产,经权利人追认或者无处分权的人订立合同后取得处分权的,该合同有效。

4.无权代理人以被代理人的名义订立的合同,被代理人已经开始履行合同义务或者接受相对人履行的,视为对合同的追认。

5.法人的法定代表人或者非法人组织的负责人超越权限订立的合同,除相对人知道或者应当知道其超越权限外,该代表行为有效,订立的合同对法人或者非法人组织发生效力。

6.当事人超越经营范围订立的合同的效力,应当依据民事法律行为、合同效力的规定具体确认,不得仅以超越经营范围确认合同无效。

三、可撤销的合同

可撤销的合同,是指合同订立后,因订立合同时意思表示不真实,受损害方有权依据《民法典》第一编第六章民事法律行为请求人民法院或仲裁机构撤销合同。请求撤销合同的原因包括:

1.因重大误解订立的合同。重大误解是指当事人对合同的性质、对方当事人、标的物的种类、质量、数量等涉及合同后果的重要事项存在错误认识,违背其真实意思表示订立合同,并因此可能受到较大损失的行为。合同订立后因商业风险等发生的错误认识,不属于重大误解。

2.在订立合同时显失公平。显失公平是指一方当事人利用对方处于危困状态、缺乏判断能力等情形,在订立合同时致使双方的权利与义务明显违反公平原则的行为。此类合同的"显失公平"必须发生合同订立时,如果合同订立以后,因为商品价格发生变化而导致的权利义务不对等不属于显失公平。

3.受欺诈、胁迫而签订的合同。一方或者第三人以欺诈行为、胁迫手段,使对方在违背真实意思的情况下订立的合同。应当注意:(1)因第三人欺诈,对方知道或应当知道该欺诈行为时,受欺诈一方可以申请撤销;(2)并非所有的合同当事人都享有撤销权,只有合同的受损害方,即受欺诈方、受胁迫方等才享有撤销权。

可撤销的合同是一种相对有效的合同,在撤销合同前,合同对双方当事人都是有效的。只有经法院或仲裁机构撤销后,该合同无效。撤销权依法自合同订立之日起五年内没有行使的,撤销权消灭。

四、合同的无效

1.《民法典》第五百零六条规定,合同中的下列免责条款无效:

(1)造成对方人身损害的；
(2)因故意或重大过失造成对方财产损失的。

2.无效合同的规定适用无效民事法律行为的规定。

无效合同是指欠缺有效要件,自始没有法律约束力的合同。无效合同有以下法定情形：

(1)无民事行为能力人订立的合同,未经法定代理人追认的；
(2)限制民事行为能力人依法不能独立订立的合同,未经法定代理人追认的；
(3)违反法律、行政法规合同效力的强制性规定的；
(4)行为人与相对人恶意串通,损害他人合法权益的；
(5)违背公序良俗的。

3.合同无效、被撤销或者终止的,不影响合同中有关解决争议方法的条款的效力。

4.被确认无效或被撤销的处理。

合同尚未履行的,合同不再履行；合同正在履行的,应当停止履行；合同已经全部或部分履行的,应分具体情况,对已取得的财产和造成的损失采取返还原物、赔偿损失、追缴财产归国家所有或退还集体、第三人处理。

任务四　学习合同的履行

一、合同履行的规则

当事人在履行合同时应按合同的约定全面履行自己的义务,并应当遵循诚信原则,根据合同的性质、目的和交易习惯履行通知、协助、保密等义务。合同有些内容没有约定或者约定不明确的,当事人在合同订立后,就质量、价款或者报酬、履行地点等内容可以协议补充约定；不能达成补充协议的,按照合同有关条款或者交易习惯确定；依照上述原则仍不能确定的,适用下列规定：

1.质量要求不明确的,按照强制性国家标准履行；没有强制性国家标准的,按照推荐性国家标准履行；没有推荐性国家标准的,按行业标准履行；没有国家标准、行业标准的,按照通常标准或者符合合同目的的特定标准履行。

2.价款或者报酬不明确的,按照订立合同时履行地的市场价格履行；依法应当执行政府定价或者政府指导价的,按照规定履行。

3.履行地点不明确的,给付货币的,在接受货币一方所在地履行；交付不动产的,在不动产所在地履行；其他标的,在履行义务一方所在地履行。

4.履行期限不明确的,债务人可以随时履行,债权人也可以随时请求履行,但应当给对方必要的准备时间。

5.履行方式不明确的,按照有利于实现合同目的的方式履行。

6.履行费用的负担不明确的,由履行义务一方负担；因债权人原因增加的履行费用,由债权人负担。

二、电子合同的交付时间

根据标的物的属性及交付方式,按以下规定确定标的物的交付:

1. 通过互联网等信息网络订立的电子合同的标的为交付商品并采用快递物流方式交付的,收货人签收时间为交付时间;电子合同的标的为提供服务的,生成电子凭证或者实物凭证中载明的时间为提供服务的时间,如凭证没有载明或载明时间与实际提供服务时间不一致的,以实际提供服务的时间为准。

2. 电子合同的标的物为采用在线传输方式交付的,合同标的物进入对方当事人指定的特定系统且能够识别的时间为交付时间。

三、向第三人履行和由第三人履行

合同虽然是特定主体之间的法律行为,但是合同作为一种交易关系,往往是连续交易关系中的一个环节,常常会涉及第三人,即当事人约定由债务人向第三人履行或由第三人向债权人履行。

为保障涉及第三人的合同履行各方当事人的正当权益,《民法典》规定,债务人向第三人履行:

1. 当事人约定由债务人向第三人履行债务,债务人未向第三人履行债务或者履行债务不符合约定的,应当向债权人承担违约责任。

2. 法律规定或者当事人约定第三人可以直接请求债务人向其履行债务,第三人未在合理期限内明确拒绝,债务人未向第三人履行债务或者履行债务不符合约定的,第三人可以请求债务人承担违约责任;债务人对债权人的抗辩,可以向第三人主张。

《民法典》规定由第三人向债权人履行:

1. 当事人约定由第三人向债权人履行债务,第三人不履行债务或者履行债务不符合约定的,债务人应当向债权人承担违约责任。

2. 债务人不履行债务,第三人对履行该债务具有合法利益的,第三人有权向债权人代为履行;但是,根据债务性质、按照当事人约定或者依照法律规定只能由债务人履行的除外。

3. 债权人接受第三人履行后,其对债务人的债权转让给第三人,但是债务人和第三人另有约定的除外。

四、中止履行、提前履行与部分履行

1. 中止履行

中止履行是指合同债务人因某种客观原因,在合同义务履行前或过程中,因不能履行合同义务而暂时停止履行。中止履行的情形消失后,或对方提供履行担保后,合同债务人应当继续履行合同。例如,债权人分立、合并或者变更住所没有通知债务人,致使履行债务发生困难的,债务人可以中止履行或者将标的物提存。

2. 提前履行

提前履行是指合同债务人在合同约定的履行期限届满前履行合同的情形。债权人可以拒绝债务人提前履行债务,但提前履行不损害债权人利益的除外。

3. 部分履行

部分履行是指合同债务人履行了合同约定的部分内容,但在数量或质量上欠缺,不能实现全部合同目的。债权人可以拒绝债务人部分履行债务,但部分履行不损害债权人利益的除外。

五、双务合同的履行抗辩权

双务合同履行中的抗辩权,是指双务合同的一方当事人在法定条件下对抗对方当事人的请求权、拒绝履行其债务的权利。根据合同履行时双方履行义务的先后顺序,分为同时履行抗辩权、先履行抗辩权、不安抗辩权和情势变更。

1. 同时履行抗辩权

同时履行抗辩权,是指双务合同的当事人应同时履行义务的,一方在对方未履行前,有拒绝对方请求自己履行合同的权利。《民法典》规定,当事人互负债务,没有先后履行顺序的,应当同时履行。一方在对方履行之前有权拒绝其对自己提出的履行要求。一方在对方履行债务不符合约定时,有权拒绝其相应的履行要求。

2. 先履行抗辩权

先履行抗辩权,是指双务合同中应当先履行债务的一方当事人未履行时,对方当事人有拒绝对方请求履行的权利。《民法典》规定,当事人互负债务,有先后履行顺序,应当先履行债务一方未履行的,后履行一方有权拒绝其履行请求。先履行一方履行债务不符合约定的,后履行一方有权拒绝其相应的履行要求。

3. 不安抗辩权

不安抗辩权,是指双务合同中应先履行债务的一方当事人,有确切证据证明相对人财产明显减少或欠缺信用,不能保证对价给付时,有暂时中止履行合同的权利。

《民法典》规定,应当先履行债务的当事人,有确切证据证明对方有下列情形之一的,可以中止履行:(1)经营状况严重恶化;(2)转移财产、抽逃资金,以逃避债务;(3)丧失商业信誉;(4)有丧失或者可能丧失履行债务能力的其他情形。主张不安抗辩权的当事人如果没有确切证据中止履行的,则应当承担违约责任。中止履行的,应当及时通知对方,并依据具体情况可以要求对方提供担保恢复履行,对方不提供担保也不履行的,中止履行的一方可以解除合同并可以请求对方承担违约责任。

4. 情势变更

《民法典》规定,合同成立后,合同的基础条件发生了当事人在订立合同时无法预见的、不属于商业风险的重大变化,继续履行合同对于当事人一方明显不公平的,受不利影响的当事人可以与对方重新协商;在合理期限内协商不成的,当事人可以请求人民法院或者仲裁机构变更或者解除合同。

六、合同的保全

合同的保全是指为了保护一般债权人不因债务人的财产不当减少而受损害,允许债权人干预债务人处分自己财产行为的法律制度。合同保全主要有代位权与撤销权。

1. 代位权

代位权是因债务人怠于行使其债权或者与该债权有关的从权利,影响债权人的到期债权实现的,债权人可向人民法院请求以自己的名义代位行使债务人对相对人的权利。

债权人提起代位权诉讼,应当符合下列条件:(1)债权人对债务人的债权合法;(2)除债务人债权存在诉讼时效届满、申报破产债权外,债务人怠于行使其到期债权,对债权人造成影响;(3)债务人的债权已到期;(4)债务人的债权不是专属于债务人自身的债权;(5)相对人对债务人的抗辩,可以向债权人主张。

2. 撤销权

撤销权是指债务人以放弃其债权、放弃债权担保、无偿转让财产等方式无偿处分财产权益,或者恶意延长其到期债权的履行期限,影响债权人的债权实现的,债权人可以请求人民法院予以撤销债务人的行为。撤销权适用于债务人积极影响债权人债权实现的情形,恢复债务人责任财产的行为。

撤销权自债权人知道或者应当知道撤销事由之日起一年内行使。自债务人的行为发生之日起五年内没有行使撤销权的,该撤销权消灭。

代位权与撤销权都需要请求人民法院实施。

任务五　变更、转让和终止合同

依法成立的合同,对当事人具有法律约束力。当事人应当按照约定履行自己的义务,不得擅自变更或者解除合同。在合同订立之后,因为各种原因使得合同内容或者合同主体发生了变更,则属于合同的变更与转让。如果当事人基于履行、提存、抵销等原因使得合同消灭,即为合同的终止。

一、合同的变更

1. 协商一致变更

合同的变更,又称合同内容的变更,是指合同成立后,尚未履行或未履行完毕之前,由当事人达成协议对原合同内容进行修改、补充。经当事人协商一致,可以变更合同。

2. 合同变更效力

法律、行政法规规定变更合同应当办理批准、登记等手续的,依照其规定。变更的合同,按变更后的合同履行。合同变更对已履行部分没有溯及力。

当事人对合同变更的内容约定不明确的,推定为未变更。

3. 法定变更情形

除了双方通过合意变更合同以外,还存在法定变更的情形,即一方当事人单方通知对方变更合同的权利。例如,《民法典》第七百七十七条规定"定作人中途变更承揽工作的要求,造成承揽人损失的,应当赔偿损失"。《民法典》第八百零五条规定"因发包人变更计划,提供的资料不准确,或者未按照期限提供必需的勘察、设计工作条件而造成勘察、设计的返工、停工或者修改设计,发包人应当按照勘察人、设计人实际消耗的工作量增付费用"。第八百二十九条规定"在承运人将货物交付收货人之前,托运人可以要求承运人中止运输、返还货物、变更到达地或者将货物交给其他收货人,但是应当赔偿承运人因此受到的损失"。

二、合同转让

合同转让,即合同主体的变更,是指当事人将合同的权利和义务全部或者部分转让给第三人。合同的转让分为债权的转让和债务的转让,当事人一方经对方同意,也可以将自己在合同中的权利和义务一并转让给第三人,而原合同的内容及客体并不变更。

1. 债权的转让

债权的转让是债权人将合同的权利全部或者部分转让给第三人的法律制度。其中债权人是转让人,第三人是受让人。债权人转让债权,应当通知债务人。未经通知,该转让对债务人不发生效力。债权人转让债权的通知不得撤销,但经受让人同意的除外。

债权的转让不得损害债务人利益,债务人有权行使以下权利:①债务人接到债权转让通知后,债务人对让与人的抗辩,可以向受让人主张;②债务人接到债权转让通知时,债务人对让与人享有债权,且其债权先于转让的债权到期或者同时到期的,债务人可以向受让人主张抵销;③债务人的债权与转让的债权是基于同一合同产生,债务人可以向受让人主张抵销。

《民法典》规定,下列情形的债权不得转让:①根据债权性质不得转让;②按照当事人约定不得转让;③依照法律规定不得转让。

2. 债务的转让与加入

债务的转让也称为债务的承担,债务人将合同的债务全部或者部分转移给第三人的,应当经债权人同意。未经债权人同意,债务人转移合同债务的行为对债权人不发生效力。

《民法典》第五百五十二条规定"第三人与债务人约定加入债务并通知债权人,或者第三人向债权人表示愿意加入债务,债权人未在合理期限内明确拒绝的,债权人可以请求第三人在其愿意承担的债务范围内和债务人承担连带债务"。

债务人转移债务的,新债务人可以主张原债务人对债权人的抗辩。新债务人应当承担与主债务有关的从债务,但该从债务专属于原债务人自身的除外。

债务承担除了《民法典》规定的免责的债务承担以外,还有并存的债务承担,即第三人以担保为目的加入债的关系,与原债务人共同承担同一债务。由于并存的债务承担并不使得原债务人脱离债的关系,因此原则上不以债权人的同意为必要。

3. 债权和债务的转让

当事人一方经对方同意,可以将自己在合同中的权利和义务一并转让给第三人。权利和义务一并转让的后果,导致原合同关系的消灭,第三人取代了转让方的地位,产生出一种新的合同关系。合同的权利和义务一并转让的,适用债权转让、债务转移的有关规定。

三、合同的终止

合同的终止是指依法生效的合同因具备法定情形和当事人约定的情形,合同债权、债务归于消灭,债权人不再享有合同权利,债务人也不必再履行合同义务。按法律规定,有下列情形之一的,债权债务终止。

1. 债务已经按照约定履行

合同双方依据合同的约定已经履行合同,合同终止。这是合同终止的常态。

2. 债务相互抵销

(1)法定抵销

法定抵销是当事人互负到期债务,该债务的标的物种类、品质相同的,任何一方可以将自己的债务与对方的债务抵销。当事人主张抵销的,应当通知对方。通知自到达对方时生效。抵销不得附条件或者附期限。

(2)约定抵销

当事人互负债务,标的物种类、品质不相同的,经双方协商一致,也可以抵销。

3. 债务人依法将标的物提存

债务人出现下列情形之一而难以履行债务的,债务人可以将标的物提存:(1)债权人无正当理由拒绝受领;(2)债权人下落不明;(3)债权人死亡未确定继承人、遗产管理人或者丧失民事行为能力未确定监护人;(4)法律规定的其他情形。债务人将标的物或者将标的物依法拍卖、变卖所得价款交付提存部门时,提存成立。在提存范围内视为债务人交付标的物。

标的物提存后,毁损、灭失的风险由债权人承担。提存费用由债权人负担。债权人领取提存物的权利,自提存之日起五年内不行使而消灭,提存物扣除提存费用后归国家所有。

4. 债权人免除债务

债权人免除债务人部分或者全部债务的,债权债务部分或者全部终止,但是债务人在合理期限内拒绝的除外。

5. 债权和债务同归于一人

债权和债务同归于一人的,债权债务终止,但涉及第三人利益的除外。

6. 合同的解除

合同解除是指合同有效成立后未履行完毕前,当事人通过双方协商或者在法律规定的解除条件出现时,一方行使解除权使合同权利义务终止的行为。

(1)约定解除

约定解除是按法律规定,当事人协商一致,可以解除合同。当事人可以约定一方解除合同的条件。解除合同条件成就时,解除权人可以解除合同。

(2)法定解除

法定解除是指有下列情形之一的,当事人可以解除合同:

①因不可抗力致使不能实现合同目的;
②在履行期限届满之前,当事人一方明确表示或者以自己的行为表明不履行主要债务;
③当事人一方迟延履行主要债务,经催告后在合理期限内仍未履行;
④当事人一方迟延履行债务或者有其他违约行为致使不能实现合同目的;
⑤法律规定的其他情形。

(3)法律规定或者当事人约定解除权行使期限,期限届满当事人不行使的,该权利消灭。法律没有规定或者当事人没有约定解除权行使期限,自解除权人知道或者应当知道解除事由之日起一年内不行使,或者经对方催告后在合理期限内不行使的,该权利消灭。

任务六　预知合同的违约责任

违约责任是指合同当事人因违反合同义务或者履行合同义务不符合约定时应承担的法律责任。违反合同义务是违约责任产生的前提,违约责任是合同义务不履行的结果。

一、违约责任的特点

违约责任是民事责任的一种,是特定当事人之间违反法定或约定的合同义务而产生的,即合同关系的当事人之间发生的责任。违约责任具有补偿性和惩罚性的双重性质,惩罚性表现在定金罚则和约定违约金高于实际损失金额。

二、违约责任的归责原则

我国合同违约中确定的归责原则是无过错责任原则,即除了有免责事由外,只要当事人不履行合同或不适当履行合同,就应承担违约责任,而不考虑违约一方主观上是否存在过错。违约行为是违约责任的构成要件。以下行为均构成违约:

1.当事人一方不履行全部合同义务,以致合同目的不能实现;
2.当事人一方履行了合同义务,但其履行不符合约定;
3.合同履行期限之前,一方当事人明确表示或者以自己的行为表明将来不履行合同义务。

三、违约责任的种类

依据违约行为发生在约定履行期限之前或之后,违约责任可分为预期违约和届期违约两种类型,每种类型又可以分为两类。

1. 预期违约

预期违约是指在履行期届满前一方无正当理由而明确表示其在履行期届满后将不履行合同,或者其行为表明其在履行期届满后将不可能履行合同。预期违约分为明示的预期违约和默示的预期违约两种。明示与默示的区别在于违约的合同当事人是否通过意思表示明确表达自己不再履行合同的意愿。

2. 届期违约

届期违约是指在履行期限到来以后,当事人不履行或不完全履行合同义务。届期违约根据已履行的情况,可以分为不履行和不适当履行两类。

3. 违约与侵权的竞合

因当事人一方的违约行为,侵害对方人身、财产权益的,受损害方有权选择要求其承担违约责任或者依照要求其承担侵权责任。

四、承担违约责任的形式

1. 继续履行

继续履行是指当事人一方不履行金钱债务、不履行非金钱债务或者履行非金钱债务不符合约定的,对方可以要求履行,但有下列情形的非金钱债务除外:
(1)法律上或者事实上不能履行;
(2)债务的标的不适于强制履行或者履行费用过高;
(3)债权人在合理期限内未要求履行。

2. 采取补救措施

当事人一方不履行债务或者履行债务不符合约定,根据债务的性质不得强制履行的,对方可以请求其负担由第三人替代履行的费用。

当事人履行不符合约定,受损害方根据标的的性质以及损失的大小,可以合理选择请求违约方承担修理、重作、更换、退货、减少价款或者报酬等违约责任。

3. 赔偿损失

当事人一方不履行合同义务或者履行合同义务不符合约定,在履行义务或者采取补救措施后,对方还有其他损失的,应当赔偿损失。损失赔偿额应当相当于因违约所造成的损失,包括合同履行后可以获得的利益,但不得超过违约一方订立合同时预见到或者应当预见到的因违反合同可能造成的损失。

4. 支付违约金

当事人可以约定一方违约时应当根据违约情况向对方支付一定数额的违约金,也可以约定因违约产生的损失赔偿额的计算方法。约定违约金低于造成的损失的,当事人可以请求人民法院或者仲裁机构予以增加;约定的违约金过分高于造成的损失的,当事人可以请求人民法院或者仲裁机构予以适当减少。

当事人既约定违约金,又约定定金的,一方违约时,对方可以选择适用违约金或者定金条款,二者不能同时适用。

五、违约责任的免除

合同履行过程中,因出现法定或约定的不可归责于债务人的免责事由而使合同不能履行、迟延履行的,债务人免予承担违约责任。

1. 法定免责事由

法定事由最主要的是不可抗力,不可抗力是指当事人不能预见、不能避免并不能克服的客观情况。如水灾、旱灾、地震、动乱、战争等自然灾害或社会事件。当事人可以在订立不可抗力条款时,具体约定或列举各种不可抗力的事由,约定的社会事件范围还包括:

(1) 政府行为

政府行为是指当事人在订立合同以后发生,且不能预见的情形。如运输合同订立后,由于政府颁布禁运的法律,使合同不能履行。

(2) 社会异常情形

社会异常情形是指一些偶发的事件阻碍合同的履行,如法定传染性疾病、罢工骚乱等。

2. 约定免责事由

约定免责事由主要是免责条款,是当事人在合同中约定的免除将来可能发生的违约责任的条款,但约定的内容违反法律规定的,该约定无效。

3. 告知义务

当事人一方因不可抗力不能履行合同的,应当及时通知对方,以减轻可能给对方造成的损失,并应当在合理期限内提供证明。当事人迟延履行后发生不可抗力的,不能免除责任。

此外,由于债权人的过错导致债务人不履行合同义务的以及货物本身的自然性质或合理损耗情况,债务人不承担违约责任。

任务七　了解合同履行的担保

一、保证担保

1. 保证合同

为保障债权的实现,保证人和债权人约定,当债务人不履行到期债务或者发生当事人约定的情形时,保证人履行债务或者承担责任的合同。保证合同是主债权债务合同的从合同。主债权债务合同无效的,保证合同无效,但是法律另有规定的除外。

保证合同可以是单独订立的书面合同,也可以是主债权债务合同中的保证条款。第三人单方以书面形式向债权人做出保证,债权人接收且未提出异议的,保证合同成立。

2. 保证人资格

可以作为保证人的应当是具有代为清偿债务能力的法人、其他组织或者公民。《民法典》保证合同中对保证人资格有限制性规定：(1)机关法人不得为保证人，但是经国务院批准为使用外国政府或者国际经济组织贷款进行转贷的除外。(2)以公益为目的的非营利法人、非法人组织不得为保证人。企业法人的分支机构有法人书面授权的，可以在授权范围内提供保证。

保证人必须有代为清偿债务的能力。不具有完全代偿能力的主体，只要以保证人身份订立保证合同后，就应当承担保证责任。

3. 保证方式

《民法典》中保证合同规定的保证方式分为一般保证和连带责任保证。

(1)一般保证

一般保证是指当事人在保证合同中约定，债务人不能履行债务时，由保证人承担保证责任。如果当事人对保证方式没有约定或者约定不明确的，按照一般保证承担保证。

一般保证人享有先诉抗辩权，保证人在主合同纠纷未经审判或者仲裁，并就债务人财产依法强制执行仍不能履行债务前，有权拒绝向债权人承担保证责任。但是有下列情形之一的除外：

①债务人下落不明，且无财产可供执行；

②人民法院已经受理债务人破产案件；

③债权人有证据证明债务人的财产不足以履行全部债务或者丧失履行债务能力；

④保证人以书面形式放弃规定的权利。

(2)连带责任保证

当事人在保证合同中约定保证人和债务人对债务承担连带责任的，为连带责任保证。

连带责任保证的债务人不履行到期债务或者发生当事人约定的情形时，债权人可以请求债务人履行债务，也可以请求保证人在其保证范围内承担保证责任。

4. 单独保证和共同保证

依据一个保证人或两个以上保证人保证可以分为单独保证和共同保证。同一债务有两个以上保证人的，保证人应当按照保证合同约定的保证份额，承担保证责任；保证合同没有约定保证份额的，债权人可以请求任何一个保证人在其保证范围内承担保证责任。

5. 保证范围

(1)确定保证范围

《民法典》第六百九十一条规定，保证的范围包括主债权及其利息、违约金、损害赔偿金和实现债权的费用。当事人另有约定的，按照其约定。

(2)债权转让的保证

在保证期间，债权人依法将主债权转让给第三人，保证债权同时转让，保证人在原保证担保的范围内对受让人承担保证责任。债权人许可债务人转让债务的，应当取得保证人书面同意，未经保证人同意转让的债务部分，不再承担保证责任。

(3)主合同变更的保证

在保证期间,债权人与债务人协议变更主合同的,应当取得保证人书面同意。未经保证人同意的主合同变更:如果减轻债务人的债务的,保证人仍应当对变更后的合同承担保证责任;如果加重债务人的债务的,保证人对加重的部分不承担保证责任。

6. 保证期间

(1)确定保证期间

保证期间是确定保证人承担保证责任的期间,不发生中止、中断和延长。债权人与保证人可以约定保证期间,但是约定的保证期间早于主债务履行期限或者与主债务履行期限同时届满的,视为没有约定;没有约定或者约定不明确的,保证期间为主债务履行期限届满之日起六个月。

债权人和债务人变更主债权债务合同的履行期限,未经保证人书面同意的,保证期间不受影响。

(2)债权人主张权利

保证期间性质上属于除斥期间,不发生诉讼时效的中止、中断和延长。债权人没有在保证期间主张权利的,保证人不再承担保证责任。"债权人主张权利"的方式在一般保证中表现为"对债务人提起诉讼或者申请仲裁";在连带责任保证中表现为"债权人向保证人要求承担保证责任"。

二、抵押担保

1. 抵押

抵押,是指为担保债务的履行,债务人或者第三人不转移财产的占有,将该抵押物抵押给债权人的,债务人不履行到期债务或者发生当事人约定的实现抵押权的情形,债权人有权就该财产优先受偿。债务人或者第三人为抵押人,债权人为抵押权人,提供担保的财产为抵押财产。

2. 抵押合同

当事人设定抵押权应当签订书面抵押合同。内容包括:被担保债权的种类、数额;债务人履行债务的期限;抵押财产的名称、数量等情况;担保的范围。

3. 抵押财产

抵押财产是指抵押人用以设定抵押权的财产。依据《民法典》第三百九十五条规定,债务人或者第三人有权处分的下列财产可以抵押:(1)建筑物和其他土地附着物;(2)建设用地使用权;(3)海域使用权;(4)生产设备、原材料、半成品、产品;(5)正在建造的建筑物、船舶、航空器;(6)交通运输工具;(7)法律、行政法规未禁止抵押的其他财产。

依据《民法典》第三百九十九条规定,不得抵押的财产包括:(1)土地所用权;(2)宅基地、自留地、自留山等集体所有的土地使用权,但是法律规定可以抵押的除外;(3)学校、幼儿园、医疗机构等为公益目的成立的非营利法人的教育设施、医疗卫生设施和其他公益设施;(4)所有权、使用权不明或者有争议的财产;(5)依法被查封、扣押、监管的财产;(6)法律、行政法规规定不得抵押的其他财产。

4. 抵押登记

法律规定应当办理抵押登记,抵押权自登记时设立;可以不办理登记的,抵押权自抵押合同生效时设立;未经登记,不得对抗善意第三人。

(1) 登记生效的抵押权

《民法典》第四百零二条规定,以下列财产设定抵押的,应当办理抵押物登记:建筑物和其他土地附着物;建设用地使用权;海域使用权;正在建造的建筑物。抵押权自抵押物登记之日起设立。同一财产向两个以上债权人抵押的,登记的抵押权先于未登记的抵押权受偿。

(2) 合同成立生效的抵押权

以《民法典》规定的生产设备、原材料、半成品、产品;正在建造的船舶、航空器;交通运输工具;法律、行政法规未禁止抵押的其他财产设定抵押,抵押权自抵押合同生效时设立。以动产抵押的,未经登记的抵押合同,不得对抗善意第三人;也不得对抗正常经营活动中已经支付合理价款并取得抵押财产的买受人。

5. 担保范围

除当事人另有约定,担保物权担保范围包括主债权及其利息、违约金、损害赔偿金、保管担保财产和实现担保物权的费用。

如果债务人不履行到期债务或者发生当事人约定的实现抵押权的情形,抵押权人可以与抵押人协议以抵押财产折价或者以拍卖、变卖该抵押财产所得的价款优先受偿。债务人自己提供物的担保的,债权人应当先就该物的担保实现债权。

三、质押担保

1. 质押

质押,是指债务人或者第三人将其动产或者权利移交债权人占有,将该财产作为债的担保,当债务人不履行债务时,债权人有权依照法律规定,以该财产折价或者以拍卖、变卖该财产的价款优先受偿。该债务人或者第三人为出质人,债权人为质权人,交付的动产为质押财产。质押包括动产质押和权利质押。

2. 动产质押

为担保债务的履行,债务人或者第三人将其动产出质给债权人占有的,债务人不履行到期债务或者发生当事人约定的实现质权的情形时,债权人有权就该动产优先受偿。

质权自出质人交付质押财产时设立。设立质权,当事人应当采取书面形式订立质权合同,法律、行政法规禁止转让的动产不得出质。质权人在质权存续期间,质权人不得擅自使用、处分质押财产,并对质押财产负有妥善保管的义务,如因使用或保管不当致使质押财产毁损、灭失或造成损失,应当承担赔偿责任。

3. 权利质押

债务人或者第三人将其权利凭证出质给债权人占有,债务人不履行到期债务或者发生当事人约定的实现质权的情形时,债权人有权就该权利优先受偿的担保形式。

依据法律、行政法规规定,债务人或第三人有权处分的下列财产可以质押:汇票、支票、本票；债券、存款单；仓单、提单；可以转让的基金份额、股权；可以转让的注册商标专用权、专利权、著作权中的财产权；现有的以及将有的应收账款；依法可以质押的其他财产权利。

4. 抵押权与质押权的区别

(1) 质押的标的物可以是动产或者权利，但不能是不动产；抵押的标的物既可以是动产也可以是不动产。

(2) 质押权的设定必须移转质物的占有；抵押权的设定不要求移转抵押物的占有。

(3) 由于抵押权设定不移转占有，因此，抵押人可以继续对抵押物占有、使用、收益；由于质押移转标的物的占有，因此，质押人虽然享有对标的物的所有权，但不能直接对质押物进行占有、使用、收益。

四、留置担保

1. 留置

留置，是指债权人按照合同约定或法律规定，占有债务人的动产，债务人不履行到期债务，债权人可以留置已经合法占有的债务人的动产，并有权就该动产优先受偿。债务人不履行到期债务，债权人可以留置已经合法占有的债务人的动产，并有权就该动产优先受偿。

2. 留置范围

根据《民法典》规定，留置权只能适用于债权人按照合同约定占有债务人的动产的情形，包括运输合同、承揽合同、保管合同、仓储合同、行纪合同中发生债务人不履行债务的，债权人享有留置权，但是当事人另有约定的除外。

根据《民法典》规定，债务人不履行到期债务，债权人可以留置已经合法占有的债务人的动产，并有权就该动产优先受偿。债权人留置的动产，应当与债权属于同一法律关系，但企业之间留置的除外。

3. 留置担保范围

留置担保的范围包括主债权及利息、违约金、损害赔偿金、留置物保管费用和实现留置权的费用。

同一动产已设立抵押权或者质权，该动产又被留置的，留置权优先受偿。

📱 微课

误把"订金"当"定金"，双倍索赔被驳回

五、定金担保

1. 定金

定金，是指合同当事人约定一方向对方给付一定数额的金钱作为债权的担保。债务人履行债务后，定金抵作价款或者收回。给付定金的一方不履行约定的债务的，无权要求返还定金；收受定金的一方不履行约定的债务的，应当双倍返还定金。

定金应当以书面形式约定。当事人在定金合同中应当约定定金数额、交付期限。当事人约定的定金不得超过主合同标的额的百分之二十，超过部分不产生定金的效力。定金合同从实际交付定金之日起生效。

2. 定金罚则

（1）当事人约定以交付定金作为订立主合同担保的，给付定金的一方拒绝订立主合同的，无权要求返还定金；收受定金的一方拒绝订立合同的，应当双倍返还定金。

（2）当事人约定以交付定金作为主合同成立或者生效要件的，给付定金的一方未支付定金，但主合同已经履行或者已经履行主要部分的，不影响主合同的成立或者生效。

（3）定金交付后，交付定金的一方可以按照合同的约定以丧失定金为代价而解除主合同，收受定金的一方可以双倍返还定金为代价而解除主合同。

（4）违约定金，即定金设立是为了保证合同得以履行。在定金给付后，一方应履行债务而未履行的，受定金罚则约束。

因不可抗力、意外事件致使主合同不能履行的，不适用定金罚则。因合同关系以外第三人的过错，致使主合同不能履行的，适用定金罚则。受定金处罚的一方当事人，可以依法向第三人追偿。

如果在同一合同中，当事人既约定违约金，又约定定金的，当一方违约时，当事人只能选择适用违约金条款或者定金条款，不能同时要求适用两个条款。

你知道吗？

1. 合同应当约定哪些内容？
2. 如何确定合同的约束力？
3. 如何草拟规范的合同？
4. 如何进行合同履行的抗辩？
5. 如何解除与终止合同？
6. 不履行合同需要承担哪些责任？
7. 一般保证与连带保证有哪些区别？
8. 抵押与质押有哪些区别？
9. 哪些合同可以行使留置权？

试一试

1. 欠缺哪项内容不影响合同的订立：
   A. 标的　　　　　B. 价款或酬金　　　　C. 数量　　　　D. 履行时间

2. 法律规定合同生效的情形有：
   A. 合同订立时生效
   B. 约定的条件成就时生效
   C. 批准登记后生效
   D. 一方履行另一方接受

3. 法律规定在下列情形下合同没有订立或合同无效时，给对方造成损失也应当承担赔偿责任：
   A. 假借订立合同，进行恶意磋商
   B. 故意隐瞒与订立合同有关的重要事实
   C. 故意提供与订立合同有关的虚假情况
   D. 当事人泄露在订立合同过程中知悉的商业秘密

4. 下列合同可以变更或撤销：
   A. 对合同标的物的性质有重大误解
   B. 对合同标的物数量、质量有重大误解

C. 对订立合同的信息、政策有重大误解

D. 以损害一方当事人重大利益为条件

5. 双务合同中应当先履行合同的一方,可以行使不安抗辩权的情形是:

A. 有证据证明后履行一方经营状况严重恶化

B. 看到后履行一方转移财产

C. 有证据证明后履行一方抽逃资金

D. 新闻披露消费者投诉产品质量问题

6. 债权债务转让正确的是:

A. 债权人转让债权无须经过债务人同意

B. 未通知债务人的债权转让对债务人无效

C. 债权人转让债权不得损害债务人利益

D. 债务人可以向受让人行使抗辩权

7. 承担违约责任的方式包括:

A. 继续履行　　　　　　　　　　B. 支付违约金

C. 修理、更换、退货、减少价款　　D. 赔偿损失

8. 属于以物担保的方式有:

A. 保证　　　B. 抵押　　　C. 质押　　　D. 定金

9. 依据保证合同规定,可以成为保证人的是:

A. 国家机关　　　　　　　　　　B. 大学

C. 有限责任公司　　　　　　　　D. 保险公司分公司

10. 保证合同中没有约定保证方式的,保证人承担:

A. 一般责任保证　　　　　　　　B. 连带责任保证

C. 不承担保证责任　　　　　　　D. 只承担民事责任

11. 依据抵押合同规定,抵押合同自登记之日起生效的有:

A. 承包的荒地抵押　　　　　　　B. 农村宅基地抵押

C. 林木抵押　　　　　　　　　　D. 车辆抵押

12. 依据质押合同规定,质押担保的债权范围包括:

A. 主债权利息　　　　　　　　　B. 损害赔偿金

C. 违约金　　　　　　　　　　　D. 质物保管费

13. 依据《民法典》规定,可以依法行使留置权的合同包括:

A. 承揽合同　　　　　　　　　　B. 运输合同

C. 保管合同　　　　　　　　　　D. 租赁合同

讨论资料

这是债权转让还是第三人履行债务?

2019年3月,开发商甲与建筑工程公司乙签订建筑工程施工合同。合同约定工程款先由乙方垫付,工程按决算金额支付工程款。

乙方在工程施工过程中向建筑材料企业丙购买了钢材,乙方与丙方约定由丙方供货,货到六个月后结算所购钢材款。丙方为了付款安全,签订合同时要求乙方对双方买卖钢材合同提供担保。为此,乙方找到甲方,要求甲方为其项目所需要的钢材提供保证责任。开发商甲同意为乙方购买钢材的合同提供保证,但甲方要求承担的保证责任仅限于丙方运送到甲方施工现场,并由甲方与乙方指定监理人员与施工人员签字确认后,对所签字确认并予以决算的钢材承担保证责任。

2019年4月开始,丙方向乙方先后提供了价值400万元的钢材,并运送到甲方施工现场,到货时有乙方和甲方共同指派的人员签收。但2019年12月乙方仍未向丙方支付钢材款。此时,甲方与乙方的工程决算金额为728万元,但是,甲方以房子没有售出为由,没有按约定向乙方支付该工程款,只是对乙方在施工中所用建筑材料,包括所使用的钢材部分做了抵扣。甲方向乙方提供了一份借款单,以示抵扣了所用钢材款。

由于甲方没有实际支付工程款,特别是没有支付乙方所购钢材的费用,乙方将甲方扣除钢材款的借款单交付给丙方,并通知甲方该借款向丙方支付即可。丙方以该借款单为依据在向甲方要求支付钢材款时,甲方拒绝清偿丙方手上的借款。于是,丙方将甲方与乙方告上法庭。

参考意见:

1. 本案例乙方认为,自己以交付借款单的方式向丙支付钢材款,已经履行了钢材买卖合同的约定,乙方与丙方的合同终止。

2. 本案例丙方认为,丙方与乙方的买卖合同并没有履行完毕,是买卖合同的债务人乙方通知债权人丙方其债权由甲方履行,是第三人向债权人履行债务的问题,乙方与丙方的合同没有终止。

3. 本案例当第三方甲没有向债权人丙履行义务时,债权人丙有权向债务人乙请求债权,要求支付钢材款。同时,甲方是钢材买卖合同的保证人,在保证合同中双方没有约定保证方式是一般保证责任,因此,丙方可以同时向保证人甲方请求清偿,甲方向丙方支付钢材款。

4. 如果乙方想将债务转让给甲方,由于是债务的转让,应当乙方与甲方就乙方与丙方的债务转让签订转让合同,并得到丙方的书面同意。而本案例中乙方只是以借款单作为支付的手段给付丙方,不能认为合同债务转让。

学习拓展

如何甄别"意思表示"?

意思表示是指具备相应行为能力的当事人将意欲实现的法律上权益发表的行为。意思表示所发表的意思是关于权利义务取得、丧失及变更的意思。意思表示可分为明示和默示两种形式。

明示是使用直接语汇实施的意思表示,除常见的口头语言、文字、表情语汇外,还包括依习惯使用的特定形体语汇,如举手招呼出租汽车,即表示有租用该车之意。

默示形式是含蓄或者间接表达意思的方式。默示所包含的意思,他人不能直接把握,而要通过推理手段才能理解。因此,默示形式只有在有法律规定或交易习惯允许时才被使用。按默示时的作为和不作为又可划分为:

(1)推定,即行为人用语言外的可推知含义的作为间接表达内心意思的默示行为。所谓可推知,是从该行为中,一般人能够容易地推知其意思的内容。例如租赁合同届满,承租人继续交付租金并为出租人接受,便可推知其表示要延展租赁期间。

(2)沉默,即行为人只有在有法律规定、当事人约定或者符合当事人之间的交易习惯,才可以以不作为间接表达内心意思的默示行为,并视为意思表示。不作为即缄默、沉默不语。

《民法典》第一百四十五条第二款规定"相对人可以催告法定代理人自收到通知之日起三十日内予以追认。法定代理人未作表示的,视为拒绝追认"。

《民法典》第六百三十八条第二款规定"试用买卖的买受人在试用期内已经支付部分价款或者对标的物实施出卖、出租、设立担保物权等行为的,视为同意购买"。

《民法典》第一千一百二十四条规定继承开始后,继承人没有以书面形式做出放弃继承的表示的,视为接受继承;受遗赠人应当在知道受遗赠后六十日内,做出接受或者放弃受遗赠的表示,到期没有做出接受表示的,视为放弃受遗赠。

合同示范

地下停车场停车位使用协议书

甲方:张乐来

住址:尚城一品17号楼3-3-2　　　　　电话:138＊＊＊01

身份证号:2111＊＊＊12

乙方:伍来居

住址:尚城一品2号楼6-1-1　　　　　电话:156＊＊＊03

身份证号:2111＊＊＊55

甲、乙双方就乙方租用甲方地下1.1期第35号停车位,用于停放牌照号为_____车辆事宜,依据《民法典》在平等自愿的基础上,经双方协商同意签订如下协议:

第一条　甲方将1.1期车库地下第35号车位使用权出租给乙方停放约定的车辆,租赁费用为每年6 000元,签订协议时一次性付清。

第二条　车位使用期限为一年,从2021年07月15日至2022年07月14日止。

第三条　乙方保证遵守《尚城一品机动车管理办法》，在租赁期限内听从管理人员管理。否则，甲方有权解除本协议，单方通知物业公司注销乙方该车辆授权入门卡信息。

第四条　在协议有效期限内，乙方保证对其约定停放的车辆已投保了机动车盗抢险、车损险及相关保险。车辆在车位停放过程中发生的损失由乙方向保险公司或第三人要求赔偿。甲方对此不承担任何赔偿责任。

第五条　甲方可以提前一个月通知乙方解除本协议。否则，乙方有权要求在30日内继续使用该车位。甲方按每月600元退还乙方车位使用费余额。

第六条　协议期满前一个月内双方就续订车位事宜另行协商。未经协商或协商不成，本协议按约定终止。

第七条　因乙方原因协议期满后或合同解除后阻碍甲方使用该车位时，乙方应承担每月600元的违约金。

第八条　本协议一式两份，甲、乙双方各持一份。本协议从2021年7月15日开始生效，未尽事宜另行协商。

甲方：　　　　　　　　　　　　　　　　乙方：
　　年　月　日　　　　　　　　　　　　　年　月　日

能力拓展

你会使用债的担保吗？

在合同履行过程中，债权人为了保证债务人能全面履行合同义务，可以要求债务人或第三人提供担保。我国规定了五种对债务履行的担保方式：保证、抵押、质押、留置和定金。

保证、抵押、质押和定金，都是依据当事人合同而设立的，称为约定担保。留置则是直接依据法律规定而设立的，无须当事人之间特别约定，称为法定担保。保证是以保证人的财产信用为担保的基础，属于人的担保。抵押、质押、留置，是以一定的财产为担保的基础，属于物的担保。定金是以一定的金钱为担保的基础，称为货币担保。

约定担保均需要订立书面的担保合同。担保合同是从属于主合同的从合同，除最高额保证、最高额抵押和最高额质押，允许为将来存在的债权预先设定保证，法律规定除担保合同可以另有约定情形外，一般主合同无效，担保合同无效。担保人履行的是一种补充责任。

在担保关系中，保证人是主合同之外具有清偿债务能力的第三人，其对所担保的主合同不具有直接的合同利益，只承担补充履行合同义务的风险。因此，在保证关系中，保证人可以在书面保证合同中选择合适的保证的方式、保证的期限和保证的范围，既促进主合同的履行，也充分降低自己的风险。

在其他担保形式中应当注意的是,法律规定需要登记方能生效的抵押合同必须进行登记,否则抵押合同无效;进行多重抵押的抵押物,抵押权人应当注意在先抵押权及抵押权实现中可能出现的偿付风险;质押权的实现必须以占有质物为前提;定金合同中,定金与违约金不得重复适用;留置权的行使以法定情形为限。

延伸阅读十 ▶▶▶

你知道如何保护民间借贷合同吗?

项目十一　对外支付结算手段

学习目标

1. 掌握汇票、本票及支票支付特点
2. 掌握汇票、本票及支票票据权利行使
3. 掌握其他支付结算方式及其特点

学习情境

你跟上"支付"的步伐了吗？

支付就是交易一方得到另一方的货物或服务后所给予对价的补偿。在古代，以物易物是人类最早使用的支付形式。随着社会分工与生产的扩大，原有的物物交易不能满足需要，迫切需要一种特殊的商品来充当交换的一般等价物，于是货币产生了，第一个并且也是主要的一种支付方式就是货币支付，也称现金支付。

现金是中央银行发行的纸币和硬币，现金的有效性和价值是由中央银行保证的。现金支付不需要证明彼此的身份，具有使用方便和灵活的特点。但是，现金交易受时间和空间、发行主体及现金数量的限制，这种开放式的支付，不方便监控和管理。

比现金支付更为先进的是票据支付。广义票据指各种具有法律效力、代表一定权利的书面凭证，如股票、债券、货单、车船票等；狭义票据是指《票据法》规定的汇票、本票和支票。它们是载有一定的付款日期、付款地点、付款人的无条件支付的流通凭证，也是一种可以由持票人自由转让给他人的债务凭证，是第二种支付方式。

票据支付具有方便异地交易、大宗交易，减少现金使用等特点，促进了交易繁荣，而且票据支付最终必须通过银行兑付，也为金融监管调控提供了条件。但是，票据易于伪造、容易丢失，商业承兑汇票甚至存在拒绝付款和到期无力支付的可能。因此，使用票据支付具有一定风险。

进入二十一世纪后，经济的迅速发展对支付效率、安全和降低成本提出了更高要求，特别是互联网技术的普及应用，电子交易和电子支付开始兴起。

电子支付是电子商务交易的当事人（消费者、厂商和金融机构等）通过网络通信、密码技术以及其他安全措施等电子信息化手段进行的货币支付和资金流转。电子支付往往借助于银行及其他机构所支持的某种金融工具完成，例如，电子现金、电子支票和银行卡等。它无须任何实物的标记，将纯粹电子形式的货币，以数码的方式保存在计算机中。与传统的支付方式相比,电子支付更为高效、便捷、安全、私密、节约,并不受时空限制,全球全天候服务。

电子支付有五种形式,形成五个阶段:

第一阶段是银行利用计算机处理银行之间的业务,办理结算;第二阶段是银行计算机通过网络与其他机构计算机之间进行资金的结算,例如代发工资等业务;第三阶段是利用网络终端向客户提供各项银行服务,例如自助银行;第四阶段是通过银行卡介质利用 ATM 机、POS 机向客户提供自动取款、消费扣款服务;第五阶段是最新的阶段,即客户通过互联网随时随地实现银行的转账结算,这种形式的电子支付又称为网上支付。

资料来源:新华网

任务一 掌握票据支付

支付结算是由中国人民银行统一管理的一种法律行为,指单位、个人在社会经济活动中使用票据、银行卡和汇兑、托收承付、委托收款、电子支付等结算方式进行货币给付及其资金清算的行为。银行在支付结算中作为中介机构,对票据和结算凭证依法进行形式审查。

一、票据法律关系相关内容

票据是基于信用与金融关系,在商业活动中用于支付活动,具有财产价值并体现民事权利的一种有价证券。我国票据法上的票据是指出票人依法签发的,约定自己或委托付款人在见票时或指定的日期向收款人或持票人无条件支付一定金额并可转让的有价证券。

《票据法》是规定票据的种类、形式、内容以及各当事人之间权利义务关系的法律规范的总称。

1.票据法律特征

(1)要式票据

不同的票据种类,规定了不同的形式,出票人必须依照法律规定的要求签发相关票据,否则不受法律保护。

(2)设权证券

票据权利是由票据行为所创设并形成票据关系;票据权利的转移必须背书或交付;票据权利的行使必须提示票据。

(3)无因证券

票据只要符合法定条件,权利即告成立。持票人只要向票据债务人提示票据就可行使票据权利,而不管票据取得的原因是否无效或有瑕疵。

(4)文义证券

票据上的权利义务都以票据上记载的文字内容为准,不受票据文义以外的任何事项的影响。如果记载与事实不符,也以记载的内容为准。

(5)流通证券

票据的流通性是票据最本质的特征,票据可以经过交付或者背书转让的方式自由转让其权利,且迅速便捷。

2. 票据的种类

票据主要包括汇票、本票和支票。票据还可以从不同角度进行不同的分类:

(1)按票据的作用不同可分为支付票据和信用票据。主要用于支付的是支付票据,如支票;主要用于信用的是信用票据,如本票、汇票。

(2)按付款人是出票人还是出票人的委托人,可分为自付票据和委托票据。自付票据是出票人本人向持票人无条件支付一定金额的票据,如本票属于自付票据,汇票、支票属于委托票据。

(3)按付款时间可分为即期票据和远期票据。即期票据是付款人见票后必须立即付款给持票人的票据,如支票及见票即付的汇票、本票;远期票据是付款人见票后在一定期限或特定日期付款的票据。

(4)按记载方式不同可分为记名票据和不记名票据。记名票据是指在票据上注明收款人姓名,可由收款人以背书方式转让,付款人只能向收款人或其指定的人付款的票据。不记名票据是指票面上不记载收款人姓名,可不经背书而直接交付票据,付款人可以对任何持票人付款的票据。

3. 票据法律关系

票据法律关系是指当事人之间因设立、变更或消灭票据上的权利义务而表现的一种票据债权债务关系。按票据法律关系的形成是否依据票据本身而产生,票据关系分为票据关系和非票据关系。

(1)票据关系

票据关系是基于票据当事人的票据行为而发生的票据上的权利和义务关系。票据行为有出票、背书、承兑、保证、付款等,票据关系也有出票关系、背书关系、承兑关系、保证关系、付款关系等相应的票据关系,在票据当事人之间产生了票据上的权利义务关系。

票据关系的发生基于票据基础关系,即票据关系产生的原因和前提,后者往往是民法上的法律关系,例如,出票人与收款人之间签发和接受票据的理由,背书人和被背书人转让票据的理由,可以是买卖交易或债权债务关系等。票据关系一经形成,就与基础关系相分离。

(2)非票据关系

非票据关系,也称票据基础关系,是指由《票据法》直接规定的、不是基于票据行为而发生的法律关系。非票据关系包括票据当事人在授受票据之前,对票据的相关种类、金额、到期日、付款地等事项达成的协议以及汇票的出票人与付款人、支票出票人与付款银行就资金而形成的法律关系。

(3)票据当事人

①出票人是依法定方式签发票据并将票据支付给收款人的人。商业汇票的出票人为银行以外的企业和其他组织;支票的出票人为在银行开立支票存款账户的企业、其他组织和个人。

②收款人是票据到期后有权收到票据所载金额的人,又称票据权利人。

③付款人是受出票人委托付款的人,有的情况下,出票人也是付款人。

④承兑人是接受汇票出票人的付款委托,同意承担支付票款义务的人,它是汇票的主债务人。

⑤背书人是在转让票据时,在票据背面或粘单上签字或盖章的当事人(称为前手),并将该票据交付给受让人的票据收款人或持票人。

⑥被背书人是被记名受让票据或接受票据转让的人。背书后,被背书人成为票据新的持有人(称为后手),享有票据的所有权利。但是,在票据得到最终付款前,在持票人之前的所有前手不能终结其保证实现票据权利的义务。

⑦保证人是为票据债务提供担保的人,由票据债务人以外的第三人担当。保证人在被保证人不能履行票据付款责任时,以自己的金钱履行票据付款义务,然后取得持票人的权利,向票据债务人追索。

⑧出票人、收款人、付款人是在票据作成和交付给收款人时已存在的当事人,承兑人、背书人、被背书人、保证人等是在票据作成并交付后,通过一定的票据行为加入票据关系的人。

(4)票据法律关系的内容

票据法律关系的内容是票据法律关系主体依法享有的权利和承担的义务。这种权利和义务是指票据法律关系的当事人依照《票据法》或票据行为可以为一定行为或要求他人为一定行为、必须进行或不进行一定的行为。例如,票据当事人可以委托其代理人在票据上签章,持票人可以要求承兑人或其他付款人按票据上所记载的金额付款等。

(5)票据法律关系的客体

票据法律关系的客体是票据法律关系的权利和义务所共同指向的对象。该对象只能是一定数额的金钱,而不是某种物品。

二、票据行为

1. 票据行为的概念

狭义的票据行为是指出票、背书、承兑、保证等产生票据债权债务关系的法律行为;广义的票据行为是指以发生、变更、消灭票据关系为目的的法律行为。

2. 票据行为成立的基本条件

(1)行为人必须具有从事票据行为的能力。无行为能力人或者限制民事行为能力人在票据上签章的,其签章无效。

(2)行为人的意思表示必须真实或无缺陷。以欺诈、偷盗或者胁迫等手段取得票据的,或者明知有前列情形,恶意取得票据的,不得享有票据权利。

(3)票据行为的内容必须符合法律法规规定。票据活动应当遵守法律、行政法规,不得损害社会公共利益。

(4)票据行为必须符合法定形式,包括票据上的签章为签名、盖章或签名加盖章。法人或其他使用票据的单位在票据上的签章,为该法人或者该单位的盖章加其法定代表人或者其授权的代理人的签章。公民在票据上签名,应当为该当事人的本名。

3. 票据记载事项

各类票据必须记载的内容：①票据种类的记载，例如汇票、本票、支票的记载。②票据金额的记载。我国《票据法》第八条规定："票据金额以中文大写和数码同时记载的，二者必须一致，二者不一致的，票据无效。"③票据收款人的记载。收款人是票据到期收取票款的人，并且是票据的主债权人，因此，票据必须记载这一内容，否则票据无效。④年月日的记载。年月日是判定票据权利义务的发生、变更和终止的重要标准，因此，票据必须将此作为必须记载的事项，否则票据无效。

4. 票据行为的代理

票据行为是一种民事法律行为，民法中的代理亦适用票据行为。票据行为的代理必须具备下列条件：票据当事人必须有委托代理的意思表示，表现为有书面授权；代理人必须按被代理人的委托在票据上签章；代理人应在票据上注明"代理"字样或类似的文句。

凡是符合上述条件的，该票据行为的代理对被代理人发生法律效力，其后果由被代理人承担。

5. 无权代理

票据上的无权代理主要表现为行为人没有被代理人的授权而以代理人名义在票据上签章。根据我国《票据法》第五条第二款的规定，没有代理权而以代理人名义在票据上签章的，应当由签章人承担票据责任。代理人超越代理权限的，应当就其超越权限的部分承担票据责任。

所谓票据责任是票据债务人向持票人支付票据金额的义务。如果没有代理权而以代理人名义在票据上签章，签章人应承担向持票人支付票据金额的义务；越权代理实际表现为增加了被代理人的票据义务。

三、票据权利

1. 票据权利的概念

票据权利，是持票人向票据债务人请求支付一定票据金额的权利，包括付款请求权和追索权。付款请求权是票据债权人请求票据债务人按照票面金额支付金钱的权利，付款请求权是第一次请求权。追索权是持票人在不获付款或不获承兑或其他法定原因发生时，向主债务人以外的前手，包括出票人、背书人或其他债务人，请求偿还票据金额及其损失的权利，追索权是第二次请求权。

2. 票据权利的取得

(1) 票据的取得分为票据的原始取得和继受取得。原始取得是因票据的创设（出票）而取得票据权利；继受取得是从票据持有人处受让票据或通过税收、继承、赠与、企业合并等方式获得票据。

(2) 票据的签发、取得和转让，应当遵循诚实信用的原则，具有真实的交易关系和债权债务关系。

(3) 票据的取得，必须有给付价，也称票据当事人认可的相对应的代价。因税收、继承、赠与或依法无偿取得票据的，不受给付价的限制。但是，所享有的票据权利不得优于其前手的权利。

(4)以欺诈、偷盗或者胁迫等手段取得票据的,或者明知是上述情形,出于恶意取得票据的,不得享有票据权利。持票人因重大过失取得不符合《票据法》规定的票据的,也不得享有票据权利。

3. 票据权利的行使

票据权利的行使是持票人请求票据的付款人支付票据金额的行为,依据不同的票据种类,其权利的行使可能有不同的程序,可包括票据的提示承兑、提示付款、行使追索权等程序。

(1)提示承兑

提示承兑是持票人向付款人出示汇票,并要求付款人承诺付款的行为。定日付款或出票后定期付款的汇票持票人,要行使票据权利时,首先要在汇票到期日之前向付款人提示承兑;见票后定期付款的汇票,持票人应当自出票日起一个月内向付款人提示承兑,是远期汇票持票人行使票据权利的一个必经程序,省略此程序就不能请求付款。

(2)提示付款

提示付款是持票人在法定期限内向付款人请求付款的行为。其中支票自出票日起十日内向付款人提示付款;本票自出票日起两个月内向付款人提示付款;银行汇票,自出票日起一个月内向付款人提示付款;定日付款、出票后定期付款或者见票后定期付款的商业汇票,自到期日起十日内向承兑人提示付款。

(3)行使追索权

票据到期被拒绝付款的,持票人可以对背书人、出票人以及票据的其他债务人行使追索权。在票据到期日前,如果有汇票被拒绝承兑或被拒绝付款的,承兑人或者付款人死亡、逃匿的,承兑人或者付款人被依法宣告破产或因违法被责令终止业务活动的,持票人也可以行使追索权。

(4)票据权利行使的时间和地点

由于票据具有流通性,法律对票据责任的兑现场所和时间有所规定,以便持票人行使票据权利。票据权利的行使场所一般是银行营业点,其时间就是银行营业的时间,即票据时效的最后期限是以银行的营业结束时间为限,而不能以当日的二十四点为限。

(5)票据权利的保全

票据权利保全是持票人为了防止票据权利的丧失,依据《票据法》的规定,提示票据、要求承兑人或付款人提供拒绝承兑或拒绝付款的证明,这是一种中断时效的行为。

(6)票据权利的消失

票据权利的消失是当法律规定的事实出现时,持票人所享有的票据权利上的付款请求权和追索权失去法律保护的情况。

4. 票据权利的保全

票据权利的保全是指票据权利人为防止票据权利的丧失而采取的行为。票据权利的保全方法主要有两种:

(1)按期提示票据

持票人应在法定期间内提示票据行使票据权利,只有在法定期间内持票人提示票据请求被拒绝的,方可行使追索权。

(2)做成拒绝证书

持票人行使追索权时,应当提供被拒绝承兑或被拒绝付款的有关证明。证明应记载下列内容:①被拒绝承兑或被拒绝付款的票据种类、主要记载事项;②拒绝承兑、拒绝付款的事实依据和法律依据;③拒绝承兑、拒绝付款的时间;④拒绝承兑人、拒绝付款人的签章;⑤由相关机构出具的合法证明。

5. 票据权利的消灭

(1)票据权利消灭的事由

票据权利的消灭是基于一定的法律事实出现,使票据上的付款请求权和追索权失去法律效力。包括以下三种情况:

①票据权利因付款而消灭,即票据债务人向票据债权人履行了支付票据上记载金额的义务,使持票人不仅消灭了付款请求权,也消灭了追索权;

②票据因时效届满而消灭,但是,由于持票人对出票人、承兑人、背书人的权利的时效期间不同,所以只有对所有票据债务人的时效期间都届满的,才发生票据权利绝对消灭;

③票据权利因其他原因而消灭,主要是抵销、免除、混同、提存等原因,也包括票据被销毁等原因。

(2)票据权利的消灭时效

票据权利的消灭时效见表4-1。

表4-1　　　　　　　　　　票据权利的消灭时效

持票人对票据的出票人和承兑人的权利	自票据到期日起二年内
见票即付的汇票、本票的权利	自出票日起二年内
持票人对支票的出票人的权利	自出票日起六个月内
持票人对前手的追索权	自被拒绝承兑或者被拒绝付款之日起六个月内
持票人对前手的再追索权	自清偿日或者被提起诉讼之日起三个月内

6. 票据的抗辩

票据抗辩是指票据债务人根据《票据法》的规定对票据债权人拒绝履行义务的行为。票据抗辩分为对物的抗辩和对人的抗辩。

(1)对物的抗辩

对物的抗辩又称绝对抗辩,是因票据本身所存在的事由而发生的抗辩,即票据本身存在影响票据效力的因素。对物的抗辩是可以对抗任何票据债权人。

对物的抗辩包括:①票据欠缺应记载的内容;②票据到期日未到;③票据已经依法付款;④票据判决无效;⑤票款已依法提存;⑥欠缺票据行为能力;⑦票据系伪造或变造;⑧票据因时效而消灭;⑨与票据记载不符的抗辩等。前五项是所有债务人都可行使的抗辩权,后四项是特定债务人行使的抗辩权。

(2)对人的抗辩

对人的抗辩又称相对抗辩,是因票据义务人与特定的票据权利人之间存在一定的个人因素的关系而引起的抗辩,因此,只能对特定的票据权利人主张。

对人的抗辩包括:①票据原因关系不合法;②原因关系不存在或消灭;③欠缺对价;④票据债务已经清偿、抵销或免除而未载于票据上;⑤票据交付前被盗或遗失等。

(3)票据抗辩的限制

票据抗辩的限制是指票据对人的抗辩,票据债务人可以对不履行义务的与自己有直接债权债务关系的持票人进行抗辩。票据抗辩的限制包括两种情况:①票据债务人不得以自己与出票人之间的抗辩事由对抗持票人;②票据债务人不得以自己与持票人的前手之间的抗辩事由对抗持票人。

7. 票据权利的补救

票据权利补救是对丧失票据的情形而言。票据因灭失、遗失、被盗等原因使票据权利人脱离其对票据的占有。票据一旦丧失,票据权利的实现就会受到影响,《票据法》规定了票据丧失后可以采取挂失止付、公示催告、普通诉讼三种形式进行补救。

(1)挂失止付

挂失止付是失票人将丧失票据的情况通知付款人并由接受通知的付款人暂停支付的一种方法。

(2)公示催告

公示催告是在票据丧失后,由失票人向人民法院提出申请,请求人民法院以公告方法通知不确定的利害关系人限期申报权利,逾期未申报者,则权利失效,而由人民法院通过除权判决宣告所丧失的票据无效的一种制度或程序。

(3)普通诉讼

普通诉讼是丧失票据的失票人向人民法院提起民事诉讼,要求法院判定付款人向其支付票据金额的活动。

无论是采取哪一种补救措施,均必须符合以下几个条件:①必须有丧失票据的事实;②失票人必须是真正的票据权利人;③丧失的票据必须是未获付款的有效票据。

8. 票据的伪造、变造与更改

(1)票据的伪造

票据的伪造是假冒他人的名义而进行的票据行为。一种情形是在票据凭证上假冒他人的名义签章进行出票;另一种情形是在他人依法签发的票据上再进行假冒第三人的签名,进行出票以外的其他票据行为。

票据伪造的后果:对伪造人而言不承担票据上的责任,应负有因伪造有价证券而赔偿的刑事或民事责任;票据上有伪造签章的,不影响票据上其他真实签章的效力,真实签名的其他债务人承担票据责任。

(2)票据的变造

票据的变造是无权变更票据记载事项的人,擅自变更票据上除签章外的记载事项的行为。例如记载金额、票据到期日等。

除票据的日期、金额和收款人等记载外,票据上其他记载事项被变造的,在变造前签章的人,对原记载事项负责;在变造后签章的人,对变造后的记载事项负责;不能辨别是在票据被变造之前或之后签章的,视为在变造之前签章。

(3)票据的更改

票据的更改是有权变更票据记载事项的人变更票据记载事项的行为。票据的更改不得违反法律。金额、日期、收款人名称不得更改,更改的票据无效。其他记载事项,原记载人可以更改,更改时应由原记载人签章证明,更改的票据依更改后的记载发生效力。

四、汇票、本票与支票

1. 汇票的概念

汇票是出票人签发的,委托付款人在见票时或者在指定日期无条件支付确定的金额给收款人或持票人的票据。

2. 汇票的种类

(1)商业汇票与银行汇票

按照出票人的不同,汇票可分为商业汇票和银行汇票。①商业汇票是以银行以外的其他公司、企业为出票人,以银行或者其他公司、企业等为付款人的汇票。其中,付款人为银行并进行了承兑的,称为银行承兑汇票;付款人为银行以外的公司、企业等并由其进行承兑的,称为商业承兑汇票。②银行汇票是由银行签发的汇票,银行汇票的出票银行是银行汇票的付款人。

(2)即期汇票与远期汇票

按付款时间的不同,汇票可分为即期汇票与远期汇票。①即期汇票是付款人见票后必须立即付款给持票人的票据,例如支票及见票即付的汇票、本票。②远期汇票是付款人见票后在一定期限或特定日期付款的票据。

(3)记名汇票、指示汇票和无记名汇票

按记载收款人方式的不同,汇票可分为记名汇票、指示汇票和无记名汇票。①记名汇票是出票人在汇票上明确记载收款人姓名或名称的汇票。②指示汇票是出票人在汇票上记载收款人姓名或名称,并附加"或其指定的人"的文句的汇票。这两种汇票可由收款人以背书并交付的方式进行转让。③无记名汇票是出票人在汇票上未记载收款人姓名或名称,或仅记载"付款人"的汇票。这种汇票在流通时无背书要求,只要将汇票交付受让人即可达到转让的目的。

3. 汇票的出票

出票是指出票人依据《票据法》规定的格式作成汇票,并将其交付收款人的票据行为。

(1)汇票记载事项

汇票绝对记载下列事项:①表明"汇票"的字样;②无条件支付的委托;③确定的金额;④付款人名称;⑤收款人名称;⑥出票日期;⑦出票人签章。汇票上未记载上述规定事项之一的,汇票无效。

(2)汇票出票的法律效力

汇票出票的法律效力包括:①对出票人的效力,出票人在出票后应承担担保承兑和担保付款的义务。收款人在请求付款人承兑或付款时如遭拒绝,有权向出票人进行追索。②对付款人的效力,付款人在票据出票后并未发生票据上的效力,付款人可以决定为该汇票进行承兑或拒绝承兑,但是,一经付款人对汇票进行了承兑,就应当承担付款义务,并成为票据的主债务人。③对收款人或持票人的效力,收款人取得票据后,即取得了票据权利,有付款请求权和追索权。

4. 汇票的背书

背书是持票人在票据的背面或者粘单上记载有关事项,完成签章,并将其交付相对人,使票据权利转让给他人或者将一定的票据权利授予他人行使的票据行为。

(1)背书的条件

①背书必须记载背书人和被背书人的名称;②背书必须连续,即转让票据的背书人与受让票据的被背书人在票据上的签章必须依次前后衔接;③背书不得附条件,如果附条件,所附条件不具有票据上的效力;④背书不得部分转让汇票金额,也不得将汇票金额分别转让给两个以上的人。

(2)背书的法律效力

背书的法律效力包括:①权利转移,这是背书的基本效力。被背书人由背书而受让票据后,即取得票据所有权及票据上的一切权利,包括付款请求权、追索权、对保证人的权利及再次转让票据的权利等。②责任担保,即背书人承担保证其后手所持票据承兑和付款的责任。③权利证明,即持票人以背书的连续证明其汇票的权利,不必说明票据实际移转过程来推定其是合法的票据权利人。

5. 汇票的承兑

承兑是指汇票付款人承诺在汇票到期日支付汇票金额的票据行为。承兑是汇票特有的行为。承兑须经过承兑提示和承兑两个过程。

(1)承兑提示

承兑提示必须在法定期限内进行。定日付款或出票后定期付款的汇票,持票人应当在汇票到期前向付款人提示承兑;见票后定期付款的汇票,持票人应当自出票日起一个月内向付款人提示承兑。未在法定期限内提示承兑的,持票人丧失对其前手(不包括出票人)的追索权。

(2)承兑

承兑是由付款人在汇票下面记载"承兑"字样并签章以及注明承兑日期的行为。付款人对向其提示承兑的汇票,应当自收到提示承兑的汇票之日起三日内承兑或者拒绝承兑。

承兑的必要记载事项包括:①在汇票正面记载"承兑"字样;②承兑人签章;③见票后定期付款的汇票,记载付款日期。除了必须记载事项外,还记载相对记载事项,如承兑日期,汇票上未记载承兑日期的,以承兑期限的最后一日为承兑日期。

付款人承兑汇票后,应当承担到期付款的责任。如果承兑人到期不付款,合法的持票人可以直接向承兑人提起诉讼。持票人也可以在法定期限内对其前手和出票人行使追索权。

6. 汇票的保证

(1) 保证适用范围

汇票保证是指汇票债务人以外的第三人为担保票据债务的履行所作的一种附属票据行为。保证人必须是票据债务人以外的第三人，被保证人则只能是票据债务人，例如出票人、承兑人、背书人等。保证只适用于汇票和本票，不适用于支票。

(2) 保证的记载要求

保证人必须在汇票或粘单上记载下列事项：①表示"保证"字样；②保证人名称和住所；③被保证人的名称；④保证日期；⑤保证人签章。其中③④是相对记载事项。

保证人在汇票或者粘单上未记载被保证人名称的，已承兑的汇票，承兑人为被保证人；未承兑的汇票，出票人为被保证人。保证人未记载保证日期的，出票日期为保证日期。

保证不得附有条件，附有条件的，不影响对汇票的保证责任。

(3) 保证人的责任承担

被保证的汇票，保证人应当与被保证人对持票人承担连带责任。汇票到期后得不到付款的，持票人有权向保证人请求付款。保证人的保证责任，不因被保证人的债务因实质条件欠缺导致无效而受影响，只有被保证人的债务因票据欠缺形式要件而无效时，保证人才不承担保证责任。保证人清偿汇票债务后，可以行使持票人对被保证人及其前手的追索权。保证人为二人以上的，保证人之间承担连带责任。

7. 汇票的付款

付款是票据上的付款人或担当付款人支付票据金额以消灭票据关系的行为。付款是票据关系的最后一个环节，付款人依法足额付款后，全体票据债务人的责任解除。只有付款人向持票人支付票款后，才能收回票据，消灭票据关系。出票人、背书人、保证人履行偿还义务后，只能使追索权发生转移，并不能当然消灭票据关系。付款包括提示付款和付款两个过程。

(1) 提示付款

提示付款是持票人向付款人或承兑人出示汇票，请求其支付票据金额的行为。提示付款必须在法定期限内进行：①见票即付的汇票，自出票日起一个月内提示付款；②定日付款、出票后定期付款或见票后定期付款的汇票，持票人应在自到期日起十日内向承兑人提示付款。

(2) 付款

持票人提示付款时，付款人及其代理人应当对汇票背书的连续性进行形式审查，并审查提示付款人的合法身份证明或有效证件。付款人及其代理人恶意或者有重大过失付款的，应当自行承担责任。

持票人按照法律规定的期限提示付款的，付款人应当在当日足额付款，持票人获得付款的，应当在汇票上签收，并将汇票交给付款人。

付款人足额支付票据金额后，全体汇票债务人的责任消灭。付款人取得向出票人求偿的权利。在出票人未向付款人提供资金的情况下，付款人付款后有权请求出票人偿还其支付给持票人的票据金额。

8. 汇票的追索

汇票的追索是持票人在汇票到期不获付款或期前不获承兑或者有其他法定原因时，在依法行使或保全了汇票权利后，向其前手请求偿还汇票金额、利息及其他法定款项的行为。

(1) 行使追索权的原因

行使追索权的原因包括：汇票到期被拒绝付款的；汇票被拒绝承兑的；承兑人或者付款人死亡、逃逸；承兑人或者付款人被依法宣告破产的或者因违法被责令终止业务活动。

(2) 行使追索权的依据

①持票人要取得拒绝证明。承兑人或付款人死亡、逃逸或其他原因不能取得拒绝证明的，可依法取得其他证明；若承兑人、付款人被法院依法宣告破产的，法院的有关司法文书具有拒绝证明书的效力；承兑人或付款人因违法被责令终止业务活动的，有关主管部门的处罚决定具有拒绝证明的效力。持票人不能出示拒绝证明或未按规定期限提供合法证明的，丧失对其前手的追索权，但承兑人或付款人仍应对持票人承担付款的责任。

②持票人要及时向其前手或其他票据债务人发出追索通知。持票人应自收到有关拒绝证明之日起三日内将被拒绝事由通知前手；其前手应当自收到通知之日起三日内通知其再前手。持票人也可以同时向各汇票债务人发出书面通知，未按照这一期限通知的，在票据有效期限内仍可行使追索权，但因超期通知而给其前手或出票人造成损失的，由该未通知的当事人在汇票金额范围内承担赔偿责任。

(3) 追索金额

票据追索的金额一般包括：被拒绝付款的金额；票据金额自到期日或提示付款日起至清偿日止的利息；作成拒绝证明或其他同等声明与通知的费用及其他费用。

被追索人可向其前手请求偿还的金额包括：向追索人已支付的总金额；前项金额的利息；所支付的其他任何必要的费用。

9. 银行本票

本票是出票人签发的，承诺自己在见票时无条件支付确定的金额给收款人或持票人的票据。根据出票人的不同，本票可分为银行本票和商业本票。我国《票据法》只规定了银行本票，不承认商业本票，本票的到期日也只有见票即付一种。

(1) 本票绝对记载事项

本票的绝对记载事项包括：①表明"本票"的字样；②无条件支付的承诺；③确定的金额；④收款人名称；⑤出票日期；⑥出票人签章。

本票上未记载以上规定事项之一的，本票无效。

(2) 本票相对记载事项

本票的相对记载事项有：①付款地。本票上未记载付款地的，出票人的营业场所为付款地。②出票地。本票上未记载出票地的，出票人的营业场所为出票地。

(3) 本票的付款

本票的出票人必须具有支付本票金额的可靠资金来源，并保证支付。本票的出票人在持票人提示见票时，必须承担付款的责任。本票自出票日起，付款期限最长不得超过两个月。本票的持票人未按照规定期限提示见票的，丧失对出票人以外的前手的追索权。

10. 支票

支票是出票人签发的,委托办理支票存款业务的银行或其他金融机构在见票时无条件支付确定的金额给收款人或持票人的票据。除《票据法》对支票的专门规定外,支票的出票、背书、付款和追索,适用汇票的有关规定。

支付依据付款方式的不同分为现金支票和转账支票。专门用于支付现金的支票称为现金支票;转账支票只能用于转账,不能用于支取现金。

(1)支票绝对记载事项

支票的绝对记载事项包括:①表明"支票"的字样;②无条件支付的委托;③确定的金额;④付款人名称;⑤出票日期;⑥出票人签章。

支票上未记载以上规定事项之一的,支票无效。

(2)支票相对记载事项

支票的相对记载事项包括:①付款地。支票上未记载付款地的,以付款人的营业场所为付款地。②出票地。支票上未记载出票地的,以出票人的营业场所、住所或者经常居住地为出票地。

(3)支票的付款

支票限于见票即付,不得另行记载付款日期。另行记载付款日期的,该记载无效。出票人必须按照签发的支票金额承担保证向该持票人付款的责任。出票人在付款人处的存款足以支付支票金额时,付款人应当当日足额付款。

支票的持票人应当自出票日起十日内提示付款;异地使用的支票,其提示付款的期限由中国人民银行另行规定。超过提示付款期限的,付款人可以不予付款。

付款人不予付款的,出票人仍应当对持票人承担票据责任。付款人依法支付支票金额的,对出票人不再承担受委托付款的责任,对持票人不再承担付款的责任。但是,付款人以恶意或者有重大过失付款的除外。

11. 汇票、本票、支票相关事项的比较

(1)比较票据记载事项

汇票、本票、支票记载事项的比较见表4-2。

表 4-2　　票据记载事项

票据	绝对记载事项		相对记载事项
汇票	付款人名称	(1)表明"X票"的字样;(2)无条件支付的委托(本票为承诺);(3)确定的金额;(4)出票日期;(5)出票人签章;(6)收款人名称。	(1)付款日期;(2)付款地;(3)出票地。
本票	——		(1)付款地;(2)出票地。
支票	付款人名称		

(2)比较提示承兑和提示付款的法定日期

汇票、本票、支票提示承兑和提示付款的法定日期的比较见表4-3。

表 4-3　　　　　　　　　提示承兑和提示付款的法定日期

票据种类		提示承兑	提示付款
银行汇票		无须承兑	自出票日起一个月内
商业汇票	见票后定期付款的汇票	自出票日起一个月内	自到期日起十日内
	定日付款或出票后定期付款的汇票	在汇票到期日前	
银行本票		无须承兑	自出票日起两个月内
支票		无须承兑	自出票日起十日内

任务二　比较其他支付结算

一、汇兑结算

1. 汇兑

汇兑是汇款人委托银行将其款项支付给收款人的结算方式。汇兑便于汇款人向异地的收款人主动付款。按以邮寄还是以电报方式汇款,汇兑分为信汇和电汇两种,适用范围十分广泛。

2. 汇兑结算程序

(1)签发汇兑凭证

汇款人按要求签发汇兑凭证。根据《支付结算办法》的规定,汇款人签发汇兑凭证时,必须记载下列事项:①表明"信汇"或"电汇"的字样;②无条件支付的委托;③确定的金额;④收款人名称;⑤汇款人名称;⑥汇入地点、汇入行名称;⑦汇出地点、汇出行名称;⑧委托日期;⑨汇款人签章。

如果汇款人要求指定单位的收款人领取汇款的,应当在汇兑凭证上注明"留行待取"且注明收款人单位名称,汇款人确定不得转汇的,应在汇兑凭证备注栏注明"不得转汇"字样。

(2)受理审查汇兑凭证

汇出银行受理汇兑凭证,并进行认真审查。汇出银行审查汇兑凭证的内容有:汇兑凭证填写的各项内容是否齐全、正确;汇款人账户内是否有足够支付的余额;汇款人的印章是否与预留银行印鉴相符。

(3)付款

汇入银行接收汇出银行的汇兑凭证之后,应审查汇兑凭证上联行专用章与联行报单印章是否一致,无误后,根据收款人的不同情况进行审查并办理付款手续。

汇入银行应将汇给开立存款账户的收款人的款项直接转入收款人账户,并向其发出收账通知,收账通知是银行将款项收入收款人账户的凭据。未在银行开立存款账户的收款人,凭信、电汇的取款通知或"留行待取"的凭证,向汇入银行支取款项的,必须交验本人的身份证件,在信汇、电汇凭证上注明证件名称、号码及发证机关,并在"收款人盖章"处签章。

3. 汇兑撤销和退汇

(1)汇兑撤销

汇款人汇款尚未从汇出银行汇出,可以向银行申请撤销,但转汇银行不得受理汇款人或者汇出银行对汇款的撤销。

(2)退汇

汇款人对已汇出的款项,可以向汇出银行申请退汇;在汇入银行开立存款账户的收款人,汇款人可以自行与收款人联系退汇;收款人拒绝接受的汇款,汇入银行应当立即办理退汇;向收款人发出取款通知,经过"两个月"无法交付的汇款,汇入银行应主动办理退汇。

二、托收承付结算

1. 托收承付

托收承付又称异地托收承付,是根据购销合同,且合同中约定使用异地托收承付结算的,由收款人发货后委托银行向异地付款人收取款项,由付款人向银行承认付款的结算方式。

(1)托收

托收是指收款人根据购销合同发货后委托银行向付款人收取款项的行为。收款人办理托收,应填制托收凭证,盖章后并附发运证件或其他符合托收承付结算的有关证明和交易单证(包括铁路、航运、公路等运输部门签发的运单、运单副本和邮局包裹回执,所附单证的张数应在托收凭证上注明)送交银行。收款人如需取回发运证件,银行应在托收凭证上加盖"已验发运证件"戳记。

(2)承付

承付是指由付款人向银行承认付款的行为。付款人开户银行收到托收凭证及其附件后,应当及时通知付款人。

结算的款项必须是商品交易以及因商品交易而产生的劳务供应的款项。托收承付结算每笔的金额起点为一万元,新华书店系统每笔结算的金额起点为一千元。

2. 托收承付凭证的格式

根据《支付结算办法》第一百八十九条的规定,当事人签发托收承付凭证时,必须记载下列事项:①表明"托收承付"的字样;②确定的金额;③付款人名称及账号;④收款人名称及账号;⑤付款人开户银行名称;⑥收款人开户银行名称;⑦托收附寄单证张数或册数;⑧合同名称、号码;⑨委托日期;⑩收款人签章。托收承付凭证上欠缺记载上列事项之一的,银行不予受理。

3. 逾期付款处理

付款人在承付期满银行营业终了时,如无足够资金支付,其不足部分,即为逾期未付款项,按逾期付款处理。付款人开户银行对付款人逾期支付的款项,应当根据逾期付款金额和逾期天数,按每天千分之五计算逾期付款赔偿金。赔偿金实行定期扣付,每月计算一次,于次月三日内单独划给收款人。

4. 拒绝付款处理

托收承付拒绝付款处理情形:没有签订购销合同或未订明托收承付结算方式的购销合同款项;未经双方事先达成协议,收款人提前交货或因逾期交货,付款人不需要该项货物的款项;未按合同规定的到货地址发货的款项;代销、寄销、赊销商品的款项;验单付款,发现所列货物的品种、规格、数量、价格与合同规定不符,或货物已到,经查验货物与合同规定或发货清单不符的款项;验货付款,经查验货物与合同规定或发货清单不符的款项;货款已经支付或计算有错误的款项。

三、委托收款结算

1. 委托收款

委托收款是收款人委托银行向付款人收取款项的结算方式。委托收款便于收款人主动收款,分为邮寄和电报划回两种,无论是同城还是异地都可使用,既适用于在银行开立账户的单位和个体经济户各种款项的结算,也适用于水电、邮递、电话等劳务款项的结算,单位和个人凭已承兑的商业汇票、债券、存单等付款人债务证明办理款项的结算,均可以使用委托收款结算方式。

(1)委托

委托是收款人向银行提交委托收款凭证和有关债务证明,例如水电费单、电话费单、已承兑的商业汇票、债券、存单等,并办理委托收款手续的行为。

(2)付款

付款是银行在接到寄来的委托收款凭证及债务证明,并经审查无误之后向收款人办理付款的行为。

2. 委托收款凭证的格式

根据《支付结算办法》第二百零二条的规定,当事人签发委托收款凭证时必须记载下列事项:①表明"委托收款"的字样;②确定的金额;③付款人名称;④收款人名称;⑤委托收款凭据名称及附寄单证张数;⑥委托日期;⑦收款人签章。

凡欠缺上列记载事项之一的,银行不予受理。

如果委托收款以银行以外的单位为付款人的,委托收款凭证必须记载付款人开户银行名称;以银行以外的单位或在银行开立存款账户的个人为收款人的,委托收款凭证必须记载收款人开户银行名称;以未在银行开立存款账户的个人为收款人的,委托收款凭证必须记载被委托银行名称。

欠缺上述记载的,银行不予受理。

四、银行卡支付

1. 银行卡

银行卡是由商业银行(含邮政金融机构,下同)向社会发行的具有消费信用、转账结算、存取现金等全部或部分功能的信用支付工具。银行卡分为信用卡和借记卡。

(1)信用卡

信用卡中发卡银行给予持卡人一定的信用额度,持卡人可在信用额度内先消费、后还款的为贷记卡。持卡人须先交存一定金额的备用金,当备用金账户余额不足支付时,可在发卡银行规定的信用额度内透支的为准贷记卡。

(2)借记卡

借记卡中具有转账结算、存取现金和消费功能的为转账卡;具有专门用途、在特定区域使用,具有转账结算、存取现金功能的为专用卡;发卡银行根据持卡人要求将其资金转至卡内储存,交易时直接从卡内扣款的为储值卡。

2. 银行卡的申领与使用

(1)单位卡申领与使用

单位卡的申领,要求申领单位必须在中国境内金融机构开立基本存款账户,凭中国人民银行核发的开户许可证申领单位卡,按规定填制申请表,连同有关资料一并送交发卡银行。按银行要求交存一定金额的备用金以后,银行为申领人开立银行卡存款账户,发给银行卡。

单位卡可以申领若干张,持卡人的资格由申领单位法定代表人或其委托的代理人书面指定和注销。单位卡有单位人民币卡和单位外币卡之分,单位申领单位外币卡以及使用单位外币卡应当遵守国家有关外汇管理的规定。

(2)个人卡申领与使用

个人卡的申领,凡具有完全民事行为能力的公民可申领个人卡,个人申领银行卡(储值卡除外),应当向发卡银行提供公安部门规定的本人有效身份证件,经发卡银行审查合格后,为其开立记名账户。

申领人符合条件并按银行要求交存一定金额的备用金之后,银行为申领人开立银行卡存款账户,并发给银行卡。个人卡账户的资金以其持有的现金存入或以其工资性款项、属于个人的劳务报酬、投资回报等收入转账存入。

严禁将单位的款项存入个人卡账户。

3. 银行卡的计息和收费标准

(1)银行卡的计息标准

银行卡的计息包括计收利息和计付利息。①发卡银行对准贷记卡及借记卡(不含储值卡)账户内的存款,按照中国人民银行规定的同期同档次存款利率及计息办法计付利息。②发卡银行对贷记卡账户的存款、储值卡(含 IC 卡的电子钱包)内的币值不计付利息。

贷记卡持卡人非现金交易享受如下优惠条件:

①免息还款期待遇。银行记账日至发卡银行规定的到期还款日之间为免息还款期。免息还款期最长为六十日。持卡人在到期还款日前偿还所使用全部银行款项即可享受免息还款期待遇,无须支付非现金交易的利息。

②最低还款额待遇。持卡人在到期还款日前偿还所使用全部银行款项有困难的,可按照发卡银行规定的最低还款额还款。

(2)银行卡的收费标准

商业银行办理银行卡收单业务应当按下列标准向商户收取结算手续费:①宾馆、餐饮、娱乐、旅游等行业不得低于交易金额的2%;②其他行业不得低于交易金额的1%。

跨行交易收费及分配问题,中国人民银行发布了《中国银联入网机构银行卡跨行交易收益分配办法》规定:

ATM跨行交易手续费。①ATM跨行交易分为取款和查询两种交易,交易手续费分配涉及发卡银行(简称发卡行)、提供机具和代理业务的代理银行(简称代理行)以及提供跨行信息转接的中国银联(简称银联)。②ATM跨行取款交易收益分配采用固定代理行手续费和银联网络服务费方式。持卡人在他行ATM机上成功办理取款时,无论同城或异地,发卡行均按每笔三元的标准向代理行支付代理费,同时按每笔0.6元的标准向银联支付网络服务费。③暂不规定ATM跨行查询收费。

POS跨行交易商户结算手续费。POS跨行交易的商户结算手续费收益分配,采用固定发卡行收益和银联网络服务费方式,即对于每笔商户结算的手续费,发卡行获得的固定收益和银联收取的网络服务费执行如下标准:

①对宾馆、餐饮、娱乐、珠宝金饰、工艺美术品类的商户,发卡行的固定收益为交易金额的1.4%,银联网络服务费标准为交易金额的0.2%。

②对一般类型的商户,发卡行的固定收益为交易金额的0.7%,银联网络服务费的标准为交易金额的0.1%。

③对于以下几类特殊行业或商户,现阶段可通过降低发卡行收益比例和银联网络服务费标准的方式予以适当优惠。

第一,对房地产、汽车销售类商户,发卡行固定收益及银联网络服务费比照一般类型商户的办法和标准收取,但发卡行收益每笔最高不超过40元,银联网络服务费最高不超过5元;对批发类的商户,发卡行固定收益及银联网络服务费比照一般类型商户的办法和标准收取,但发卡行收益每笔最高不超过16元,银联网络服务费最高不超过2元。

第二,对航空售票、加油、超市等类型的商户,发卡行固定收益及银联网络服务费比照一般类型商户减半收取,即发卡行的固定收益为交易金额的0.35%,银联网络服务费标准为交易金额的0.05%。

第三,对公立医院和公立学校,发卡行和银联暂不参与收益分配。

根据《银行卡业务管理办法》第二十七条之规定,商业银行代理境外银行卡收单业务应当向商户收取结算手续费,其手续费标准不得低于交易金额的4%。境内银行与境外机构签订信用卡代理收单协议,其分配比率按境内银行与境外机构分别占商户所交手续费的37.5%和62.5%执行。

五、电子支付

1. 电子支付及特点

电子支付的基本形态是电子数据,它以金融电子化网络为基础,通过计算机网络系统以及通信信息系统等以传输电子信息的方式实现支付功能。电子支付可以方便地实现现金存取、汇兑、直接消费和贷款等功能,具有以下特点:

电子支付通过电子数字化形态进行款项支付,无须通过现金的流转、票据的转让及银行的汇兑等物理实体形态完成款项支付,是一个开放性的系统平台,使用的是先进的网络和通信等手段,优于邮寄与电报的通信媒介,具有不受时空限制的功能,更方便、快捷、高效与经济。

2. 电子支付的当事人

在电子支付关系中,银行仍然起着支付结算和资金清算中介机构的作用。一般而言,接受客户委托发出电子支付指令的发起银行称作"发起行";电子支付指令接收人的开户银行或接收人未在银行开立账户而电子支付指令确定的资金汇入银行称为"接收行"。如果银行自身提供了电子支付的网络环境,一般就不涉及提供该项服务的经营商,否则,银行只有与提供电子支付网络环境的经营商合作,才能完成电子支付行为。

3. 电子支付指令的发起和接收

(1)电子支付指令的发起

这是客户根据需要就货币支付和资金转移通过电子终端,根据其与发起行签订的协议,发出电子支付指令。

(2)电子支付指令的确认

在客户发出电子支付指令前,发起行应建立必要的安全程序,在提示客户对指令的准确性和完整性进行确认的前提下,对客户身份和电子支付指令再次进行确认,并应能够向客户提供纸质或电子交易回单,同时形成日志文件等记录,保存至交易后五年。

(3)电子支付指令的执行

发起行在确认客户电子支付指令完整和准确后,通过安全程序执行电子支付指令。发起行执行该指令后,客户不得要求变更或撤销电子支付指令。

(4)电子支付指令的接收

接收行收到电子支付指令后,应当按照协议规定,及时回复确认。

根据《电子支付指引(第一号)》的有关规定,在电子支付指令的发起和接收过程中,发起行和接收行应确保电子支付指令传递的可跟踪稽核和不可篡改。如果电子支付指令需转换为纸质支付凭证的,其纸质支付凭证必须记载以下事项:付款人开户行名称和签章;付款人名称、账号;接收行名称;收款人名称、账号;大写金额和小写金额;发起日期和交易序列号。

电子支付业务常会出现差错,一旦发现差错,应当遵守据实、准确和及时的原则进行处理,包括差错的记录管理、差错的补救、差错的责任承担。

任务三 学习银行结算账户管理

一、银行结算账户

银行结算账户是银行为存款人开立的办理资金收付结算的人民币活期存款账户。这里的存款人是指在中国境内开立银行结算账户的机关、团体、部队、企业、事业单位、其他组织、个体工商户和自然人。银行是指在中国境内经中国人民银行批准可经营人民币支付结算业务的银行业金融机构。

存款人可以自主选择银行开立账户,但只能开立一个基本存款账户。除基本存款账户外,存款人还可根据用途不同,开立一般存款账户、专用存款账户、临时存款账户、个人存款账户。

二、银行结算账户的用途

《账户管理办法》对不同种类的银行结算账户的用途进行了界定,以下分别予以说明。

(1)基本存款账户

基本存款账户存款人的主办账户。该账户主要办理存款人日常经营活动的资金收付及其工资、奖金和现金的支取。

(2)一般存款账户

一般存款账户是用于办理存款人借款转存、借款归还和其他结算的资金收付。该账户可以办理现金缴存,但不得办理现金支取。

(3)专用存款账户

专用存款账户用于办理各项专用资金的收付。针对不同的专用资金,《账户管理办法》规定了不同的使用范围:

①单位银行卡账户的资金必须由其基本存款账户转账存入。该账户不得办理现金收付业务。

②财政预算外资金、证券交易结算资金、期货交易保证金和信托基金专用存款账户,不得支取现金。

③基本建设资金、更新改造资金、政策性房地产开发资金、金融机构存放同业资金账户需要支取现金的,应在开户时报中国人民银行当地分支行批准。中国人民银行当地分支行应根据国家现金管理的规定审查批准。

④粮、棉、油收购资金,社会保障基金,住房基金和党、团、工会经费等专用存款账户支取现金应按照国家现金管理的规定办理。

⑤收入汇缴账户除向其基本存款账户或预算外资金财政专用存款户划缴款项外,只收不付,不得支取现金。业务支出账户除从其基本存款账户拨入款项外,只付不收,其现金支取必须按照国家现金管理的规定办理。

(4)临时存款账户

临时存款账户用于办理临时机构以及存款人临时经营活动发生的资金收付。

(5)个人银行结算账户

个人银行结算账户用于办理个人转账收付和现金存取。个人银行结算账户具有活期储蓄,普通转账结算,通过个人银行结算账户使用支票、信用卡等信用支付工具三项功能。

根据《账户管理办法》的规定,可以转入个人银行结算账户的有:工资、奖金收入;稿费、演出费等劳务收入;债券、期货、信托等投资的本金和收益;个人债权或产权转让收益;个人贷款转存;证券交易结算资金和期货交易保证金;继承、赠与款项;保险理赔、保费退还等款项;纳税退还;农、副、矿产品销售收入;其他合法款项。

三、存款人的管理

1. 预留签单管理

存款人应加强对预留银行签章的管理。单位遗失预留公章或财务专用章的,应向开户银行出具书面申请、开户许可证、营业执照等相关证明文件;更换预留公章或财务专用章时,应向开户银行出具书面申请、原预留签章的式样等相关证明文件。

2. 法律责任

存款人在使用银行结算账户的过程中,有下列行为之一的,对于非经营性的存款人,给予警告并处以一千元罚款,对于经营性的存款人,给予警告并处以五千元以上三万元以下罚款:①违反规定将单位款项转入个人银行结算账户;②违反规定支取现金;③利用开立银行结算账户逃避银行债务;④出租、出借银行结算账户;⑤从基本存款账户之外的银行结算账户转账存入或现金存入单位信用卡账户。

存款人的法定代表人或主要负责人、存款人地址以及其他开户资料的变更事项未在规定期限内通知银行的,给予警告并处以一千元的罚款。

存款人违反规定,伪造、变造、私自印制开户登记证的,属非经营性的处以一千元罚款;属经营性的处以一万元以上三万元以下罚款;构成犯罪的,移交司法机关依法追究刑事责任。

你知道吗？

1. 我国支付方式有哪几种?
2. 每一种支付方式的特点有哪些?
3. 如何正确行使票据权利?

试一试

1. 票据法上的票据具有的特点是:
   A. 流通证券　　　　　　　　B. 无因证券
   C. 文义证券　　　　　　　　D. 设权证券
2. 我国票据法上规定的票据包括:
   A. 银行汇票　　　　　　　　B. 商业汇票
   C. 本票　　　　　　　　　　D. 支票
3. 票据行为包括:
   A. 出票　　　　　　　　　　B. 背书
   C. 承兑　　　　　　　　　　D. 付款
4. 票据权利是持票人向票据债务人请求支付一定金额的权利,包括:
   A. 票据权利的取得　　　　　B. 付款请求权
   C. 票据的保全　　　　　　　D. 追索权

5. 以下票据的持票人应当自出票日起一个月内向付款人提示付款：

A. 商业汇票 B. 银行汇票

C. 本票 D. 支票

6. 持票人对票据的出票人和承兑人的权利的消灭时效是：

A. 自出票日起二年内 B. 自票据到期日起二年内

C. 自出票日起六个月内 D. 自到期日起十日内

7. 对物的抗辩包括：

A. 票据未记载出票时间

B. 票据到期日未到

C. 支票未记载收款人

D. 定日付款的汇票未在承兑期限内提示承兑

8. 汇票持票人行使追索权应当具备以下条件：

A. 取得拒绝证明 B. 通知出票人

C. 在三日内通知其前手 D. 向银行提出保全

9. 可以方便地实现现金存取、汇兑、直接消费和贷款等功能的支付方式是：

A. 汇兑 B. 托收承付

C. 银行卡 D. 电子支付

10. 机关、团体、企事业单位、其他组织、个体工商户和自然人只能开立一个基本存款账户，此外，还可开立：

A. 一般存款账户 B. 专用存款账户

C. 临时存款账户 D. 个人存款账户

延伸阅读十一 ▶▶▶

你知道中国发行的'数字货币'吗？

项目十二　企业市场竞争行为

学习目标

1. 掌握产品质量责任的界定
2. 体会消费者权益中的企业责任
3. 掌握企业正当竞争行为

学习情境

你知道朗科核心专利对它的影响吗？

深圳朗科科技股份有限公司（以下简称朗科科技）的闪盘在市场上曾名声大噪，是源于拥有"用于数据处理系统的快闪电子式外存储方法及其装置"发明专利。该专利是朗科科技公司的创始人邓国顺和成晓华于1999年申请的，发明专利号：ZL99117225.6，该专利无偿转让给了朗科科技，于2002年7月24日获得专利局授权，2004年12月在美国获得权利范围相同的发明专利授权。

朗科科技在这项快闪存储方法的发明专利问世后的三年间，年生产的闪存盘销售额曾达到2.5亿元人民币，可以说朗科科技凭借闪存方法一项技术收获颇丰，但专利制度激励创新的同时又保护技术的进步和知识的更新，所以，专利的保护期限最长二十年，朗科科技的发明专利到2019年进入社会公用领域。

由于朗科科技闪存盘的良好市场表现，SanDisk金士顿等国外巨头企业也加入竞争行列，朗科科技生产的闪存盘市场销售受到专利侵权行为的冲击。2002年9月起朗科科技在全球范围启动实施专利维权战略，以专利诉讼、协商谈判等手段向所有技术使用者收取专利许可费，并以此成为公司主要收入，闪存产品直接退出生产市场。朗科科技2017年内部财务决算报告显示，专利运营业务实现专利授权许可收入人民币40 446 992.53元，较2016年同期上升86.07%。

朗科科技一闪独占技术鳌头，赢得了市场，但其盈利模式受专利权保护期限的限制，朗科科技于2019年11月14日发布《关于公司核心基础发明专利权到期的提示性公告》，表示公司的专利运营业务对闪存发明专利形成重大依赖。专利到期进入公有领域后，朗科科技失去主要的收入来源。

随着云存储、移动互联的大量出现，传统移动存储被加速取代。目前，朗科科技的市场风险管理采取以核心专利为基础，以全球范围内围绕移动存储领域布局的众多专利的"专利池"为维权重点,并引进第三方优质专利、专利申请或者技术构思,优化"专利池"结构,以延伸知识产权实施红利;并将传统的专利授权模式改变为产品端的商业合作,以减少对专利的依赖。

资料来源:肖延高,范晓波,万晓丽,翁治林,等.知识产权管理:理论与实践(第二版)

任务一 明确产品质量责任

产品是市场流转的主要商品,产品质量直接影响经营者和消费者的利益,也是市场管理的核心。在生产、流通、交换、消费领域中的产品质量,经营者对消费者负有无过错担保责任。

一、产品与缺陷

1. 产品

《产品质量法》所说的产品是指经过加工、制作过程用于销售的物品,以下不属于《产品质量法》规范的产品。

(1)建设工程产品属于不动产,适用《建筑法》和《建筑工程法条例》,不适用《产品质量法》规定。但是,建设工程使用的建筑材料、建筑配件和设备,适用《产品质量法》的规定。

(2)军工产品质量由中央军委、国务院另行规定。

(3)因核设施、核产品造成损害的赔偿责任,法律、行政法规另有规定的,依照其规定。

2. 产品缺陷

产品缺陷是产品存在危及人身、财产安全的不合理的危险,不符合关于产品应当保障人体健康和人身、财产安全的国家标准和行业标准。

二、产品质量监督

1. 监督主体

(1)国务院市场监督管理部门主管全国产品质量监督工作,国务院有关部门在各自的职责范围内负责产品质量监督管理工作。

(2)县级以上地方市场监督管理部门主管本行政区域内的产品质量监督工作,县级以上地方人民政府有关部门在各自的职责范围内负责产品质量监督工作。

(3)法律对产品质量监督部门另有规定的,依照有关法律的规定执行。

2. 产品质量标准化

根据我国《标准化法》的规定,产品质量标准有国家标准、行业标准、地方标准和企业标准。

3. 企业质量体系认证

企业根据自愿原则向国务院市场监督管理部门或者国务院市场监督管理部门授权的部门认可的认证机构申请企业质量体系认证。

4. 产品质量认证

产品质量认证是指依据具有国际水平的产品标准和技术要求,经过机构确认并通过颁发认证证书和产品质量认证标志的形式,证明产品符合相应标准和技术要求的活动。申请产品质量认证的企业,其企业质量体系应符合国家质量管理和质量保证系列标准和要求。

5. 产品质量检查

国家对产品质量实行以抽查为主要方式的监督检查制度,具有强制性。

6. 生产许可证

对影响国计民生、危及人体健康和危及人身、财产安全的重要产品实施生产许可证制度。目前有87大类产品必须获得生产许可证方可生产。

对涉及人类健康和安全、动植物生命和健康以及环境保护和公共安全的产品实行强制性认证制度。列入《中华人民共和国实施强制性产品认证的产品目录》的产品,必须经国家指定的认证机构认证合格,取得认证证书,并加上认证标志后,方可出厂销售、出口和在经营性活动中使用。认证标志名称为中国强制认证即3C认证。

7. 召回

产品的生产商、销售商或进口商在其生产、销售或进口的产品存在危及消费者人身、财产安全的缺陷时,依法将该产品从市场上收回,并免费对其进行修理或更换的制度,称为"产品召回制度"。

三、产品质量责任和义务

1. 生产者负有保证责任

生产者对其生产的商品在下列方面负有保证责任,应当符合以下要求:

(1)不存在危及人身、财产安全的不合理的危险,有保障人体健康和人身、财产安全的国家标准、行业标准的,应当符合该标准;

(2)具备产品应当具备的使用性能,但是,对产品存在使用性能的瑕疵做出说明的除外;

(3)符合产品或者其包装上注明的采用的产品标准,符合以产品说明、实物样品等方式表明的质量状况。

2. 销售者对产品质量所负有的持续责任

(1)进货检查验收

销售者应当建立并执行进货检查验收制度,验明产品合格证明和其他标识。销售者不得更改产品标识,以保证产品标识的真实性。

(2)保证产品质量的义务

销售者应当采取措施,保证销售产品的质量,防止产品变质、腐烂,防止产品丧失或不降低使用性能等。

3. 标识的法定义务

生产者与销售者要共同保证产品或者其包装上的标识真实、明确、合法，应符合下列要求：

(1) 有产品质量检验合格证明。

(2) 有中文标明的产品名称、生产厂厂名和厂址。

(3) 根据产品的特点和使用要求，需要标明产品规格、等级、所含主要成分的名称和含量的，用中文相应予以标明；需要事先让消费者知晓的，应当在外包装上标明，或者预先向消费者提供有关资料。

(4) 限期使用的产品，应当在显著位置清晰地标明生产日期和安全使用期或者失效日期。

(5) 使用不当，容易造成产品本身损坏或者可能危及人身、财产安全的产品，应当有警示标志或者中文警示说明。

裸装的食品和其他根据产品的特点难以附加标识的裸装产品，可以不附加产品标识。

(6) 易碎、易燃、易爆、有毒、有腐蚀性、有放射性等危险物品以及储运中不能倒置和其他有特殊要求的产品，其包装质量必须符合相应要求，应依照国家有关规定做出警示标志或者中文警示说明，标明储运注意事项。

4. 法律禁止的行为

生产者与销售者不得从事法律禁止的事项包括：

(1) 不得生产、销售国家明令淘汰的产品和失效、变质的产品。

(2) 不得伪造产地，不得伪造或者冒用他人的厂名、厂址。

(3) 不得伪造或者冒用认证标志等质量标志。

(4) 生产产品，不得掺杂、掺假，不得以假充真、以次充好，不得以不合格产品冒充合格产品。

四、违反产品质量法的责任

生产者、销售者以及其他对产品质量负有责任的人承担的产品质量责任主要包括：民事责任、行政责任和刑事责任。

1. 瑕疵产品违约责任

瑕疵产品违约责任是指因生产、销售的产品存在瑕疵，即产品质量不符合明示或默示的质量要求，生产者或销售者应当按合同的约定承担违约责任。

销售者承担修理、更换、退货、赔偿损失后，属于生产者的责任或者属于向销售者提供产品的其他销售者的责任的，销售者有权向生产者、其他销售者追偿。

诉讼时效为从产品生产之日起一年以内。

2. 缺陷产品侵权责任

缺陷产品侵权责任是生产者对产品质量承担保证责任，缺陷产品造成他人人身、财产损害结果的，生产者承担无过错责任。销售者承担过错或过错推定责任。

《产品质量法》规定,生产者能够证明下列情形之一的,不承担赔偿责任:(1)未将产品投入流通的;(2)产品投入流通时的科学技术水平尚不能发现缺陷存在的;(3)产品投入流通时,引起损害的缺陷尚不存在的。

因产品存在缺陷造成损害要求赔偿的诉讼时效期为二年,自当事人知道或者应当知道其权益受到损害时起计算。因产品存在缺陷造成损害要求赔偿的请求权,在造成损害的缺陷产品交付最初消费者满十年丧失;但是,尚未超过明示的安全使用期的除外。

3. 行政责任与刑事责任

违反产品质量法承担行政责任的方式有:责令停止生产、责令停止销售、没收违法所得、罚款、吊销营业执照等。

生产者、销售者、产品质量检验机构、认证机构、产品质量监督部门或者其他国家机关及工作人员均可能依法承担相应的行政责任,触及刑法的,也依法承担刑事责任。

任务二 保护消费者权益

消费是市场运行的原动力,但是消费者在市场中与生产者和经营者相比是弱者,保障消费者的合法权益是维持市场秩序的基本前提。

一、消费者权益

1. 消费者的概念

从消费目的看,消费包括生产消费和生活消费。我国《消费者权益保护法》中所指的"消费者"是法律意义上的消费者,是为满足个人或家庭生活消费的需要而购买、使用商品或者接受服务的个人。法人等社会经济组织不属于这个法律意义上的消费者。

2. 消费者权益保护

消费者为生活消费需要而购买、使用商品或接受服务,其权益受《消费者保护法》的保护;农民购买、使用直接用于农业生产的各种生产资料的生产性消费活动,受《消费者权益保护法》保护;经营者为消费者提供生产、销售的商品或服务,其行为受《消费者权益保护法》的保护。

3. 消费者的权利

(1)安全保障权

消费者在购买、使用商品和接受服务时享有人身、财产安全不受损害的权利。消费者有权要求经营者提供的商品和服务,符合保障人身、财产安全的要求。

(2)知悉真情权

消费者享有知悉其购买、使用的商品或者接受的服务的真实情况的权利。消费者有权根据商品或者服务的不同情况,要求经营者提供商品的价格、产地、生产者、用途、性能、规格、等级、主要成分、生产日期、有效期限、检验合格证明、使用方法说明书、售后服务,或者服务的内容、规格、费用等有关情况。

(3)自主选择权

消费者享有自主选择商品或者服务的权利。消费者有权自主选择提供商品或者服务的经营者,自主选择商品品种或者服务方式,自主决定购买或者不购买任何一种商品、接受或者不接受任何一项服务。消费者在自主选择商品或者服务时,有权进行比较、鉴别和挑选。

(4)公平交易权

消费者在购买商品或者接受服务时,有权获得质量保障、价格合理、计量正确等公平交易条件,有权拒绝经营者的强制交易行为。

(5)求偿权

消费者因购买、使用商品或者接受服务而受到人身、财产损害的,享有依法获得赔偿的权利。

(6)结社权

消费者享有依法成立维护自身合法权益的社会团体的权利。

(7)获得知识权

消费者享有获得有关消费和消费者权益保护方面的知识的权利。消费者应当努力掌握所需商品或者服务的知识和使用技能,正确使用商品,提高自我保护意识。

(8)人格尊严和民俗习惯受尊重权

消费者在购买、使用商品和接受服务时,享有其人格尊严、民族风俗习惯得到尊重的权利。

(9)批评监督权

消费者享有对商品和服务以及消费者权益的保护工作进行监督的权利。消费者有权检举、控告侵害消费者权益的行为和国家机关及其工作人员在保护消费者权益工作中的违法失职行为,有权对保护消费者权益的工作提出批评、建议。

二、经营者义务

1. 履行法定的与约定的义务

经营者向消费者提供商品或服务,应当依照《中华人民共和国产品质量法》和其他有关法律、法规的规定履行义务。

经营者和消费者有约定的,应当按照约定履行义务,但双方的约定不得违背法律、法规的规定。

2. 听取意见和接受监督的义务

经营者应当听取消费者为其提供的商品或者服务的意见,接受消费者的监督。

3. 保证商品和服务安全的义务

经营者应当保证其提供的商品或者服务符合保障人身、财产安全的要求。对可能危及人身、财产安全的商品和服务,应当向消费者做出真实的说明和明确的警示,并说明和标明正确使用商品或者接受服务的方法,以及防止危害发生的方法。

经营者发现其提供的商品或者服务存在严重缺陷,即使正确使用商品或者接受服务仍然可能对人身、财产安全造成危害的,应当立即向有关行政部门报告并告知消费者,并采取防止危害发生的措施。

4. 提供真实信息的义务

经营者应当向消费者提供有关商品或者服务的真实信息,不得做出引人误解的虚假宣传。

经营者对消费者就其提供的商品或者服务的质量和使用方法等问题提出的询问,应当做出真实、明确的答复。商店提供商品应当明码标价。经营者应当标明其真实名称和标识。租赁他人柜台或者场地的经营者,也应当标明其真实名称和标识。

5. 出具凭证和单据的义务

经营者提供商品或者服务,应当按照国家有关规定或者商业惯例向消费者出具购货凭证或者服务单据。消费者索要购货凭证或者服务单据的,经营者必须出具。

6. 保证质量的义务

经营者应当保证其提供的商品或者服务在正常使用商品或者接受服务的情况下,应当具有的质量、性能、用途和有效期限。但消费者在购买该商品或者接受该服务前已经知道其存在瑕疵的除外。

经营者以广告、产品说明、实物样品或者其他方式表明商品或者服务的质量状况的,应当保证其提供的商品或者服务的实际质量与表明的质量状况相符。

7. 公平交易的义务

经营者提供商品或者服务,按照国家规定或者与消费者的约定,承担包修、包换、包退或者其他责任的,应当按照国家规定或者约定履行,不得故意拖延或者无理拒绝。

经营者不得以格式合同、通知、声明、店堂告示等方式做出对消费者不公平、不合理的规定,或者减轻、免除其损害消费者合法权益而应当承担的民事责任。

格式合同、通知、声明、店堂告示等含有上述所列内容的,其内容无效。

8. 尊重人身自由的义务

经营者不得对消费者进行侮辱、诽谤,不得搜查消费者的身体及其携带的物品,不得侵犯消费者的人身自由。

三、国家对消费者合法权益的保护

目前国家保护消费者合法权益的方式有三种:立法保护、行政保护和司法保护。

《消费者权益保护法》与《产品质量法》《反不正当竞争法》以及其他民事法律制度一并成为我国保护消费者权益的法律制度。此外,各级人民政府、工商行政管理部门及其他有关部门有责任在职权范围内保护消费者的合法权益。国家公安机关、检察机关和审判机关负有司法保护的责任。

因商品、服务质量或其他原因造成消费者人身、财产损失而引发的纠纷,消费者可以选择五种方式解决:与经营者协商和解、请求消费者协会调解、向有关行政部门申诉、申请仲裁和向人民法院起诉。

任务三　规制竞争行为

经营者是市场行为的主导,生产经营行为是直接影响市场秩序的关键因素,规范经营者的正当竞争行为、禁止不正当竞争行为和制止垄断行为是促进社会主义市场经济健康发展,鼓励和保护公平竞争,保护经营者和消费者合法权益的手段和途径。

一、竞争行为

1. 竞争行为

市场经济的竞争是两个或两个以上企业在特定的市场上通过提供同类或类似的商品或劳务,为争夺市场地位或顾客而做的较量,并产生优胜劣汰的结果。这种竞争具有强制性、排他性、风险性、严酷性和平衡性。

2. 不正当竞争

广义的不正当竞争是指经营者实施的不正当竞争行为和政府及其所属部门进行的行政性垄断行为与限制行为。

狭义的不正当竞争是指经营者在生产经营活动中违反《反不正当竞争法》规定,扰乱市场竞争秩序,损害其他经营者或者消费者的合法权益的行为。

二、不正当竞争行为

不正当竞争行为是经营者违背自愿、平等、公平、诚信的原则和公认的商业道德,违反法律从事生产经营活动,法律明确规定了七种不正当竞争行为。

1. 市场混淆行为

经营者不得实施下列混淆行为,引人误认为是他人商品或者与他人存在特定联系:①擅自使用他人有一定影响的商品名称、包装、装潢等相同或者近似的标识;②擅自使用他人有一定影响的企业名称(包括简称、字号等)、社会组织名称(包括简称等)、姓名(包括笔名、艺名、译名等);③擅自使用他人有一定影响的域名主体部分、网站名称、网页等;④其他足以引人误认为是他人商品或者与他人存在特定联系的混淆行为。

2. 商业贿赂行为

经营者不得采用财物或者其他手段贿赂下列单位或者个人,以谋取交易机会或者竞争优势:①交易相对方的工作人员;②受交易相对方委托办理相关事务的单位或者个人;③利用职权或者影响力影响交易的单位或者个人。

经营者在交易活动中,可以以明示方式向交易相对方支付折扣,或者向中间人支付佣金。经营者向交易相对方支付折扣、向中间人支付佣金的,应当如实入账。接受折扣、佣金的经营者也应当如实入账。

经营者的工作人员进行贿赂的,应当认定为经营者的行为;但是,经营者有证据证明该工作人员的行为与为经营者谋取交易机会或者竞争优势无关的除外。

3. 虚假宣传行为

经营者不得对其商品的性能、功能、质量、销售状况、用户评价、曾获荣誉等作虚假或者引人误解的商业宣传，欺骗、误导消费者。

经营者不得通过组织虚假交易等方式，帮助其他经营者进行虚假或者引人误解的商业宣传。

4. 侵犯商业秘密行为

商业秘密，是指不为公众所知悉、具有商业价值并经权利人采取相应保密措施的技术信息和经营信息。

经营者不得采用下列手段侵犯商业秘密：①以盗窃、贿赂、欺诈、胁迫或者其他不正当手段获取权利人的商业秘密；②披露、使用或者允许他人使用以前项手段获取权利人的商业秘密；③违反保密义务或者违反权利人有关保守商业秘密的要求，披露、使用或者允许他人使用其所掌握的商业秘密。

第三人明知或者应知商业秘密权利人的员工、前员工或者其他单位、个人实施前款所列违法行为，仍披露、使用或者允许他人使用该商业秘密的，视为侵犯商业秘密。

5. 不当有奖销售行为

经营者进行有奖销售不得存在下列情形：①所设奖的种类、兑奖条件、奖金金额或者奖品等有奖销售信息不明确，影响兑奖；②采用谎称有奖或者故意让内定人员中奖的欺骗方式进行有奖销售；③抽奖式的有奖销售，最高奖的金额超过五万元。

6. 诋毁商誉行为

经营者不得编造、传播虚假信息或者误导性信息，损害竞争对手的商业信誉、商品声誉。

7. 恶意网络竞争行为

经营者利用网络从事生产经营活动，应当遵守《反不正当竞争法》的各项规定。

经营者不得利用技术手段，通过影响用户选择或者其他方式，实施下列妨碍、破坏其他经营者合法提供的网络产品或者服务正常运行的行为：①未经其他经营者同意，在其合法提供的网络产品或者服务中，插入链接、强制进行目标跳转；②误导、欺骗、强迫用户修改、关闭、卸载其他经营者合法提供的网络产品或者服务；③恶意对其他经营者合法提供的网络产品或者服务实施不兼容；④其他妨碍、破坏其他经营者合法提供的网络产品或者服务正常运行的行为。

三、垄断行为

1. 垄断

垄断是指少数企业凭借雄厚的经济实力对生产和市场进行排他性的控制，并在一定的市场领域内在实质上限制竞争公平交易，以谋取高额垄断利润。

2. 垄断行为

垄断行为是指企业为了限制竞争，对交易对方安排种种不合理的交易条件或索取高

额价格,在市场产品开发、定价、渠道安排、促销以及企业的横向、纵向或混合的扩张行为。以下四种行为为垄断行为:

(1)经营者达成垄断协议;

(2)经营者滥用市场支配地位;

(3)经营者集中;

(4)其他垄断经营行为。

四、不正当竞争行为及垄断行为的法律责任

1. 经营者民事责任

经营者的行为造成被侵害的经营者损害的,应按被侵权所受到的实际损失承担损害赔偿责任。若被侵害的实际损失难以计算,则侵权人应支付的赔偿额等于其在侵权期间因侵权所获得的利益及经营者因制止侵权行为所支付的合理开支。

市场混淆行为、侵犯商业秘密行业,权利人因被侵权所受到的实际损失、侵权人因侵权所获得的利益难以确定的,由人民法院根据侵权行为的情节判决给予权利人规定的赔偿。

2. 行政责任与刑事责任

商业贿赂、虚假宣传、侵犯商业秘密、不当有奖销售、恶意网络竞争、抗拒检查等行为,经营者将根据违法行为的情节受到监督检查部门相应的行政处罚。构成犯罪的,依法追究刑事责任。

经营者违反法律规定实施不正当竞争行为,受到行政处罚的,由监督检查部门记入信用记录,并依照有关法律、行政法规的规定予以公示。

经营者应当承担民事责任、行政责任和刑事责任,其财产不足以支付的,优先用于承担民事责任。

监督检查部门的工作人员滥用职权、玩忽职守、徇私舞弊或者泄露调查过程中知悉的商业秘密的,依法给予处分。

> **你知道吗?**
> 1. 产品生产者有哪些法定义务?
> 2. 消费者享有哪些权利?
> 3. 企业间哪些竞争行为是不正当的?

试一试

1.《产品质量法》中所述的"产品"包括:
A. 经过加工、制作,用于销售的物品   B. 建筑房屋
C. 建设工程使用的建筑材料、建筑构配件   D. 军工产品

2. 我国现有的产品质量监督体系包括:
A. 产品质量检查   B. 产品质量认证
C. 生产许可证   D. 召回

3. 生产者对产品负有的保证责任包括：
A. 产品不存在危及人身、财产安全的不合理的危险
B. 产品应当符合国家标准
C. 具备产品应当具备的使用性能
D. 符合以产品说明、实物样品等方式表明的质量状况

4. 依据《产品质量法》规定，属于不合格产品的是：
A. 以次充好的产品
B. 没有产品合格证的产品
C. 没有生产日期的产品
D. 在境内销售没有中文标识的进口产品

5. 受《消费者权益保护法》保护的行为是：
A. 小张从银行取款时被抢要求银行赔偿
B. 小张在饭店自带酒水消费
C. 小张网上代购索要发票和产地证明
D. 小张在超市购物被强行搜身要求超市赔偿

6. 依据《反不正当竞争法》规定，以下行为属于不正当竞争行为：
A. 假冒他人企业名称
B. 在商品上伪造质量认证标志
C. 通过展示他人商品的缺陷来推广自己的产品
D. 在网站上伪造客户评价

7. 恶意网络竞争行为包括：
A. 要求用户放弃对此前其他经营者的相类服务
B. 跳转进入目标页面
C. 删除用户的不良评价
D. 夸大产品服务网络页面的宣传

延伸阅读十二 ▶▶▶

你知道如何认定"有奖销售"行为吗？

企业资产与融资管理

模块五

【学习任务】

1. 了解土地置换与补偿法律制度
2. 掌握知识产权的取得和保护
3. 了解企业融资条件及程序

【管理与法律的共同语言】

  2012年,我国土地管理与城市房地产管理法律制度仍不完善,但是巨大的市场力量,特别是在经济全球化、知识经济的洪流中,使我国企业难以置身于世外桃源,企业面临机遇与挑战的同时,更期待以直接的融资手段为企业注入资金,努力以土地、房地产、专利、商标、商业秘密、特许许可等要素为企业生存与发展注入生机。在扩建、改建、创造新的经济增长点和寻求企业发展落脚点的探索中,土地、知识产权和融资法律制度成为基本依据。

项目十三　土地置换与补偿

学习目标

1. 了解土地权属与使用
2. 掌握城市房地产开发与使用
3. 掌握国有土地房屋征收与补偿办法

学习情境

"农村集体所有"土地立法有盲区吗？

在中国不断推进工业化与城镇化进程的今天，农村集体土地的所有权与使用权因法律制度不完善所导致的问题会越来越突出。

根据我国《土地管理法》规定，国务院代表国家行使城市市区国家所有土地的所有权，除由法律规定属于国家所有的以外，农村和城市郊区的土地，宅基地和自留地、自留山，属于农民集体所有。国有土地的使用权证书由县级以上人民政府登记造册，核发证书；农民集体所有的土地，由县级人民政府登记造册，核发证书；土地的所有权和使用权的登记，依照有关不动产登记的法律、行政法规执行。我国在经济制度方面体现为社会主义公有制，土地的所有权是最为明显的表现。从法律渊源而言，除宪法能体现我国土地所用权的公有制外，《宪法》《民法典》及《土地管理法》对农村集体所有土地均没有明确的规定，具体表现为：

一、农村集体所有是特殊的公有制。我国土地所有权有两种形式，一个是国家所有，另一个是农村集体所有，因此，农村集体成员共同所有，是一种特殊的公有形式，而不是私有。与国家所有相比，这种特殊的公有形态又表现为不同于国家所有的公有形态，是由国家认可的部分农民共同所有，但这部分农民以怎样的组织形态代表农民集体所有，在立法上是不明确的。

二、集体土地所有权主体缺位。目前农村有三种组织，一是乡镇政府组织，二是村民委员会，三是农村集体经济组织，哪一种主体能在法律上代表农村集体成员行使农村土地所有权，在立法上没有明确规定。首先，乡镇政府不适合行使土地所有权。乡镇是政府机构，它不能完全代表农民来行使对土地的所有权，否则就与国有土地所有权没有实质的区别了，也违背了政府与社会组织相分离的原则。其次，《村民委员会组织法》第二条规定："村民委员会是村民自我管理、自我教育、自我服务的基层群众性自治组织。"

村民委员会是农村群众自治,组织体制极为松散,实际上本应由村委会进行实际管理的却变成了少数人对土地事实上的支配权利。最后,农村集体经济组织作为主体从法理上讲比较合适,随着农村经济体制改革的不断发展,农村集体经济组织不再具有唯一性,立法上没有明确哪一种农村集体经济组织会成为农村土地所有权人,不少地方的集体土地所有权证书尚未发出,导致了集体土地所有权主体的缺位。

三、土地权属的确认与登记不到位。与集体土地所有权人缺位同时存在的还有土地权属的多元化问题。2011年至2013年我国各地基本完成了集体土地所有权确权登记工作,有的地方将集体土地所有权确权登记成果应用于土地征收、土地开发利用、执法督察等业务,对提升土地管理水平、促进农业农村发展、维护农民土地权益等发挥了重要的基础性作用。截至2022年1月,仍有不少地方对于土地征收、农民集体变化等原因导致集体土地所有权变化的,未办理相应注销、变更等登记手续,未及时更新登记成果。国家自然资源部通知在已有工作基础上,要求用两年时间全面更新汇交集体土地所有权确权登记成果。物有所属,定分止争。

任务一　了解土地的权属与使用

一、土地所有权

土地所有权是指国家或农民集体依法对归其所有的土地所享有的具有支配性和绝对性的权利。土地所有权属于财产所有权的范畴。但是土地所有权与一般财产所有权相比是一种特殊权利,表现为特定主体、禁止交易、权属稳定、土地所有权的占有、使用、收益和处分四项权能是相互分离的。

1. 土地所有权形式

我国《土地管理法》规定,全民所有制和劳动群众集体所有制是我国土地公有制的两个具体形式。城市市区的土地属于国家所有,所有权由国务院代表国家行使;农村和城市郊区的土地,除由法律规定属于国家所有的以外,属于农民集体所有;宅基地和自留地、自留山,属于农民集体所有。

2. 土地权属证明

单位和个人依法使用的国有土地,由县级以上人民政府登记造册,核发证书,确认使用权;其中,中央国家机关使用的国有土地的具体登记发证机关,由国务院确定。农民集体所有的土地,由县级人民政府登记造册,核发证书,确认所有权。

3. 土地征收

任何单位和个人不得侵占、买卖或者以其他形式非法转让土地。国家为了公共利益的需要,可以依法对土地征收或者征用并给予补偿。

我国现行的城镇化进程,就是国家将集体所有的土地征收,此行为应当是为了社会公共利益的需要,依据法律规定的程序和批准权限,依法给予农村集体经济组织及农民补偿,最终将农民集体所有土地变为国有土地。

二、土地使用权

土地使用权是指国家机关、企事业单位、农民集体和公民个人,以及三资企业,凡具备法定条件者,依照法定程序或依约定对国有土地或农民集体土地所享有的占有、使用、收益和有限处分的权利。

1. 国有土地使用权

国有土地使用权是指国有土地的使用人依法利用土地并取得收益的权利。国有土地使用权的取得方式有划拨、出让、出租、入股等。有偿取得的国有土地使用权可以依法转让、出租、抵押和继承。划拨土地使用权在补办出让手续、补缴或抵交土地使用权出让金之后,才可以转让、出租、抵押。

(1)划拨土地使用权

划拨土地使用权,是指经县级以上人民政府依法批准,在土地使用者缴纳补偿、安置等费用后,取得的国有土地使用权,或者经县级以上人民政府依法批准后无偿取得的国有土地使用权。划拨取得的土地使用权没有期限限制。

下列建设用地的土地使用权,确属必需的,可以由县级以上人民政府依法批准划拨:①国家机关用地和军事用地;②城市基础设施用地和公益事业用地;③国家重点扶持的能源、交通、水利等项目用地;④法律、行政法规规定的其他用地。

转让以划拨方式取得土地使用权的房地产时,应当按照国务院规定,报有批准权的人民政府审批。有批准权的人民政府准予转让的,应当由受让方办理土地使用权出让手续,并依照国家有关规定缴纳土地使用权出让金。

报批时,有批准权的人民政府按照国务院规定决定可以不办理土地使用权出让手续的,转让方应当按照国务院规定将转让房地产所获收益中的土地收益上缴国家或者作其他处理。

(2)土地使用权出让

土地使用权出让,是指国家将国有土地使用权在一定年限内出让给土地使用者,由土地使用者向国家支付土地使用权出让金的行为。土地使用权出让最高年限由国务院规定。

我国建设用地使用权出让最高年限按用途确定。居住用地使用期限为七十年;工业用地、教育、科技、文化、卫生、体育用地使用期限为五十年;综合或其他用地使用期限为五十年;商业、旅游、娱乐用地使用期限为四十年。

(3)土地使用权转让

土地使用权转让,是土地使用权受让人向转让人支付转让金的民事行为,土地使用权的出让一方是国家,出让行为是土地使用权转让行为的前提。土地使用权转让双方均为土地使用权人。

2. 农民集体土地使用权

农民集体土地使用权是指农民集体土地的使用人依法利用土地并取得收益的权利。农民集体土地使用权可分为农用土地使用权、宅基地使用权和建设用地使用权。

(1)农用地使用权

农用地使用权是指农村集体经济组织的成员或者农村集体经济组织以外的单位和个人从事种植业、林业、畜牧业、渔业生产的土地使用权。

(2)宅基地使用权

宅基地使用权是指农村村民住宅用地的使用权。

(3)建设用地使用权

建设用地使用权是指农村集体经济组织兴办乡(镇)企业和乡(镇)村公共设施、公益事业建设用地的使用权。

宅基地使用权和建设用地使用权通过土地使用者申请,县级以上人民政府依法批准取得。

3. 土地使用用途限制

使用土地的单位和个人必须严格按照《土地利用总体规划》确定的用途使用土地。依法改变土地权属和用途的,应当办理土地变更登记手续。依法登记的土地所有权和使用权受法律保护,任何单位和个人不得侵犯。

农民集体所有的土地依法用于非农业建设的,由县级人民政府登记造册,核发证书,确认建设用地使用权。

三、承包使用权

按照《土地管理法》第十三条规定,农民集体所有和国家所有依法由农民集体使用的耕地、林地、草地,以及其他依法用于农业的土地,采取农村集体经济组织内部的家庭承包方式承包,不宜采取家庭承包方式的荒山、荒沟、荒丘、荒滩等,可以采取招标、拍卖、公开协商等方式承包,从事种植业、林业、畜牧业、渔业生产。家庭承包的耕地的承包期为三十年,草地的承包期为三十年至五十年,林地的承包期为三十年至七十年;耕地承包期届满后再延长三十年,草地、林地承包期届满后依法相应延长。

国家所有依法用于农业的土地可以由单位或者个人承包经营,从事种植业、林业、畜牧业、渔业生产。

发包方和承包方应当依法订立承包合同,约定双方的权利和义务。承包经营土地的单位和个人,有保护和按照承包合同约定的用途合理利用土地的义务。

四、耕地的保护

国家严格控制耕地转为非耕地,主要表现为分别实行占用耕地补偿制度和永久基本农田保护制度。

永久基本农田经依法划定后,任何单位和个人不得擅自占用或者改变其用途。国家能源、交通、水利、军事设施等重点建设项目选址确实难以避让永久基本农田,涉及农用地转用或者土地征收的,必须经国务院批准。

禁止通过擅自调整县级土地利用总体规划、乡(镇)土地利用总体规划等方式规避永久基本农田农用地转用或者土地征收的审批。

五、建设用地的使用

建设占用土地,涉及农用地转为建设用地的,应当办理农用地转用审批手续。永久基本农田转为建设用地的,由国务院批准。

在土地利用总体规划确定的城市和村庄、集镇建设用地规模范围内,为实施该规划而将永久基本农田以外的农用地转为建设用地的,按土地利用年度计划分批次按照国务院规定由原批准土地利用总体规划的机关或者其授权的机关批准。在已批准的农用地转用范围内,具体建设项目用地可以由市、县级人民政府批准。

为了公共利益的需要,确需征收农民集体所有的土地的,可以依据《土地管理法》第四十五条依法实施征收。国家征收土地的,依照法定程序批准后,由县级以上地方人民政府予以公告并组织实施。

拟征收土地的所有权人、使用权人应当在公告规定期限内,持不动产权属证明材料到县级以上人民政府自然资源主管部门办理征地补偿登记。征收土地应当给予公平、合理的补偿,保障被征地农民原有生活水平不降低,长远生计有保障。

任务二　学习城市房地产开发与使用

一、城市房地产

房地产,是指土地、建筑物及固着在土地、建筑物上不可分离的部分及其附带的各种权益。此处的"房"是指土地上的房屋等建筑物及构筑物;"地"是指与建筑物有密切相关的地基,包括院落、楼间空地、道路及相关空间的利益,并不是广义的土地;"产"是指与房屋、建筑等统一结合而形成的房地产开发用地的土地使用权的交易。房地产开发交易管理是对从事房地产开发、建设、房地产交易实施房地产管理的统称。

土地使用权与房产所有权既是彼此独立的两项权利,又是相互依存的关系,地产是房地产的核心,房产是房地产的灵魂。

二、房地产开发

房地产开发,是指在依法取得国有建设用地使用权的土地上进行基础设施、房屋建设的行为。

1. 房地产开发用地出让

(1)土地使用权出让条件

土地使用权出让,首先必须符合土地利用总体规划、城市规划和年度建设用地计划并经有批准权的人民政府批准。除基于自然状况不允许,例如沼泽、高山等不能用于房地产开发用地外,城镇国有土地经批准后可以用于房地产开发。城市规划区内的集体所有的土地,经依法征用转为国有土地后,方可有偿出让。

房地产开发者可以通过出让和划拨方式获得土地的使用权。

(2)土地使用权出让方式

土地使用权出让,可以采取拍卖、招标或者双方协议的方式。商业、旅游、娱乐和豪华住宅用地,有条件的,必须采取拍卖、招标方式;没有条件的,不能采取拍卖、招标方式,可以采取双方协议的方式。采取双方协议方式出让土地使用权的出让金不得低于按国家规定所确定的最低价。

①拍卖,又称竞投,是指政府根据出让某一具体地块的土地使用权的条件和要求,包括规划设计要求方案、开发期限、最低出让价格等,在拍卖场所公开进行,经同意开发方案的竞买人当场报价,最后将土地使用权出让给报价最高的竞买人的法律行为。

②招标,是指由政府将出让某一地块土地使用权的各种条件和要求制成标书,采用公开或不公开的方式,向经过资格预审的特定对象或非特定对象发出投票邀请,由投票人在规定的时间内将制作好的标书回复招标人,招标人公开开票,并剔除废标,经评标、决标后,选定土地合作权受让人的行为。

③协议,由出让人与受让人通过协调、谈判,就有关土地使用权出让事宜达成一致的法律行为。采取双方协议方式出让土地使用权的出让金不得低于国家规定所确定的最低价。

(3)土地使用权出让合同

土地使用权出让合同约定的使用年限届满,土地使用者未申请续期或者虽申请续期但依照前款规定未获批准的,土地使用权由国家无偿收回。

土地使用权出让,应当签订书面出让合同。建设用地使用权出让合同一般包括以下内容:当事人的名称和住所,土地界址、面积等,建筑物、构建物及其附属设施占用的空间,土地用途,使用期限,出让金等费用及其支付方式,解决争议的办法。

导致建设用地使用权合同解除的情形有:土地使用者未按照出让合同约定支付建设用地使用权出让金的,土地管理部门有权解除合同;土地出让方未按照出让合同约定提供出让土地的,土地使用者有权解除合同。因违约导致建设用地使用权出让合同解除的,守约方有权请求违约赔偿。

2. 房地产开发

房地产开发是指在依法取得国有土地使用权的土地上进行基础设施、房屋建设的行为的总称。房地产开发与城市规划紧密相关,是城市建设规划的有机组成部分。

(1)房地产开发内容

房地产开发包括基础设施建设与房屋开发。基础设施建设是指通过投入一定数量的资金和劳动,把自然状态的土地开发为可供建造房屋和各类设施的建筑用地的活动。包括平整土地、通上水、通下水、通电、通路、通煤气、通电信、通热力等。

房屋开发是指在已经开发过的土地上继续投入一定数量的资金和劳动,通过有计划的营造而获得具有特定用途、可以满足特定需求的、含地产在内的房屋资产,并据以获得经济效益及相关权益的活动。一般包括住宅建设,生产与经营性建筑物开发,生产与生活服务性建筑物开发及城市其他基础设施的开发,比如工业、交通、仓库用房,商业服务用房,文化、娱乐用房,教育医疗、科研用房以及办公用房等各类房屋建设。

(2)房地产开发范围

从城市规划角度看,房地产开发分为新城区开发和旧城区的拆迁改造。新城区开发主要是指城市的新建和扩建,目的是为城市的各项建设提供基础性的条件。旧城区的拆迁改造是对旧城区基础设施、建筑物进行重新布局、改造和建设。

房地产开发必须严格按照城市规划执行,按照经济效益、社会效益、环境效益相统一的原则,实行全面规划、合理布局、综合开发、配套建设。

(3)房地产开发期限

以出让方式取得土地使用权进行房地产开发的,必须按照土地使用权出让合同约定的土地用途、动工开发期限来开发土地。对于在出让合同约定的动工开发日期满一年未动工开发的,可以征收相当于土地使用权出让金百分之二十以下的土地闲置费;满两年未动工开发的,可以无偿收回土地使用权;但是因不可抗力或者政府及政府有关部门的行为或者动工开发所必需的前期工作而造成动工开发迟延的除外。

(4)房地产开发企业

房地产开发企业是以营利为目的、从事房地产开发和经营的企业。房地产开发企业的设立,在法律形态上可以依据公司法设立有限责任公司、股份有限公司。依法取得的土地使用权,可以作价入股用来合资、合作开发经营房地产。

设立房地产开发企业应当具备下列条件:有自己的名称和组织机构;有固定的经营场所;有符合国务院规定的注册资本;有足够的专业技术人员;法律、行政法规规定的其他条件。

房地产开发企业的注册资本应在一百万元以上并且要有四名以上持有资格证书的房地产专业、建筑工程专业的专职技术人员和两名以上持有资格证书的专职会计人员。

房地产开发企业在领取营业执照后的一个月内,应当到登记机关所在地的县级以上地方人民政府规定的部门备案。

三、房地产交易

房地产交易是指当事人之间进行房地产产权的变更和转移,包括房地产买卖、赠与、租赁与抵押等形式。

1. 房地产交易的分类

我国城市房地产交易主要是指国有土地使用权及其地上房产的交易,而集体土地使用权的转让是受到禁止和限制的。从交易形式看,可分为房地产转让、房地产抵押、房地产租赁,赠与属于特殊的转让方式。从交易客体存在的状况来看,可分为土地使用权的单独交易、房地产期权交易和房地产现权交易。根据交易客体所受限制的程度不同,可分为划拨土地使用权及其地上房产的交易,带有福利性的住房及其占用土地使用权交易和商品房交易等。

房地产转让、抵押时,房屋的所有权和该房屋占用范围内的土地使用权同时转让、抵押,并应依法办理权属登记。

2. 房地产交易的一般规则

(1)房产权与地产权一并交易

房地产交易时按"地随房走,房随地走"的原则,房地产转让、抵押时,房屋所有权和该房屋占用范围内的土地使用权同时转让、抵押。

(2)房地产价格评估

我国目前仍未形成合理的完全市场化的房地产价格体系,法律规定在房地产交易中要实行房地产价格评估制度。房地产价格评估,应当遵循公正、公平、公开的原则,按照国家规定的技术标准和评估程序,以基准地价、标定地价和各类房屋的重置价格为基准,参照当地的市场价格进行评估。

(3)房地产成交价格申报

房地产权利人转让房地产,应当向县级以上地方人民政府规定的部门如实申报成交价,不得瞒报或者作不实的申报。要求当事人如实申报成交价格,并以此作为计算税费的依据。当事人作不实申报时,国家将依法委托有关部门评估,按评估的价格作为计算税费的依据。

(4)权属变更或抵押登记

房地产转让、抵押当事人应当依法办理权属变更或抵押登记,房屋租赁当事人应当依法办理租赁登记备案。我国采用登记公示的方法来判断房地产权利变动。房地产转让、抵押,未办理权属登记的,转让、抵押行为无效。

3. 不得转让的房地产

房地产转让,是指房地产权利人通过买卖、赠与或者其他合法方式将其房地产转移给他人的行为。

(1)不得转让的房地产类型

《城市房地产管理法》第三十八条规定,下列房地产,不得转让:①以出让方式取得土地使用权的,没有按照出让合同约定,已经支付全部土地使用权出让金并取得土地使用权证书,或者没有按照出让合同约定进行投资开发;②司法机关和行政机关依法裁定、决定查封或者以其他形式限制房地产权利的;③依法收回土地使用权的;④共有房地产,未经其他共有人书面同意的;⑤权属有争议的;⑥未依法登记领取权属证书的;⑦法律、行政法规规定禁止转让的其他情形。

转让房地产时房屋已经建成的,还应当持有房屋所有权证书。

(2)房地产转让合同

房地产转让,应当签订书面转让合同,合同中应当载明土地使用权取得的方式。房地产转让时,土地使用权出让合同载明的权利、义务随之转移。

以出让方式取得土地使用权的,转让房地产后,其土地使用权的使用年限为原土地使用权出让合同约定的使用年限减去原土地使用者已经使用年限后的剩余年限。

以出让方式取得土地使用权的,转让房地产后,受让人改变原土地使用权出让合同约定的土地用途的,必须取得原出让方和市、县级人民政府城市规划行政主管部门的同意,签订土地使用权出让合同变更协议或者重新签订土地使用权出让合同,相应调整土地使用权出让金。

4. 商品房预售

商品房预售俗称"卖楼花",是指房地产开发企业在商品房尚未竣工前,将正在施工的商品房预先出售给购买者的行为。

商品房预售是国际上较为通行的做法,但是也存在风险,因此,《城市房地产管理法》

第四十五条对商品房预售的条件做了明确的规定:已交付全部土地使用权出让金,取得土地使用权证书;持有建设工程规划许可证;按提供预售的商品房计算,投入开发建设的资金达到工程建设总投资的百分之二十五以上,并已经确定施工进度和竣工交付日期;向县级以上人民政府房产管理部门办理预售登记,取得商品房预售许可证明。

商品房预售人应当按照国家有关规定将预售合同报县级以上人民政府房产管理部门和土地管理部门登记备案。商品房预售所得款项,必须用于有关的工程建设。

5. 房地产抵押

房地产抵押,是指抵押人以其合法的房地产以不转移占有的方式向抵押权人提供债务履行担保的行为。债务人不履行债务时,抵押权人有权依法以抵押的房地产拍卖所得的价款优先受偿。房地产抵押,应当凭土地使用权证书、房屋所有权证书办理。

依法取得的房屋所有权连同该房屋占用范围内的土地使用权,可以设定抵押权。以出让方式取得的土地使用权,可以设定抵押权。

设定房地产抵押权的土地使用权是以划拨方式取得的,依法拍卖该房地产后,应当从拍卖所得的价款中缴纳相当于应缴纳的土地使用权出让金的款额后,抵押权人方可优先受偿。

房地产抵押,抵押人和抵押权人应当签订书面抵押合同。房地产抵押合同签订后,土地上新增的房屋不属于抵押财产。需要拍卖该抵押的房地产时,可以依法将土地上新增的房屋与抵押财产一同拍卖,但对拍卖新增房屋所得,抵押权人无权优先受偿。

6. 房屋租赁

房屋租赁,是指房屋所有权人作为出租人将其房屋出租给承租人使用,由承租人向出租人支付租金的行为。

房屋租赁,出租人和承租人应当签订书面租赁合同,合同的内容一般约定租赁期限、租赁用途、租赁价格、修缮责任等条款,以及双方的其他权利和义务,并向房产管理部门登记备案。

住宅用房的租赁,应当执行国家和房屋所在城市人民政府规定的租赁政策。租用房屋从事生产、经营活动的,由租赁双方协商议定租金和其他租赁条款。

以营利为目的,房屋所有权人将以划拨方式取得使用权的国有土地上建成的房屋出租的,应当将租金中所含土地收益上缴国家。具体办法由国务院规定。

7. 房地产中介服务机构

房地产中介服务机构包括房地产咨询机构、房地产价格评估机构、房地产经纪机构等。房地产中介服务机构应当具备下列条件:有自己的名称和组织机构;有固定的服务场所;有必要的财产和经费;有足够数量的专业人员;法律、行政法规规定的其他条件。

(1)房地产咨询机构

房地产咨询机构是指专门为房地产交易提供商品信息、价格信息,介绍交易程序、规则以及专门法律服务和其他服务的组织。

(2)房地产价格评估机构

房地产价格评估机构是指为房地产交易提供价格评估服务的组织。国家实行房地产价格评估人员资格认证制度。

(3) 房地产经纪机构

房地产经纪机构是指为房地产交易双方提供房屋买卖、租赁、土地使用权出让、转让以及投资开发信息、咨询、代理等服务的组织。

设立房地产中介服务机构,应当向工商行政管理部门申请设立登记,领取营业执照后,方可开业。

四、房地产权属登记管理

1. 房地产权属登记

国家实行土地使用权和房屋所有权登记发证制度。房地产权属登记,是指房地产登记机关将不动产特权变动的有关事项记载于房地产权属登记簿的行为。登记后,登记机关应当向权利人颁发特定格式的证明文件。房地产权属证明是权利人享有房地产物权的证明,权属证书记载的事项,应当与登记簿一致;记载不一致的,除有证据证明登记簿确有错误外,以房地产权属登记簿为准。房地产权属登记具有权利确认、公示、管理三项功能。

(1) 权利确认功能

权利确认功能是确认房地产权属状态,赋予房地产所有权人或使用权人的合法权利。经过登记的房地产的权利在法律上得到了确认,得到国家强制力的保护,具有独占排他的物权。

(2) 权利公示功能

权利公示功能是将房地产权利变动的事实向社会公开,以标示该房地产的流转,取得公信力,维护交易的安全。

(3) 权利管理功能

权利管理功能包括产籍管理和审查监督。房地产权属登记形成了登记档案、地籍图纸等反映房地产权属现状和历史情况的档案资料,而且房地产主管机关在登记过程中对申请登记的权利真实性、合法性进行审查,对房地产交易状况进行监督。

2. 房地产权属登记的方式

《城市房地产管理法》第六十条规定,"国家实行土地使用权和房屋所有权登记发证制度"。一宗房地产分别办理土地使用权登记和房屋所有权登记,取得两个证书。国家实行统一的不动产登记制度。不动产登记,由不动产所在地的登记机构办理。

(1) 建设用地使用权登记

以出让或者划拨方式取得土地使用权的,应当向县级以上地方人民政府土地管理部门申请登记,经县级以上地方人民政府土地管理部门核实,由同级人民政府颁发土地使用权证书。

(2) 房屋所有权登记

在依法取得的房地产开发用地上建成房屋的,应当凭土地使用权证书向县级以上地方人民政府房产管理部门申请登记,由县级以上地方人民政府房产管理部门核实并颁发房屋所有权证书。

(3) 房地产转让或变更登记

房地产转让或者变更时,应当向县级以上地方人民政府房产管理部门申请房产变更登记,并凭变更后的房屋所有权证书向同级人民政府土地管理部门申请土地使用权变更登记,经同级人民政府土地管理部门核实,由同级人民政府更换或者更改土地使用权证书。

法律另有规定的,依照有关法律的规定办理。

(4)房地产抵押登记

房地产抵押时,应当到县级以上地方人民政府规定的部门办理抵押登记。因处分抵押房地产而取得土地使用权和房屋所有权的,应当依法办理过户登记。

(5)更正登记与异议登记

权利人、利害关系人认为登记簿记载的事项错误的,可以申请更正登记。不动产登记簿记载的权利人书面同意更正或者有证据证明登记确有错误的,登记应当予以更正。

不动产登记簿记载的权利人不同意异议登记的,利害关系人可以申请异议登记。登记机构予以异议登记的,申请人在异议登记之日起十五日内不起诉,异议登记失效。异议登记不当,造成权利人损害的,权利人可以申请损害赔偿。

(6)预告登记

当事人签订买卖房屋或者其他不动产物权协议的,为保障物权的实现,按照约定可以向登记机构申请预告登记。预告登记后,未经预告登记的权利人同意,处分该不动产的,不发生物权效力。预告登记后,债权消失或者自能够进行不动产登记之日起三个月内未申请登记的,预告登记失效。

任务三 辨析国有土地上房屋征收与补偿

为规范国有土地上房屋征收与补偿活动,维护公共利益,保障被征收房屋所有权人的合法权益,2011年1月19日国务院通过了《国有土地上房屋征收与补偿条例》。

一、国有房屋的征收与补偿

国有房屋征收是指为了公共利益的需要,征收国有土地上单位、个人的房屋的行政行为。国有房屋的补偿,是指政府实施房屋征收应当对被征收房屋所有权人,即被征收人给予公平补偿。房屋征收与补偿应当遵循决策民主、程序正当、结果公开的原则。市、县级人民政府负责本行政区域的房屋征收与补偿工作。

1. 公共利益需要

公共利益需要是指为了保障国家安全、促进国民经济和社会发展等的需要,具体包括以下需要:国防和外交的需要;由政府组织实施的能源、交通、水利等基础设施建设的需要;由政府组织实施的科技、教育、文化、卫生、体育、环境和资源保护、防灾减灾、文物保护、社会福利、市政公用等公共事业的需要;由政府组织实施的保障性安居工程建设的需要;由政府依照城乡规划法有关规定组织实施的对危房集中、基础设施落后等地段进行旧城区改建的需要;法律、行政法规规定的其他公共利益的需要。

2004年我国《宪法修正案》为保护公民个人合法的私有财产,规定只能基于"公共利益"的需要并遵从法律程序,才能进行征收或者征用。2011年《国有土地上房屋征收与补偿条例》,第一次对"公共利益范围"做了界定,这标志着从商业开发征收拆迁向公共利益征收补偿在立法上迈出了可喜的一步,同时对我国目前工业化、城镇化成为经济发展、国家现代化的必然趋势而言,界定国有土地征收与补偿范围,规范了房地产业发展,规范政府、房地产开发以及拆迁人、被征收人权利义务,成为缓解社会矛盾的必要手段。

2. 国有房屋征收与补偿部门

政府是房屋征收和补偿的唯一主体,承担着征收和补偿的义务与法律责任。具体由市、县级人民政府确定的房屋征收部门(以下简称房屋征收部门)组织实施本行政区域的房屋征收与补偿工作。房屋征收部门可以委托房屋征收实施单位,承担房屋征收与补偿的具体工作。房屋征收实施单位不得以营利为目的。房屋征收部门对房屋征收实施单位在委托范围内实施的房屋征收与补偿行为负责监督,并对其行为后果承担法律责任。

二、征收决定

1. 征收决定的内容应符合法律规定

征收房屋的各项建设活动,应当符合国民经济和社会发展规划、土地利用总体规划、城乡规划和专项规划。保障性安居工程建设、旧城区改建,应当纳入市、县级国民经济和社会发展年度计划。

制定国民经济和社会发展规划、土地利用总体规划、城乡规划和专项规划,应当广泛征求社会公众意见,并经过科学论证。

2. 征收补偿决定前的评估与公示

市、县级人民政府做出房屋征收决定前,应当按照有关规定进行社会稳定风险评估;房屋征收决定涉及被征收人数量较多的,应当经政府常务会议讨论决定。

房屋征收部门拟定征收补偿方案,报市、县级人民政府。市、县级人民政府应当组织有关部门对征收补偿方案进行论证并予以公布,征求公众意见。征求意见期限不得少于三十日。

市、县级人民政府应当及时公布征求意见情况和根据公众意见修改的情况。

3. 听证会及修改方案

因旧城区改建需要征收房屋,多数被征收人认为征收补偿方案不符合本条例规定的,市、县级人民政府应当组织由被征收人和公众代表参加的听证会,并根据听证会情况修改方案。

市、县级人民政府做出房屋征收决定后应当及时公告。公告应当载明征收补偿方案和行政复议、行政诉讼权利等事项。

4. 被征收人的复议

被征收人对市、县级人民政府做出的房屋征收决定不服的,可以依法申请行政复议,也可以依法提起行政诉讼。

房屋征收范围确定后,不得在房屋征收范围内实施新建、扩建、改建房屋和改变房屋用途等不当增加补偿费用的行为;违反规定实施的不予补偿。房屋征收部门应当将上述事项书面通知有关部门暂停办理相关手续。暂停办理相关手续的书面通知应当载明暂停期限。暂停期限最长不得超过一年。

三、补偿

1. 征收补偿的范围

做出房屋征收决定的市、县级人民政府对被征收人给予的补偿包括:被征收房屋价值的补偿;因征收房屋造成的搬迁、临时安置的补偿;因征收房屋造成的停产停业损失的补偿。

市、县级人民政府应当制定补助和奖励办法,对被征收人给予补助和奖励。

2. 房屋补偿标准

对被征收房屋价值的补偿,不得低于房屋征收决定公告之日被征收房屋类似房地产的市场价格。被征收房屋的价值,由具有相应资质的房地产价格评估机构按照房屋征收评估办法评估确定。

3. 协商评估机构

对评估确定的被征收房屋价值有异议的,可以向房地产价格评估机构申请复核评估。对复核结果有异议的,可以向房地产价格评估专家委员会申请鉴定。房屋征收评估办法由国务院住房城乡建设主管部门制定。

房地产价格评估机构由被征收人协商选定;协商不成的,通过多数决定、随机选定等方式确定,具体办法由省、自治区、直辖市制定。

房地产价格评估机构应当独立、客观、公正地开展房屋征收评估工作,任何单位和个人不得干预。

4. 补偿方式的选择

被征收人可以选择货币补偿,也可以选择房屋产权调换。被征收人选择房屋产权调换的,市、县级人民政府应当提供用于产权调换的房屋,并与被征收人计算、结清被征收房屋价值与用于产权调换房屋价值的差价。

因旧城区改建征收个人住宅,被征收人选择在改建地段进行房屋产权调换的,做出房屋征收决定的市、县级人民政府应当提供改建地段或者就近地段的房屋。

5. 签订补偿协议

房屋征收部门与被征收人依照本条例的规定,就补偿方式、补偿金额和支付期限、用于产权调换房屋的地点和面积、搬迁费、临时安置费或者周转用房、停产停业损失、搬迁期限、过渡方式和过渡期限等事项,订立补偿协议。

补偿协议订立后,一方当事人不履行补偿协议约定的义务的,另一方当事人可以依法提起诉讼。

6. 先补偿后搬迁

征收补偿费用应当足额到位、专户存储、专款专用。因征收房屋造成搬迁的,房屋征收部门应当向被征收人支付搬迁费;选择房屋产权调换的,产权调换房屋交付前,房屋征收部门应当向被征收人支付临时安置费或者提供周转用房。

对因征收房屋造成停产停业损失的补偿,应根据房屋被征收前的效益、停产停业期限等因素确定。具体办法由省、自治区、直辖市制定。

征收个人住宅,被征收人符合住房保障条件的,做出房屋征收决定的市、县级人民政府应当优先给予住房保障。具体办法由省、自治区、直辖市制定。

做出房屋征收决定的市、县级人民政府对被征收人给予补偿后,被征收人应当在补偿协议约定或者补偿决定确定的搬迁期限内完成搬迁。

任何单位和个人不得采取暴力、威胁或者违反规定中断供水、供热、供气、供电和道路通行等非法方式迫使被征收人搬迁。禁止建设单位参与搬迁活动。

7. 强制补偿

房屋征收部门与被征收人在征收补偿方案确定的签约期限内达不成补偿协议的,或者被征收房屋所有权人不明确的,由房屋征收部门报请做出房屋征收决定的市、县级人民政府依照本条例的规定,按照征收补偿方案做出补偿决定,并在房屋征收范围内予以公告。

补偿决定应当公平,包括有关补偿协议的事项。被征收人对补偿决定不服的,可以依法申请行政复议,也可以依法提起行政诉讼。

被征收人在法定期限内不申请行政复议或者不提起行政诉讼,在补偿决定规定的期限内又不搬迁的,由做出房屋征收决定的市、县级人民政府依法申请人民法院强制执行。

强制执行申请书应当附具补偿金额和专户存储账号、产权调换房屋和周转用房的地点和面积等材料。

你知道吗?

1. 我国土地所有权有哪些特点?
2. 我国国有土地使用的方式是什么?
3. 房地产权属登记的方式是什么?
4. 我国土地征收补偿有哪些规定?

试一试

1. 我国国有土地使用权的取得方式包括:
A. 划拨土地使用权　　　　　B. 出让土地使用权
C. 出租土地使用权　　　　　D. 以土地使用权入股

2. 我国现行房地产交易形式有:
A. 房地产转让　　　　　　　B. 房地产抵押
C. 房地产租赁　　　　　　　D. 房地产赠与

3. 依据《城市房地产管理法》规定,房地产预售的条件应当满足:
A. 取得土地使用权证　　　　B. 持有建设工程规划许可证
C. 取得房地产预售许可证　　D. 预售的房地产合同报相关主管部门备案

4. 我国实行房地产权属登记制度，房地产权属登记的方式包括：
A. 建设用地使用权登记　　　　B. 房屋所有权登记
C. 房地产变更、转让、异议登记　D. 买卖房屋预告登记

5. 我国现行房地产征收补偿办法中，采取中断供水、供热、供气、供电等方式迫使被征收人搬迁的行业违反了哪个规定：
A. 强制补偿标准　　　　　　　B. 补偿方式的选择
C. 签订补偿协议　　　　　　　D. 先补偿后搬迁

延伸阅读十三 ▶▶▶

是不是一方提供土地使用权，另一方出资的房地产开发就是合作开发？

项目十四　　保护知识产权

学习目标

1. 了解知识产权的特点及分类
2. 掌握专利权和商标权的保护
3. 掌握著作权的保护

学习情境

"大黄鸭"侵权了吗？

"大黄鸭"(Rubber Duck)，是荷兰概念艺术师弗洛伦泰因·霍夫曼于2007年创作的巨型橡皮鸭艺术品，曾经成为周游世界的"明星"。有人说，他创作的灵感最初是受漂浮海面上的玩具鸭子舰队的启发。

1992年一艘中国货轮在去美国的途中遇到强风暴，一个装满浴盆玩具的货柜坠入大海，里面的黄色鸭子漂浮到海面上，形成了一个浩大的"鸭子舰队"，小黄鸭顽强、团结、可爱的形象从中国漂流到大洋彼岸，一路充满了各种奇妙经历，让小黄鸭成为童话。

我国有著名艺术家认为霍夫曼的设计与中国的"玩具橡皮鸭"相似，质疑"大黄鸭"是否对"橡皮鸭"侵权。霍夫曼否认了这种说法，认为自己的设计灵感来源于荷兰博物馆画展中的风景画。

对于中国的"玩具橡皮鸭"来讲，已经被世界各国儿童所接受，也成为无差异化内涵，具有使人心情愉悦的形象。同一个形象，由于在世界各地出现，其权利不可能同时被不同的人（或机构）所分别拥有。然而，经过艺术家的艺术加工变为艺术作品后，艺术作品的著作权所形成的新的知识产权，依法归艺术家所有。

资料来源：人民网

任务一　认识知识产权及特点

知识产权是一种特殊的民事权利，是一种无形财产权。该权利的产生须以智力创造活动、创造性成果或具有显著性、识别性商业标识为条件，是法律对智力成果所提供的特殊保护。

一、知识产权界定

知识产权是指对创造性智力劳动成果依法享有的专有权利。专利权、商标权、著作权(即版权)统称为知识产权。其中,专利权和商标权又称为工业产权。

根据1967年7月14日在斯德哥尔摩签订的《世界知识产权组织公约》的规定,知识产权的各项规定包括:

(1) 与文学、艺术和科学作品有关的权利;
(2) 与表演艺术者的演出、录音制品和广播节目有关的权利;
(3) 与人类创造活动的一切领域中的发明有关的权利;
(4) 与科学发现有关的权利;
(5) 与工业品外观设计有关的权利;
(6) 与商品商标、服务标记、厂商名称及其标记有关的权利;
(7) 制止不正当竞争有关的权利;
(8) 其他在工业、科学、文学和艺术领域的智力创造活动中产生的权利。

二、知识产权特点

(1) 无形性

知识产权是人们脑力劳动所创造的智力成果所形成的财产权。智力成果是一种无形财产,它没有形体、不占空间。

(2) 独占性

独占性是指法律赋予智力成果的发明者、创造者以独占使用的权利。这种权利是排他的,即发明者与创造者拥有禁止他人未经许可使用这项智力成果的权利。

(3) 地域性

地域性是指按一国法律获得承认和保护的知识产权,只能在该国发生法律效力,其他国家没有对这种权利保护的义务。国际公约中对其缔约方有约定的除外。

(4) 时间性

时间性是指知识产权只在法律规定的期限内受到保护,超过法定的有效期限,知识产权保护的对象就进入了公有领域,成为整个社会的共同财富,任何人均可以无偿使用。

任务二 保护专利权

专利权是基于工业生产设备、材料及工艺等提出的各项改进措施,能在工业生产应用中为权利人带来经济效益的方案。

一、专利的概念

专利是指发明人或权利受让人依法对其发明成果在法定期限内享有的独占权或专有

权。专利权是一种对公开的技术或方案的独占权。专利权人被授予专利权后,获得独占使用的法律保护,未经权利人许可,任何人不得实施该项专利,否则即构成侵权。

二、专利申请人(专利权人)

专利权人是依据《专利法》的规定可以申请并取得专利权的单位和个人,即专利所有人。自然人、法人均可以成为专利权人。

1. 非职务发明

非职务发明是指发明人或设计人既不是在执行本单位的任务中进行的发明创造,也不是主要利用了单位的物质条件而进行的发明创造,或虽然利用了单位的物质条件,但在单位与发明人或者设计人的合同中对申请专利的权利和专利权的归属做出了约定的发明创造。非职务发明的专利权授予发明人。如两个以上发明人共同完成的,共同申请专利。

2. 职务发明

职务发明是指发明人或设计人是在本职工作中,或执行本单位的任务中,或主要是利用了本单位的物质条件完成的发明创造。职务发明专利权归发明人或设计人所在的单位所有。

职务发明中所指的本单位物质技术条件包括资金、设备、零件或原单位不对外公开的技术资料;离退休及调离单位不到一年做出的发明创造视为职务创造。

3. 外国人、外国企业或外国其他组织

在中国有经常居所或营业所的外国人、外国企业或外国其他组织做出的发明创造,向中国申请专利时,可享受国民待遇;在中国没有经常居所或营业所的外国人、外国企业或外国其他组织,或依照其所属国同中国签订的协议或者共同参加的国际公约,或者依照互惠原则,给予国民待遇,但他们申请专利或办理其他专利事务时,应当委托由国务院指定的专利代理机构办理。

三、专利权人的权利

专利权人获得专利后享有独占使用权、禁止他人使用权、许可他人使用权、转让专利权和在专利产品上记载专利标记的权利。

1. 独占使用权

独占使用权是指专利权人有实施自己专利的权利,有制造、使用和销售自己专利产品的权利。

2. 禁止他人使用权

禁止他人使用权是指排除他人未经许可而实施其专利,即不得以生产经营目的制造、使用、许诺销售、销售、进口其专利产品。

3. 许可他人使用权

许可他人使用权是指权利人可以通过书面合同的形式,许可他人使用自己的专利,专利权人不变。

4. 转让专利权

转让专利权是指有权申请专利或已获得专利权的专利权人依法向受让人转让专利申请权或转让已获得的专利权，受让人成为新的专利权人，自己不再享有专利权的行为。

5. 记载专利标记权

记载专利标记的权利是指专利权人在自己的专利产品或该产品的包装上、专利文件中表明专利标记、专利号或写明发明人或设计人的权利。

四、专利的种类

受我国《专利法》保护的专利包括：发明、实用新型和外观设计。

1. 发明

发明是指对产品、方法或者其改进所做出的新的技术方案。对违反国家法律、社会公德或者妨害公共利益的发明创造，不授予专利权。此外，对下列各项也不授予专利权：(1)科学发现；(2)智力活动的规则和方法；(3)疾病的诊断和治疗方法；(4)动物和植物品种；(5)用原子核变方法获得的物质；(6)对平面印刷品的图案、色彩或者二者的结合做出的主要起标识作用的设计。

2. 实用新型

实用新型也称小发明，是指对产品的形状、构造或者其组合所提出的适于实用的新的技术方案。实用新型只针对产品而存在，不包括方法发明，并具有固定的立体形状或构造，能够在工业上应用。

3. 外观设计

外观设计是指对产品形状、图案、色彩或者其组合所做出的富有美感并适用于工业上应用的新设计。外观设计涉及的是某一产品外表的美观，而发明与实用新型则是涉及其内在的技术。某一产品如符合法定条件，完全有可能同时既申请实用新型又申请外观设计。

五、授予专利的条件

我国《专利法》规定，发明和实用新型专利必须同时具备新颖性、创造性和实用性三个条件。

1. 新颖性

新颖性是指在申请专利之前，没有同样的发明或者实用新型在国内外出版物上公开发表过、在国内未公开使用过或者以其他方式为公众所知，也没有对于同样的其他发明人国务院专利行政部门局提出过申请并且记载在申请日以后公布的专利申请文件中。

申请专利的发明创造在申请日以前六个月内，有下列情形之一的，不丧失新颖性：(1)在国家出现紧急状态或者非常情况时，为公共利益目的首次公开的；(2)在中国政府主办或承认的国际展览会上首次展出的；(3)在规定的学术会议或者技术会议上首次发表的；(4)他人未经申请人同意而泄露其内容的。

时间是判断新颖性的基本要件，我国《专利法》以提出专利申请的时间为准。

2. 创造性

创造性是指同申请日以前已有的技术相比,该发明有突出的实质性特点和显著的进步。其中实质性特点是指申请专利的发明与原有技术相比,不是原来技术的类似推导,是对该领域最前沿技术的突破性进展。对于发明专利创造性的认定,需要经过实质性审查。

实用新型的创造性标准与发明不同,申请时不需要进行实质性审查。

3. 实用性

实用性是指该发明或者实用新型能够制造或者使用,并且能够产生积极效果。申请专利的发明和实用新型,应具有实施性,能够反复再现,能够应用到生产实践中,并带来经济效益和社会效益的技术。

对于授予外观设计专利权的条件,《专利法》规定,要求具备新颖性、实用性、具有美感和独创性。

六、专利申请的程序

1. 申请专利的原则

专利申请应当满足三个原则:

(1)先申请原则

两个以上的申请人分别就同样的发明创造申请专利的,专利权授予最先申请的人。国务院专利行政部门收到专利申请文件之日为申请日。如果申请文件是邮寄的,以寄出的邮戳为申请日。

(2)优先权原则

申请人自发明或者实用新型在外国第一次提出专利申请之日起十二个月内,或者自外观设计在外国第一次提出专利申请之日起六个月内,又在中国就相同主题提出专利申请的,依照外国同中国签订的协议或者共同参加的国际条约,或者依照相互承认优先权原则,可享有优先权。

(3)一发明一申请原则

一个发明或者实用新型专利申请应当限于一项发明或者实用新型。属于一个总的发明构思的两项以上的发明或者实用新型,可以作为一件提出申请。

一个外观设计专利申请应当限于一种产品所使用的一项外观设计。用于同一类别并且成套出售或者使用的产品的两项以上的外观设计,可以作为一件申请提出。

2. 专利申请的程序

任何单位或个人要取得专利权,必须由申请人向国务院专利行政部门提出专利申请,经国务院专利行政部门依照法定程序审查批准后,才能取得专利权。

(1)申请提交的文件

申请发明和实用新型专利应提交的文件包括请求书、说明书、权利要求书和摘要。专利权保护的范围,以权利要求书所载的内容为准。

申请外观设计专利的,应当向国务院专利行政部门提交请求书和该外观设计的图片或者照片等文件,并且应当写明使用该外观设计的产品及其所属类别。外观设计专利的保护范围以图片或者照片所示的范围为准。

(2) 发明专利审批程序

我国《专利法》规定的发明专利审批程序为：国务院专利行政部门受理发明专利申请后，先进行初步审查；专利申请于申请之日起满十八个月即行公布；自申请之日起三年内随时根据专利申请人的申请，国务院专利行政部门对发明专利的新颖性、创造性、实用性依法进行实质性审查；经实质性审查没有发现驳回理由的，国务院专利行政部门做出授予专利权的决定，并向专利申请人发出授予专利权的通知，颁发专利证书并登记公告。

对于不符合规定的专利申请，国务院专利行政部门应当驳回申请，申请人不服可向专利复审委员会提出复审。

(3) 实用新型和外观设计专利审批程序

实用新型和外观设计专利申请，经初步审查没有发现驳回理由的，国务院专利行政部门应当做出授予实用新型专利权或外观设计专利权的决定，发给相应的专利证书，并予以登记和公告。

七、专利权的期限、终止和实施的强制许可

1. 专利权的期限、终止

我国《专利法》规定，发明专利权的期限为二十年，实用新型专利权的期限为十年，均从申请之日起计算。

期限届满后或专利权人没有在保护期内按时缴纳年费，或者由于其他法定原因，该项专利权即告终止。专利权终止应由国务院专利行政部门登记和公告。

2. 专利权实施的强制许可

强制许可是国务院专利行政部门根据法定事实，不经专利权人许可，授予他人实施其专利的法律制度。我国《专利法》规定，具有实施条件的单位以合理的条件请求发明或者实用新型专利权人许可实施其专利，并未能在合理的时间内获得许可时，国务院专利行政部门根据该单位的申请给予实施该发明专利或者实用新型专利的强制许可。

实施强制许可应当根据强制许可的理由规定其实施的范围和时间。当强制许可理由消除并不再发生时，应按法定程序终止实施强制许可的决定。

八、专利权的保护

专利侵权行为包括：在专利权的有效期内，未经专利权人许可，擅自实施他人专利；使用、许诺销售、销售专利产品或者以专利方法直接获得的产品；假冒他人专利的行为。

专利权受到侵害时，当事人可以协商解决，专利权人或者利害关系人可以向人民法院起诉，或请求国务院专利行政部门处理。侵权行为依据其情形应当承担民事、行政或刑事责任。

依据《专利法》的规定，以下行为不视为专利侵权行为：

① 专利权人制造、进口或者经专利权人许可而制造、进口的专利产品或者依照专利方法直接获得的产品出售后，使用、许诺销售或者销售该产品的。

②在专利申请日前已经制造相同产品、使用相同方法或者已经做好制造、使用的必要准备,并且仅在原有范围内继续制造、使用的。

③临时通过中国领土、领水、领空的外国运输工具,依照其所属国同中国签订的协议或者共同参加的国际条约,或者依照互惠原则,为运输工具自身需要而在其装置和设备中使用有关专利的。

④专为科学研究和实验而使用有关专利的。

⑤为提供行政审批所需要的信息,制造、使用、进口专利药品或者专利医疗器械的,以及专门为其制造、进口专利药品或者专利医疗器械的。

任务三　保护商标权

商标的使用、注册、管理及商标权利的保护所涉及的权利义务关系是商标法规范的内容,也是市场主体在服务与产品竞争中难以回避的内容。

一、商标

商标,是生产者或经营者在其商品上使用的用以区别其他同类和类似商品的显著标记。商标是由文字、数字、图形、三维标志和颜色或者其组合而构成的,通过商标可以了解商品或服务的来源、区别不同的生产者、经营者或服务者;商标还表明商品和服务的质量,起到广告宣传的效应,有利于增强知名品牌或驰名商标在国际市场上的竞争力。

二、商标注册

商标注册是指经国家商标主管机关核准注册而使用的商标。我国商标注册除人用药品和烟草制品必须注册才能进入市场外,其他商标实行自愿注册。未注册商标不受法律保护。

1. 商标注册人

商标注册人,可以是能独立承担民事法律责任的自然人、法人或者非法人组织,或者是符合法律规定的外国人或外国企业。

2. 申请注册的商标

申请注册的商标应当具有显著性,便于识别。商标不得使用法律禁止使用的文字、图形。依据《商标法》规定,以下文字、图形不能作为商标使用:

①同中华人民共和国的国家名称、国旗、国徽、军旗、勋章相同或者近似的,以及同中央国家机关所在地特定地点的名称或者标志性建筑物的名称、图形相同的;

②同外国的国家名称、国旗、国徽、军旗相同或者近似的,但该国政府同意的除外;

③同政府间国际组织的名称、旗帜、徽记相同或者近似的,但经该组织同意或者不易误导公众的除外;

④与表明实施控制、予以保证的官方标志、检验印记相同或者近似的,但经授权的除外;
⑤同"红十字""红新月"的名称、标志相同或者近似的;
⑥带有民族歧视性的;
⑦带有欺骗性,容易使公众对商品的质量等特点或者产地产生误认的;
⑧有害于社会主义道德风尚或者有其他不良影响的。

县级以上行政区的地名或者公众知晓的外国地名,不得作为商标。但是,地名具有其他含义或者作为集体商标、证明商标组成部分的除外;已经注册的使用地名的商标继续有效。

下列标志不得作为商标注册:仅有本商品的通用名称、图形、型号的;仅仅直接表示商品的质量、主要原料、功能、用途、重量、数量及其他特点的;缺乏显著特征的。

3. 商标注册的原则

(1)注册在先原则

我国实行注册在先为主,使用在先为辅的原则,即两个或两个以上申请人,在同一商品或类似商品上,以相同或者近似的商标申请注册的,申请在先的商标获准注册;同一天申请的,使用在先的商标获准注册,驳回其他申请人的申请。

申请商标注册不得损害他人现有的在先权利,也不得以不正当手段抢先注册他人已经使用并有一定影响的商标。

(2)特定化原则

①商品的特定化。商标申请人要按照国家规定的商品分类表填报使用商标的商品种类和商品名称;申请人可以通过一份申请就多个类别的商品进行同一个商标的注册申请;注册商标需要在同一类核定商品以外其他不同商品使用的,应当另行提出注册申请。

②注册商标的特定化。注册商标需要改变其标志的,应当重新提出注册申请。

(3)优先权原则

①国外优先权。商标注册申请人自其商标在外国第一次提出商标注册申请之日起六个月内,又在中国就相同商品以同一商标提出商标注册申请的,依法可以享有优先权。

②首展优先权。商标在中国政府主办的或者承认的国际展览会展出的商品上首次使用的商标,自该商品展出之日起六个月内,该注册申请人可以享有优先权。

行使优先权时,应当在提出商标注册申请时提出书面声明,并且在三个月内提交相应证据,否则同视为未要求优先权。

4. 注册商标的审批

经商标局初步审查符合商标法规定的商标都予以公告,自公告之日起三个月内没有异议或者异议不成立的,商标局予以注册,颁发商标注册证书,同时予以公告。

对已注册的商标有异议的,自该商标核准注册之日起五年内,任何人均可向商标评审委员会申请裁定撤销该注册商标。

三、商标权

商标权是指注册商标所有人在一定期限内依法将某一特定的商标用于其商品或服务上的一种专有权。注册商标所有权人具有排他的、独占使用注册商标的权利,也有将注商标转让或出售给他人并要求受让人支付转让费的权利。商标权人还可以在自己不丧失商标专用权的同时,允许他人使用自己的注册商标,被许可人向商标权人支付使用费。

四、注册商标的续展、转让和许可使用

1. 注册商标的续展

依据《商标法》规定,注册商标的有效期为十年,自核准注册之日起计算。注册商标有效期满,需要继续使用的,应当在期满前十二个月内申请续展注册;在此期间未能提出申请的,可以给予六个月的宽展期。宽展期满仍未提出申请的,注销其注册商标。

每次续展注册的有效期为十年。续展注册经核准后,予以公告。

2. 注册商标的转让

转让注册商标的,转让人和受让人应当签订转让协议,并共同向商标局提出申请。受让人应当保证使用该注册商标的商品质量。转让注册商标经核准后,予以公告。受让人自公告之日起享有商标专用权。

3. 注册商标的许可使用

商标注册人可以通过签订商标使用许可合同,许可他人使用其注册商标。许可人应当监督被许可人使用其注册商标的商品质量。被许可人应当保证使用该注册商标的商品质量。

经许可使用他人注册商标的,必须在使用该注册商标的商品上标明被许可人的名称和商品产地。商标使用许可合同应当报商标局备案。

五、注册商标的保护

注册商标的专用权,以核准注册的商标和核定使用的商品为限。有下列行为之一的,均属侵犯注册商标专用权:

(1)未经商标注册人的许可,在同一种商品或者类似商品上使用与其注册商标相同或者近似的商标的;

(2)销售侵犯注册商标专用权的商品的;

(3)伪造、擅自制造他人注册商标标识或者销售伪造、擅自制造的注册商标标识的产品的;

(4)未经商标注册人同意,更换其注册商标并将该更换商标的商品又投入市场的;

(5)给他人的注册商标专用权造成其他损害的;

(6)未经商标注册人的许可,在同一种商品上使用与其注册商标近似的商标,或者在类似商品上使用与其注册商标相同或者近似的商标,容易导致混淆的;

(7)故意为侵犯他人商标专用权行为提供便利条件,帮助他人实施侵犯商标专用权行为的。

商标权受到侵害引起纠纷的,由当事人协商解决;不愿协商或者协商不成的,商标注册人或者利害关系人可以向人民法院起诉,也可以请求工商行政管理部门处理。涉嫌犯罪的,应及时移送司法机关处理。

任务四　保护著作权

著作权中具有人身权性质的,是知识产权特殊之处,著作权保护也与财产权不尽相同。邻接权因著作权传播而产生,与著作权保护有所不同,也是本部分关注的重点。

一、著作权

著作权又称版权,是指文学、艺术和科学作品的作者依法所享有的权利,包括人身权和财产权。广义的著作权还包括出版者对其出版作品的权利、表演者对其表演的权利,录音制品制作者对其录音制品的权利,以及广播组织对其无线电广播和电视节目的权利,这四种权利又称为著作邻接权或相关权。

二、著作权人

著作权人,是指对文学、艺术和科学作品享有著作权的当事人。包括自然人、法人和非法人组织。

三、作品及种类

1. 作品

著作权客体又称为作品,是指文学、艺术和科学领域内,具有独创性并能以某种有形形式复制的智力创造成果。作品应当具备以下特征:

(1)独创性,作品必须由作者独立创作,不是抄袭、剽窃、篡改他人的作品,这是作品的首要条件。

(2)有形性,只有作者将其思想或感情以一定形式(如语言、文字、图画、雕刻等)表现出来,才可受到著作权保护。

(3)可复制性,通常能以物质复制形式表现。复制形式包括印刷、绘画、摄影录制等。

2. 作品种类

我国《著作权法》中规定的作品种类包括:文字作品;口述作品;音乐、戏剧、曲艺、舞蹈、杂技艺术作品;美术、建筑作品;摄影作品;视听作品;工程设计图、产品设计图、地图、示意图等图形作品和模型作品;计算机软件;符合作品特征的其他智力成果。

我国著作权实行作品自动保护制度,即作品一旦形成,作者便享有著作权,而不论作品是否发表。但以下内容不属于我国《著作权法》保护的作品:

(1)法律、法规,国家机关的决议、决定、命令和其他具有立法、行政、司法性质的文字及其官方正式译文。

(2)单纯事实消息。

(3)历法、通用数表、通用表格和公式。

四、著作权内容

著作权是指作者与其他当事人之间,基于作品的创作、传播和使用所产生的权利和义务,包括以下人身权和财产权:

1. 人身权性质的著作权

(1)发表权,即决定作品是否公之于众的权利。如果未经作者的同意,擅自发表其作品,就会构成对作者的著作权和人身权的侵犯。

(2)署名权,即表明作者身份,在作品上署名的权利。作品的署名是作者身份的真实表示,作者也可以在自己的作品上署笔名、别名。

(3)修改权,即修改或者授权他人修改作品的权利。

(4)保护作品完整权,即保护作品不受歪曲、篡改的权利。

2. 财产权性质的著作权

(1)复制权,即以印刷、复印、拓印、录音、录像、翻录、翻拍等方式将作品制作一份或者多份的权利;

(2)发行权,即以出售或者赠与方式向公众提供作品的原件或者复制件的权利;

(3)出租权,即有偿许可他人临时使用电影作品和以类似摄制电影的方法创作的作品、计算机软件的权利,计算机软件不是出租的主要标的的除外;

(4)展览权,即公开陈列美术作品、摄影作品的原件或者复制件的权利;

(5)表演权,即公开表演作品,以及用各种手段公开播送作品的表演的权利;

(6)放映权,即通过放映机、幻灯机等技术设备公开再现美术、摄影、电影和以类似摄制电影的方法创作的作品等的权利;

(7)广播权,即以无线方式公开广播或者传播作品,以有线传播或者转播的方式向公众传播广播的作品,以及通过扩音器或者其他传送符号、声音、图像的类似工具向公众传播广播的作品的权利;

(8)信息网络传播权,即以有线或者无线方式向公众提供作品,使公众可以在其个人选定的时间和地点获得作品的权利;

(9)摄制权,即以摄制电影或者以类似摄制电影的方法将作品固定在载体上的权利;

(10)改编权,即改变作品,创作出具有独创性的新作品的权利;

(11)翻译权,即将作品从一种语言文字转换成另一种语言文字的权利;

(12)汇编权,即将作品或者作品的片段通过选择或者编排,汇集成新作品的权利;

(13)应当由著作权人享有的其他权利。

其中发表权、署名权、修改权和保护作品的完整权属于人身权利,不得转让;其他权利著作权人可以部分或全部转让他人行使,并依照约定或者《著作权法》有关规定获得报酬。

五、邻接权

邻接权也称作品传播者权,是指作品的传播者在传播作品过程中产生的权利。邻接权与著作权关系密切但又独立于著作权。

1. 出版者权

出版者权,是指出版者对其出版的作品所享有的一系列权利的统称。出版者一般为图书、报刊、期刊等出版单位。

2. 表演者权

表演者权,是指表演者依法对其表演所享有的权利。表演者使用他人作品演出,应取得著作权者许可,并支付报酬。

3. 录音录像制作者权

录音制品,是指任何声音的原始录制品。录像制品,是指电影、电视、录像作品及以外的任何有伴音或者无伴音的连续相关形象的原始录制品。录音录像制作者权主要是对其制作录音录像制品的复制发行权和许可他人复制发行权。

4. 广播组织权

广播组织权,是指广播电台、电视台等广播组织对其编制的广播电视节目依法享有的权利。广播电台、电视台使用作品需要支付著作权人报酬;对已发表的作品,可以不经著作权人许可,但应支付报酬。广播电视组织对其制作物(广播、电视节目)享有以下权利:
(1)播放,即对本电台节目的直接播放权;(2)许可他人播放并获得报酬,是一种转播权;(3)许可他人复制发行其制作的广播、电视节目,并获得报酬的权利。

未经许可,其他广播、电视不得对权利人播放的广播、电视进行转播、录像或复制等。

六、著作权的保护期限

依据《著作权法》规定,著作权保护期限有以下几种情形:
(1)作者的署名权、修改权、保护作品完整权的保护期不受限制;
(2)自然人的作品,除署名权、修改权、保护作品的完整权以外包括发表权在内其他《著作权法》第十条规定的权利的保护期为作者终生及其死亡后五十年,截止于作者死亡后第五十年的12月31日;如果是合作作品,截止于最后死亡的作者死亡后第五十年的12月31日。
(3)法人或者非法人组织的作品、著作权(署名权除外)由法人或者非法人组织享有的职务作品,其发表权的保护期为五十年,截止于作品创作完成后第五十年的12月31日;除署名权、修改权、保护作品的完整权以外的其他《著作权法》第十条规定的权利的保护期为五十年,截止于作品首次发表后第五十年的12月31日,但作品自创作完成后五十年内未发表的,《著作权法》不再保护。
(4)视听作品,其发表权的保护期为五十年,截止于作品创作完成后第五十年的12月31日;除署名权、修改权、保护作品的完整权以外的其他《著作权法》第十条规定的权利的保护期为五十年,截止于作品首次发表后第五十年的12月31日,但作品自创作完成后五十年内未发表的,本法不再保护。

七、著作权的许可使用

著作权的许可使用,是指著作权人将自己的作品以一定方式、在一定地域和期限内许可他人使用的行为。

八、著作权的转让

著作权转让,是指著作权人将其作品使用权的一部分或全部在法定有效期限内或无限地转移给他人的法律行为。转让行为只是对著作权中的财产权利部分的转让,人身权不得转让。

九、著作权的保护

侵犯著作权、邻接权的,视侵权行为者侵权情节可承担民事责任、行政责任和刑事责任。侵犯著作权行为表现为:没有法律依据或未经权利人许可,使用受著作权保护的作品。

以下侵权行为,应当根据情况,承担停止侵害、消除影响、赔礼道歉、赔偿损失等民事责任:

(1)未经著作权人许可,发表其作品的;
(2)未经合作作者许可,将与他人合作创作的作品当作自己单独创作的作品发表的;
(3)没有参加创作,为谋取个人名利,在他人作品上署名的;
(4)歪曲、篡改他人作品的;
(5)剽窃他人作品的;
(6)未经著作权人许可,以展览、摄制电影和以类似摄制电影的方法使用作品,或者以改编、翻译、注释等方式使用作品的,《著作权法》另有规定的除外;
(7)使用他人作品,应当支付报酬而未支付的;
(8)未经视听作品、计算机软件、录音录像制品的著作权人或者与著作权有关的权利人许可,出租其作品或者录音录像制品的原件或者复印件的,《著作权法》另有规定的除外;
(9)未经出版者许可,使用其出版的图书、期刊的版式设计的;
(10)未经表演者许可,现场直播或者公开传送其现场表演,或者录制其表演的;
(11)其他侵犯著作权以及与著作权有关的权利的行为。

你知道吗?

1. 职务发明与非职务发明的区别是什么?
2. 各种专利授予的条件、程序有什么不同?
3. 哪些文字、图形不得作为商标来使用或注册?
4. 哪些行为是商标侵权行为?

试一试

1. 知识产权具有的特点是:
A. 无形性   B. 独占性
C. 地域性   D. 时间性

2.我国《专利法》保护的专利包括：
A.发明   B.实用新型
C.外观设计   D.专有使用权

3.专利权人享有的独占权体现在：
A.未经专利权人许可不得使用专利产品或专利方法
B.未经专利权人许可不得销售、许诺销售专利产品
C.未经专利权人许可不得以生产经营为目的生产或进口专利产品
D.未经专利权人许可不得在专利产品或产品包装上记载专利标记

4.实用新型和外观设计专利保护的期限为：
A.申请之日起二十年   B.申请之日起十年
C.核准之日起二十年   D.核准之日起十年

5.以下属于违反《商标法》规定的行为：
A.在商品上使用未注册商标并销售该商品
B.将他人商品的注册商标替换成自己的注册商标后销售该商品
C.未经许可销售具有注册商标的不合格商品
D.销售贴有他人注册商标的同类商品

6.以下权利属于著作权中的人身权的是：
A.作品的发表权   B.作品的署名权
C.作品的修改权   D.保护作品的完整权

7.以下属于著作权的财产权的是：
A.作品的发表权   B.作品的发行权
C.作品信息网络的传播权   D.作品的注释权

延伸阅读十四 ▶▶▶

你知道如何认定'商业秘密'吗？

项目十五　　企业融资行为

学习目标

1. 了解金融管理的基本制度
2. 掌握股票及债券的发行和交易规则
3. 掌握信息披露及上市公司收购

学习情境

什么使安然公司成为"欺诈"的象征？

安然公司在2001年宣告破产之前是美国一家能源类上市公司，是世界上最大的电力、天然气及电讯公司之一，约有两万一千名雇员，2000年披露的营业额达1 010亿美元。曾连续六年被《财富》杂志评选为"美国最具创新精神公司"，然而真正使安然公司在全世界声名大噪的，是其2002年在几周内破产和持续多年精心策划且制度化系统化的财务造假的丑闻。

从辉煌走向破产有两个起因：一是一个声誉良好的短期投资机构老板吉姆·切欧斯公开质疑安然公司的盈利模式；二是安然首席执行官斯基林一面不断宣称安然的股票会从当时的70美元左右升至126美元，一面抛售安然公司的股票。美国法律规定，公司董事会成员离开董事会前不得出售所持有的公司股票。

当人们一同将质疑的目光聚集在安然公司时，安然股价已经从年初的80美元左右跌到了42美元。两个月后，安然发表2001年第三季度财务报表，宣布公司亏损总计达到6.18亿美元，每股亏损1.11美元。首次透露因首席财务官安德鲁·法斯托与合伙公司经营不当，公司股东资产缩水12亿美元，引起美国证监会的关注和调查。11月8日，安然被迫承认做了假账，自1997年以来，安然虚报盈利共计近6亿美元！11月30日，安然股价跌至0.26美元，市值由峰值时的800亿美元跌至2亿美元。12月2日，安然正式向破产法院申请破产保护，破产清单中所列资产高达498亿美元，成为美国历史上最大的破产企业。

资料来源：新华网

任务一　金融机构分业管理与融资工具

依据《证券法》规定，我国对金融机构业务范围进行某种程度的"分业"管理，除国家另有规定外，证券业和银行业、信托业、保险业实行分业经营、分业管理，证券公司与银行、信托、保险业务机构分别设立。

一、金融、证券、信托、保险分业管理

我国金融分业管理表现为三个层面：第一个层面是指金融业与非金融业的分离；第二个层面是指金融业中银行与非银行金融机构，即银行与证券和保险的分离；第三个层面是指银行、证券和保险内部有关业务的进一步分离，例如在证券业内部，经营证券承销业务、证券交易业务、证券经纪业务的金融机构的分离。我们通常所说的金融分业管理，主要是指我国金融业中银行、证券、保险、信托实行分业经营、分业管理，有各自的主管机构，除国家另有规定外，各子行业不得进入其他子行业的业务领域。

证券业、银行业、信托业、保险业各有其特定的业务范围和经营方式。我国依据《证券法》《中国人民银行法》《商业银行法》《银行业监督管理法》《信托法》《保险法》，分别设立了证监会、银监会和保监会，依法加强对证券业、银行业、信托业、保险业的监督管理。

1. 中国人民银行

中国人民银行是我国的中央银行，也是直属国务院领导的管理金融货币事务的国家机关。作为中央银行，它是发行的银行、政府的银行和银行的银行，是管理金融货币事务的国家机关，是中央政府的一个职能部门。

2. 商业银行

商业银行的前身是专业银行。它是根据经济发展的需要，经中国人民银行批准而设立的，以某一项金融业务为主的银行。我国目前的商业银行主要有以下几种：各大国有独资商业银行，包括中国工商银行、中国建设银行、中国农业银行和中国银行；公司形式的商业银行，如交通银行、中信实业银行、中国光大银行、华夏银行等；城乡合作银行。它们均是实行独立核算的经济实体。

各商业银行应当履行的职责有：根据金融业务的基本规章，制定具体业务制度、办法；按照国家政策和国家计划，决定是否对企业给予贷款；在规定的范围内实行利率浮动；负责本系统的资金调度；实行信贷监督和结算监督；按国家规定对开户单位实行工资资金监督；根据中国人民银行授权管理国有企业流动资金；按照规定拥有和支配利润留成资金；经国务院或中国人民银行总行批准，从事有关国际金融业务活动。

各商业银行应按照规定的业务范围，分别经营本、外币的存款、贷款、结算及个人储蓄存款等业务，并在业务上接受中国人民银行的领导。

3. 政策性银行

政策性银行是从专业银行中分离出来，由国家直接管理主要承担政策性业务的银行。

我国目前的政策性银行主要包括国家开发银行、中国进出口银行和中国农业发展银行等三大政策性银行。

4. 其他金融机构

其他金融机构是指除银行以外的其他从事金融业和金融活动的经济实体,是我国金融体系的重要组成部分。主要包括城乡信用合作社、保险公司、信托投资公司、财务公司、金融租赁公司、证券公司、证券投资基金管理公司、邮政储蓄机构、典当行等。

加强金融监管,防范金融风险,完善金融法律法规。对银行、信托、保险和证券实行分业经营和分业管理。

二、我国主要的融资工具

融资工具,是指在金融市场中可交易的金融资产,如证券、期货、黄金、外汇、保单等,企业可以通过发行股票、债券达到融资的目的,股票、债券就是企业的融资工具。

1. 证券的概念

证券的概念有广义和狭义之分。广义的证券是指以证明或者设定权利为目的而制成的凭证,一般包括财物证券,如货运单、提单等;货币证券,如支票、汇票、本票等;资本证券,如股票、公司债券、证券投资基金份额等;证据证券,如借据、收据等;资格证券,如车票、电影票等。

狭义的证券仅指资本证券。我国《证券法》规定的证券为股票、公司债券和国务院依法认定的其他证券。根据国务院有关规定,其他证券主要是指证券投资基金和证券衍生品种等。

2. 资本证券的特征

《证券法》规定的资本证券与其他证券相比,有以下特征:

(1)投资凭证。它是证明投资者投资和投资权利的载体,投资者依据它可以享有其代表的一切权利,例如分红权、还本付息权、参与股东大会权等。

(2)权益凭证。它是投资者获得相应收益的凭据,例如股息分红、债息收入、基金分红、获得送股分红等,它具有相应的投资风险,投资的证券不同,风险亦有区别。

(3)可流通凭证。证券持有人可以随时依法转让所持有的证券,实现其自身利益。

(4)要式凭证。它必须依法设置,依照法律或行政法规规定的形式、内容、格式与程序来制作与签发。随着电子信息技术的采用,证券的载体往往采用电子信息或簿记方式,但是,其要求的代码、密码等依然是其要式性的体现。

3. 证券的分类

我国证券主要有股票、债券、基金三种形式。

(1)股票,是股份有限公司签发的证明股东所持股份的凭证。具有权利性、非返还性、风险性和流通性的特点。

根据投资主体的不同,可分为国家股、法人股、内部职工股和社会公众个人股;按股东权益与风险的大小,可以分为普通股、优先股和普通和优先混合股;根据认购者身份及上市地点,可以分为境内上市的内资股 A 股,境内上市的外资股 B 股,和境外上市的外资股 H 股、N 股、S 股等。

(2)债券,是政府、金融机构、公司企业等单位依法定程序发行的,约定在一定期限还本付息的有价证券。具有风险性小和流通性强的特点。

债券按发行主体不同可分为企业、公司债券,金融债券和政府债券。

(3)基金,是证券投资信托基金发给投资者,用以记载投资者所持基金单位数的凭证,投资者按其所持基金券在基金中所占的比例来分享基金盈利,分担基金亏损。其特点表现为基金券是一种无面额证券,基金券持有人一般不直接参加对基金的管理,基金的具体业务活动由经理公司承担,即"专家理财"。基金券的风险较小。

任务二　股票的发行与交易

股票是股份有限公司签发的,证明股东所持股份的凭证。依据不同标准,股票有不同的分类:从股东享有权利的角度看,分为普通股和优先股;从投资人角度看,分为内资股(A 股)和外资股(B 股、H 股)。股票具有要式证券、证权证券、有价证券、资本证券和流通证券的特征。

一、股票的发行

1.股票发行的一般规定

股票发行,是指发行人以筹资或实施股利分配为目的,依照法定程序向投资者或原股东发行股份或无偿提供股份的行为。股票发行一般包括股票首次发行、增发新股、配股和无偿提供股份。

(1)设立发行

设立股份有限公司公开发行股票,应当符合《公司法》规定的条件和经国务院批准的国务院证券监督管理机构规定的其他条件,向国务院证券监督管理机构报送募股申请和下列文件:公司章程;发起人协议;发起人姓名或者名称,发起人认购的股份数、出资种类及验资证明;招股说明书;代收股款银行的名称及地址;承销机构名称及有关的协议。

依法规定聘请保荐人的,还应当报送保荐人出具的发行保荐书。法律、行政法规规定设立公司必须报经批准的,还应当提交相应的批准文件。

(2)发行新股

上市公司公开发行新股,应当符合下列条件:①具备健全且运行良好的组织机构;②具有持续盈利能力,财务状况良好;③最近三年财务会计文件无虚假记载,无其他重大违法行为;④经国务院批准的国务院证券监督管理机构规定的其他条件。

上市公司非公开发行新股,应当符合经国务院批准的国务院证券监督管理机构规定的条件,并报国务院证券监督管理机构核准。

上市公司公开发行新股,应当向国务院证券监督管理机构报送募股申请和下列文件:①公司营业执照;②公司章程;③股东大会决议;④招股说明书;⑤财务会计报告;⑥代收股款银行的名称及地址;⑦承销机构名称及有关的协议。

依法聘请保荐人的,还应当报送保荐人出具的发行保荐书。

公司对公开发行股票所募集的资金,必须按照招股说明书所列资金用途使用。改变招股说明书所列资金用途,必须经股东大会做出决议。擅自改变用途而未作纠正的,或者未经股东大会认可的,不得公开发行新股。

2. 股票的公开发行与非公开发行

股票的公开发行是指发行人通过证券经营机构向发行人以外的社会公众就发行人的股票发出的要约邀请、要约或者销售行为。股票的非公开发行是指发行人依法向特定人发行本次发行的全部股票的行为。

"特定人"根据我国《证券法》的规定,不超过二百人。非公开发行的,不得采用广告、公开劝诱和变相公开方式发行。

《证券法》第九条规定,有下列情形之一的,为公开发行:(1)向不特定对象发行证券;(2)向累计超过二百人的特定对象发行证券;(3)法律、行政法规规定的其他发行行为。

3. 股票公开发行的方式

(1)网上定价发行方式

网上定价发行方式是利用证券交易所的交易系统,投资者在指定的时间内,按照确定的发行价格,向作为股票唯一"卖方"的主承销商买入股票而进行申购的发行方式。

(2)向询价对象配售股票的发行方式

向询价对象配售股票的发行方式也叫网下定价发行方式。证监会核准发行人的发行申请后,发行人应公告招股意向书,开始进行推介和询价,发行人及其保荐人向参与累计投标询价的对象按照规定配售股票。累计投标询价完成后,发行人及其保荐人将其余股票按照发行公告规定的程序向社会公众投资者公开发行。

二、股票的交易

1. 股票交易的一般规则

(1)交易的标的与主体必须合法。股票交易当事人依法买卖的股票,必须是依法发行的股票。非依法发行的股票,不得买卖。证券交易当事人买卖的股票可以采用纸面形式或者国务院证券监督管理机构规定的其他形式。

此外,依法发行的股票,法律对其转让期限有限制性规定的,在限定的期限内不得买卖。根据《公司法》和《证券法》的有关规定,涉及该限制性规定的有:

①发起人持有的本公司股份,自公司成立之日起一年内不得转让。公司公开发行股份前已发行的股份,自公司股票在证券交易所上市交易之日起一年内不得转让。

②公司董事、监事、高级管理人员在任职期间每年转让其持有的本公司股份总数不得超过规定比例。

③证券交易所、证券公司和证券登记结算机构的从业人员、证券监督管理机构的工作

人员以及法律、行政法规禁止参与股票交易的其他人员,在任期或者法定限期内,不得直接或者以化名、借他人名义持有、买卖股票,也不得收受他人赠送的股票。

④为股票发行出具审计报告、资产评估报告或者法律意见书等文件的证券服务机构和人员,在该股票承销期内和期满后六个月内,不得买卖该种股票。

⑤上市公司董事、监事、高级管理人员、持有上市公司股份百分之五以上的股东,将其持有的该公司的股票在买入后六个月内卖出,或者在卖出后六个月内又买入,由此所得收益归该公司所有,公司董事会应当收回其所得收益。但是,证券公司因包销购入售后剩余股票而持有百分之五以上股份的,卖出该股票不受六个月时间的限制。

(2)在合法的证券交易场所交易

依法公开发行的股票应当在依法设立的证券交易所上市交易或者在国务院批准的其他证券交易场所转让。我国的证券交易所有上海证券交易所和深圳证券交易所。

(3)以合法方式交易

目前我国股票交易有公开竞价和协议收购两种形式。我国《证券法》第四十条规定:"证券在证券交易所上市交易,应当采用公开的集中交易方式或者国务院证券监督管理机构批准的其他方式。"

(4)规范交易服务

证券交易所、证券公司、证券登记结算等机构必须依法为客户开立的账户保密。除法律和行政法规另有规定外,交易机构不得向任何人提供客户开立账户的情况,否则将承担相应的法律责任。交易机构的收费必须合理,并公开收费项目、收费标准和收费办法。

2. 股票上市

申请股票上市交易,应当向证券交易所提出申请,由证券交易所依法审核同意,并由双方签订上市协议。申请股票上市交易,应当聘请具有保荐资格的机构担任保荐人。

证券交易所可以依法做出对股票不予上市、暂停上市、终止上市的决定,对证券交易所的上述决定不服的,可以向证券交易所设立的复核机构申请复核。

(1)股票上市的条件

根据《证券法》的规定,股份有限公司申请股票上市,应当符合下列条件:

①股票经国务院证券监督管理机构核准已公开发行;

②公司股本总额不少于人民币三千万元;

③公开发行的股份达到公司股份总数的百分之二十五以上;公司股本总额超过人民币四亿元的,公开发行股份的比例为百分之十以上;

④公司最近三年无重大违法行为,财务会计报告无虚假记载。

证券交易所规定高于上述规定的上市条件,应报国务院证券监督管理机构批准。

新《证券法》的规定降低了上市公司的股本总额标准,取消了开业时间在三年以上、最近三年连续盈利的要求,放宽了股票上市的条件,并取消了对原国有企业设立的公司的政策优惠,实现了市场主体的平等。

(2)申请股票上市交易

根据《证券法》的有关规定,申请股票上市交易,应当向证券交易所报送下列文件:上市报告书;申请股票上市的股东大会决议;公司章程;公司营业执照;依法经会计师事务所审计的公司最近三年的财务会计报告;法律意见书和上市保荐书;最近一次的招股说明书;证券交易所上市规则规定的其他文件。

股票上市交易申请经证券交易所审核同意后,签订上市协议的公司应当在规定的期限内公告股票上市的有关文件,并将该文件置备于指定场所供公众查阅,同时还应当公告下列事项:股票获准在证券交易所交易的日期;持有公司股份最多的前十名股东的名单和持股数额;公司的实际控制人;董事、监事、高级管理人员的姓名及其持有本公司股票和债券的情况。

(3) 股票的暂停上市和终止上市

上市公司丧失法律规定的上市条件的,其股票应当依法暂停上市或者终止上市。《证券法》规定,上市公司有下列情形之一的,由证券交易所决定暂停其股票上市交易:①公司股本总额、股权分布等发生变化不再具备上市条件;②公司不按照规定公开其财务状况,或者对财务会计报告作虚假记载,误导投资者;③公司有重大违法行为;④公司最近三年连续亏损;⑤证券交易所上市规则规定的其他情形。

上市公司有下列情形之一的,由证券交易所决定终止其股票上市交易:①公司股本总额股权分布等发生变化不再具备上市条件,在证券交易所规定的期限内仍不能达到上市条件;②公司不按照规定公开其财务状况,或者对财务会计报告作虚假记载,且拒绝纠正;③公司最近三年连续亏损,在其后一个年度内未能恢复盈利;④公司解散或者被宣告破产;⑤证券交易所上市规则规定的其他情形。股票终止上市的公司可以依照有关规定与证券业协会批准的证券公司签订协议,委托证券公司办理股份转让。

任务三 公司债券的发行与交易

一、公司债券的发行

公司发行的债券可分为一般的公司债券发行和可转换公司债券发行。

一般的公司债券发行也称为公司债券发行,是指发行人依照法定程序,向投资者发行的约定在一年以上期限内还本付息的有价证券的行为。可转换公司债券发行是指发行人依照法定程序,向投资者发行的在一定期间内依据约定的条件可以转换成股份的公司债券的行为。

1. 公司债券发行的条件

根据《证券法》《公司法》和《公司债券发行试点办法》的有关规定,发行公司债券,应当符合下列条件:

①股份有限公司的净资产不低于人民币三千万元,有限责任公司的净资产不低于人民币六千万元;

②本次发行后累计公司债券余额不超过最近一期期末净资产额的百分之四十;金融类公司的累计公司债券余额按金融企业的有关规定计算;

③公司的生产经营符合法律、行政法规和公司章程的规定,募集的资金投向符合国家产业政策;

④最近三个会计年度实现的年均可分配利润不少于公司债券一年的利息;

⑤债券的利率不超过国务院限定的利率水平;

⑥公司内部控制制度健全,内部控制制度的完整性、合理性、有效性不存在重大缺陷;

⑦经资信评级机构评级,债券信用级别良好。

2. 公司债券的期限、面值和发行价格

公司债券的期限为一年以上,公司债券每张面值一百元,发行价格由发行人与保荐人通过市场询价确定。

3. 公司债券发行程序

公司债券的发行必须依照下列程序进行:①由股东会或股东大会做出决议。②保荐人保荐。发行公司债券,应当由保荐人保荐,并向证监会申报。③制作申请文件。保荐人应当按照证监会的有关规定编制和报送募集说明书和发行申请文件。④核准。发行公司债券应报经证券监督管理委员会核准。⑤发行。发行公司债券,可以申请一次核准,分期发行。自证监会核准发行之日起,公司应在六个月内首期发行,剩余数量应当在二十四个月内发行完毕。

4. 公司债券持有人权益保护

为了有效地保护公司债券持有人的利益不受损害,《公司债券发行试点办法》规定了相应的保护措施。

①信用评级。上市公司发行公司债券应当委托经证监会认定具有从事证券服务业务资格的资信评级机构进行信用评级。公司与资信评级机构应当约定,在债券有效存续期间,资信评级机构每年至少公告一次跟踪评级报告。

②公司债券的受托管理。上市公司应当为债券持有人聘请债券受托管理人,并订立债券受托管理协议;在债券存续期限内,由债券受托管理人依照协议的约定维护债券持有人的利益。

③债券持有人会议。上市公司应当与债券受托管理人制定债券持有人会议规则,约定债券持有人通过债券持有人会议行使权利的范围、程序和其他重要事项。有下列情况的,应当召开债券持有人会议:拟变更债券募集说明书的约定;拟变更债券受托管理人;公司不能按期支付本息;公司减资、合并、分立、解散或者申请破产,保证人或者担保物发生重大变化;发生对债券持有人权益有重大影响的事项。

④公司债券的担保。为公司债券提供担保的,应当符合法律、法规的规定,担保范围包括债券的本金及利息、违约金、损害赔偿金和实现债权的费用。

二、公司债券上市

1. 申请公司债券上市交易的条件

根据《证券法》的规定,申请公司债券上市交易,应当符合下列条件:公司债券发行的

期限为一年以上;公司债券实际发行额不少于人民币五千万元;公司申请债券上市时应符合法定的公司债券发行条件。

2. 公司债券上市程序

(1)申请核准

申请公司债券上市交易,应当向证券交易所申请核准,并报送下列文件:①上市报告书;②申请公司债券上市的董事会决议;③公司章程;④公司营业执照;⑤公司债券募集办法;⑥公司债券实际发行数额;⑦证券交易所上市规则规定的其他文件。

(2)安排上市

证券交易所核准公司债券上市申请之后,应当及时安排债券上市。上市的时间或日期,通常由证券交易所与申请人在签订的上市协议中确定。

(3)上市公告

公司债券的上市交易申请经证券交易所审核同意后,签订上市协议的公司应当在规定的期限内公告公司债券上市文件及有关文件,并将其申请文件置备于指定场所供公众查阅。

3. 公司债券的暂停上市

公司债券上市交易后,公司有下列情形之一的,由证券交易所决定暂停其公司债券上市交易:公司有重大违法行为;公司情况发生重大变化不再符合公司债券上市条件;公司债券所募集资金不按照核准的用途使用;未按照公司债券募集办法履行义务;公司最近两年连续亏损。

任务四　信息公开与禁止交易行为

一、信息公开

信息公开也称信息披露,是指证券的发行人和其他法定的相关负有信息公开义务的人在证券发行、上市、交易过程中,按照法定或约定要求将应当向社会公开的财务、经营等其他有关影响证券投资者投资判断的信息向证券监督管理机构和证券交易所报告,并向社会公众公告的活动。

信息公开规范是对上市证券的要求,信息公开可以分为发行信息公开(或首次信息公开)和持续信息公开。

1. 信息披露的内容

(1)首次信息披露

首次信息披露,也称发行信息披露。这里主要说明首次公开发行股票和公司债券的信息披露。根据有关规定,首次信息披露主要有招股说明书、债券募集说明书和上市公告书等。

(2)持续信息披露

持续信息披露,是指证券上市后,信息披露义务人承担的持续披露义务。持续信息披露的信息主要有年度报告、中期报告和临时报告。

关于年度报告,是上市公司和公司债券上市交易的公司,应当在每一会计年度结束之日起四个月内,向国务院证券监督管理机构和证券交易所报送记载法定内容的年度报告,并予公告。

年度报告主要包括:公司概况;公司财务会计报告和经营情况;董事、监事、高级管理人员简介及其持股情况;已发行的股票、公司债券情况,包括持有公司股份最多的前十名股东的名单和持股数额;公司的实际控制人;国务院证券监督管理规定的其他事项。

关于中期报告,是上市公司和公司债券上市交易的公司,应当在每一年度的上半年结束之日起两个月内,向国务院证券监督管理机构和证券交易所报送记载法定内容的中期报告,并予公告。中期报告主要包括:公司财务会计报告和经营情况;涉及公司的重大诉讼事项;已发行的股票、公司债券变动情况;提交股东大会审议的重要事项;国务院证券监督管理机构规定的其他事项。

关于临时报告,是指在定期报告之外临时发布的报告。发生可能对上市公司股票交易价格产生较大影响的重大事件,投资者尚未得知时,上市公司应当立即将有关该重大事件的情况向国务院证券监督管理机构和证券交易所报送临时报告,并予公告,说明事件的起因、目前的状态和可能产生的法律后果。

关于重大事件,包括公司的经营方针和经营范围的重大变化;公司的重大投资行为和重大的购置财产的决定;公司订立重要合同,并可能对公司的资产、负债、权益和经营成果产生重要影响;公司发生重大债务和未能清偿到期的重大债务的违约情况;公司发生重大亏损或者重大损失;公司生产经营的外部条件发生的重大变化;公司的董事、三分之一以上监事或者经理发生变动;持有公司百分之五以上股份的股东或者实际控制人,其持有股份或者控制公司的情况发生较大变化;公司减资、合并、分立、解散及申请破产的决定;涉及公司的重大诉讼,股东大会、董事会决议被依法撤销或者宣告无效;公司涉嫌犯罪,被司法机关立案调查,公司董事、监事、高级管理人员涉嫌犯罪被司法机关采取强制措施;国务院证券监督管理机构规定的其他事项。

凡发生可能对上市公司证券及其衍生品种交易价格产生较大影响的重大事件,投资者尚未得知时,上市公司应当立即提出临时报告,披露事件内容,说明事件的起因、目前的状态和可能产生的影响。

2. 信息披露的监督管理

(1)公司管理层在持续信息披露中的义务

上市公司董事、高级管理人员应当对公司定期报告签署书面确认意见;上市公司的监事会应当对董事会编制的公司定期报告进行审核并提出书面审核意见;上市公司的董事、监事、高级管理人员应当保证上市公司所披露的信息真实、准确、完整。

(2)持续信息披露的民事责任

发行人、上市公司公告的招股说明书、公司债券募集办法、财务会计报告、上市报告文件、年度报告、中期报告、临时报告以及其他信息披露资料,有虚假记载、误导性陈述或者重大遗漏,致使投资者在证券交易中遭受损失的,发行人、上市公司应当承担赔偿责任。

发行人、上市公司的董事、监事、高级管理人员和其他直接责任人员以及保荐人、承销的证券公司,应当与发行人、上市公司承担连带赔偿责任,但是能够证明自己没有过错的除外。

发行人、上市公司的控股股东、实际控制人有过错的,应当与发行人、上市公司承担连带赔偿责任。

(3)监督管理部门的监管责任

国务院证券监督管理机构对上市公司年度报告、中期报告、临时报告以及公告的情况进行监督,对上市公司分派或者配售新股的情况进行监督,对上市公司控股股东和信息披露义务人的行为进行监督。

证券监督管理机构、证券交易所、保荐人、承销的证券公司及有关人员,对公司依照法律、行政法规规定必须做出的公告,在公告前不得泄露其内容。

二、禁止交易行为

根据《证券法》规定,禁止的交易行为包括内幕交易行为、操纵证券市场行为、虚假陈述行为、欺诈客户行为以及其他有关禁止的交易行为。

1. 内幕交易行为

(1)内幕交易行为概念

内幕交易行为是指知悉证券交易的内幕信息的知情人和非法获取内幕信息的人利用内幕信息从事证券交易活动的交易行为。我国《证券法》禁止内幕交易行为。

(2)证券交易内幕信息的知情人

《证券法》中明确了证券交易内幕信息知情人,包括:发行人的董事、监事、高级管理人员;持有公司百分之五以上股份的股东及其董事、监事、高级管理人员,公司的实际控制人及其董事、监事、高级管理人员;发行人控股的公司及其董事、监事、高级管理人员;由于所任公司职务可以获取公司有关内幕信息的人员;证券监督管理机构工作人员以及由于法定职责对证券的发行、交易进行管理的其他人员;保荐人、承销的证券公司、证券交易所、证券登记结算机构、证券服务机构的有关人员;国务院证券监督管理机构规定的其他人。

(3)内幕信息

证券交易活动中,涉及公司的经营、财务或者对该公司证券的市场价格有重大影响的尚未公开的信息,为内幕信息。

内幕信息具体包括:《证券法》所列重大事件;公司分配股利或者增资的计划;公司股权结构的重大变化;公司债务担保的重大变更;公司营业用主要资产的抵押、出售或者报废一次超过该资产的百分之三十;公司的董事、监事、高级管理人员的行为可能依法承担重大损害赔偿责任;上市公司收购的有关方案;国务院证券监督管理机构认定的对证券交易价格有显著影响的其他重要信息。

证券交易内幕信息的知情人和非法获取内幕信息的人,在内幕信息公开前,不得买卖该公司的证券,或者泄露该信息,或者建议他人买卖该证券。

内幕交易行为给投资者造成损失的,行为人应当依法承担赔偿责任。

2. 操纵证券市场行为

(1)操纵证券市场行为概念

操纵证券市场是指单位或个人以获取利益或者减少损失为目的,利用其资金、信息等优势或者滥用职权影响证券市场价格,制造证券市场假象,诱导或者致使投资者在不了解事实真相的情况下作出买卖证券的决定,扰乱证券市场秩序的行为。我国《证券法》禁止任何操纵证券市场的行为。

(2)操纵证券市场行为的法定情形

根据《证券法》的规定,操纵证券市场的行为主要有以下情形:单独或者通过合谋,集中资金优势、持股优势或者利用信息优势联合或者买卖,操纵证券交易价格或者证券交易量;与他人串通,以事先约定的时间、价格和方式相互进行证券交易,影响证券交易价格或者证券交易量;在自己实际控制的账户之间进行证券交易,影响证券交易价格或者证券交易量;以其他手段操纵证券市场。

操纵证券市场行为给投资者造成损失的,行为人应当依法承担赔偿责任。

3. 虚假陈述行为

(1)虚假陈述行为概念

虚假陈述行为是指行为人在提交和公布的信息披露文件中做出的虚假记载、误导性陈述和重大遗漏的行为。这是一种违反信息披露义务的行为。

(2)虚假陈述行为的法定情形

根据《证券法》以及有关规定,虚假陈述行为包括以下情形:发行人、上市公司、证券经营机构在招股说明书、债券募集说明书、上市公告书、公司报告及其他文件中做出的虚假陈述;专业证券服务机构出具的法律意见书、审计报告、资产评估报告及参与制作的其他文件中做出的虚假陈述;证券交易所、证券业协会或其他证券自律性组织做出的对证券市场产生影响的虚假陈述;前述机构向证券监督管理机构提交的各种文件、报告和说明中做出的虚假陈述;其他证券发行、交易及相关活动中的其他虚假陈述。

4. 欺诈客户行为

(1)欺诈客户行为概念

欺诈客户是指证券公司及其从业人员在证券交易中违背客户的真实意愿,侵害客户利益的行为。欺诈客户行为的主体是证券公司及其从业人员,行为人在主观上具有故意特征,故意隐瞒或故意做出与事实不符的虚假陈述,使客户陷入不明真相的境地而做出错误的意思表示。

(2)欺诈客户行为的法定情形

根据《证券法》规定,证券公司及其从业人员损害客户利益的欺诈行为有以下情形:违背客户的委托为其买卖证券;不在规定时间内向客户提供交易的书面确认文件;挪用客户所委托买卖的证券或者客户账户上的资金;未经客户的委托,擅自为客户买卖证券,或者假借客户的名义买卖证券;为牟取佣金收入诱使客户进行不必要的证券买卖;利用传播媒介或者通过其他方式提供、传播虚假或者误导投资者的信息;其他违背客户真实意思表示,损害客户利益的行为。

欺诈客户行为给客户造成损失的,行为人应当依法承担赔偿责任。

5. 其他有关禁止的交易行为

我国《证券法》还规定了下列禁止的交易行为：禁止法人非法利用他人账户从事证券交易；禁止法人出借自己或者他人的证券账户，禁止任何人挪用公款买卖证券；禁止国家工作人员、传播媒介从业人员和有关人员编造、传播虚假信息，扰乱证券市场；禁止证券交易所、证券公司、证券登记结算机构、证券服务机构及其从业人员，证券业协会、证券监督管理机构及其工作人员，在证券交易活动中作虚假陈述或者信息误导。

《证券法》还规定，国有企业和国有资产控股的企业买卖上市交易的股票，必须遵守国家有关规定。证券交易所、证券公司、证券登记结算机构、证券服务机构及其从业人员对证券交易中发现的禁止的交易行为，应当及时向证券监督管理机构报告。

任务五 上市公司收购与证券机构

一、上市公司收购

1. 上市公司收购概念

上市公司收购，是指收购人通过证券交易所的股份转让活动持有一个上市公司的股份达到一定比例或通过证券交易所股份转让活动以外的其他合法方式持有一个上市公司的股份达到一定程度，导致其获得或者可能获得对该公司的实际控制权的行为。

上市公司收购者的目的在于获得对上市公司的实际控制权，不以达到对上市公司实际控制权而受让上市公司股票的行为，不能称之为收购。

这里所指的实际控制是指：(1)投资者为上市公司持股百分之五十以上的控股股东；(2)投资者可以实际支配上市公司股份表决权超过百分之三十；(3)投资者通过实际支配上市公司股份表决权能够决定公司董事会半数以上成员的选任；(4)投资者依其可实际支配的上市公司股份表决权足以对公司股东大会的决议产生重大影响；(5)中国证监会认定的其他情形。

投资者可以采取要约收购、协议收购及其他合法方式收购上市公司。

2. 要约收购

要约收购，是指收购人通过证券交易所的证券交易，投资者持有或通过协议、其他安排与他人共同持有一个上市公司的股份达到该公司已发行股份的百分之三十时，继续增持股份的，应当采取向被收购公司的股东发出收购要约的方式来进行的收购。

要约收购是一种公开收购行为，即向被收购公司的全体股东发出公开要约，并披露有关信息，而竞价收购是不公开的。与此同时，要约收购的要约是收购人的单方意思表示，被收购公司的股东是否出售所持股票，由其自己决定，可以出售，也可不出售。这与协议收购不同。要约收购的相对人是被收购公司的全体股东，而不是部分股东，即使发出的是部分要约收购，也不能仅向部分股东发出要约。协议收购的相对人则是部分股东，除非协议收购的股份超过了百分之三十，不申请豁免或未获得中国证监会豁免且拟继续履行其收购协议,应当向全体股东发出要约收购,否则不需要向被收购公司的全体股东发出要约。

3. 协议收购

协议收购,是指收购人在证券交易所之外,通过与被收购公司的股东协商一致达成协议,受让其持有的上市公司的股份而进行的收购。协议收购的股份转让方是特定的股东,而以要约方式收购和以竞价方式收购的股份转让方是不特定股东。协议收购具有场外交易的性质,在采取协议收购方式时,收购人收购或者通过协议、其他安排与他人共同收购一个上市公司已发行的股份达到百分之三十时,继续进行收购的,应当向该上市公司所有股东发出收购上市公司全部或者部分股份的要约,转化为要约收购,但国务院证券监督管理机构免除发出要约的除外。针对要约收购而言,协议收购的成本较低、交易快捷、程序简单。

4. 豁免申请

收购人收购上市公司一定股份时,并不必然履行收购要约的义务,中国证监会可以针对实际情况行使豁免权,免除收购人发出收购要约的义务。当出现规定的特殊情形时,投资者及其一致行动人可以向中国证监会申请豁免。未取得豁免的,投资者及其一致行动人应当在收到中国证监会通知之日起三十日内将其所持有的或者其控制的股东所持有的被收购公司股份减持到百分之三十或者百分之三十以下。拟以要约以外的方式继续增持股份的,应当发出全面要约。

5. 上市公司收购后有关事项的处理

收购期限届满,被收购公司股权分布不符合上市条件的,该上市公司的股票应当由证券交易所依法终止上市交易。其余仍持有被收购公司股票的股东,有权向收购人以收购要约的同等条件出售其股票,收购人应当收购。收购行为完成后,被收购公司不再具备股份有限公司条件的,应当依法变更企业形式。

在上市公司收购中,收购人持有的被收购的上市公司的股票,在收购行为完成后的十二个月内不得转让。收购行为完成后,收购人与被收购公司合并,并将该公司解散的,被解散公司的原有股票由收购人依法更换。收购行为完成后,收购人应当在十五日内将收购情况报告国务院证券监督管理机构和证券交易所,并予公告。

二、证券机构

证券机构包括对证券的发行、交易、上市提供服务和进行监管的机构。

1. 证券交易所

(1)证券交易所概念

证券交易所是为证券集中交易提供场所和设施,组织和监督证券交易,实行自律管理的法人。证券交易所的设立和解散,由国务院决定。我国目前有上海证券交易所和深圳证券交易所,两家证券交易所均登记为国有事业法人单位,中国证监会掌握对交易所的控制权。

(2)证券交易所的职责

根据《证券法》的规定,证券交易所的职责包括:

①证券交易所依照证券法律、行政法规制定上市规则、交易规则、会员管理规则和其他有关规则,并报国务院证券监督管理机构批准;依据《证券法》的规定,办理证券的上市、暂停上市、恢复上市或者终止上市事务。

②证券交易所应当为公平的集中交易提供保障,公布证券交易即时行情,并按交易日制作证券市场行情表,予以公布。未经证券交易所许可,任何单位和个人不得发布证券交易即时行情。

③因突发性事件而影响证券交易的正常进行时,证券交易所可以采取技术性停牌的措施;因不可抗力的突发性事件或者为维护证券交易的正常秩序,证券交易所可以决定临时停市。证券交易所采取技术性停牌或者决定临时停市,必须及时报告国务院证券监督管理机构。

④证券交易所对证券交易实行实时监控,并按照国务院证券监督管理机构的要求对异常的交易情况提出报告。证券交易所应当对上市公司及相关信息披露义务人披露信息行为进行监督,督促其依法及时、准确地披露信息。证券交易所根据需要,可以对出现重大异常交易情况的证券账户限制交易,并报国务院证券监督管理机构备案。

⑤筹集、管理风险基金。证券交易所应当从其收取的交易费用和会员费、席位费中提取一定比例的金额设立风险基金。风险基金由证券交易所理事会管理。风险基金提取的具体比例和使用办法,由国务院证券监督管理机构同国务院财政部门规定。证券交易所应当将收存的风险基金存入开户银行专门账户,不得擅自使用。

⑥证券交易所可以自行支配的各项费用收入,应当首先用于保证其证券交易场所和设施的正常运行并逐步改善。实行会员制的证券交易所的财产积累归会员所有,其权益由会员共同享有,在其存续期间,不得将其财产积累分配给会员。

2. 证券公司

(1) 证券公司概念

证券公司是指依照《公司法》和《证券法》规定设立的经营证券业务的有限责任公司或者股份有限公司。证券公司依法享有自主经营的权利,其合法经营活动不受干涉。设立证券公司,必须经国务院证券监督管理机构审查批准。未经国务院证券监督管理机构批准,任何单位和个人不得经营证券业务。

(2) 证券公司设立的条件

根据《证券法》的规定,设立证券公司,应当具备下列条件:符合法律、行政法规规定的公司章程;主要股东具有持续盈利能力,信誉良好,最近三年无重大违法违规记录,净资产不低于人民币二亿元;符合《证券法》规定的注册资本;董事、监事、高级管理人员具备任职资格,从业人员具有证券从业资格;有完善的风险管理与内部控制制度;有合格的经营场所和业务设施;法律、行政法规规定的和经国务院批准的国务院证券监督管理机构规定的其他条件。

(3) 证券公司业务范围

根据《证券法》规定,经国务院证券监督管理机构批准,证券公司可以经营下列部分或者全部业务:证券经纪;证券投资咨询;与证券交易、证券投资活动有关的财务顾问;证券承销与保荐;证券自营;证券资产管理;其他证券业务。

3.证券登记结算机构

证券登记结算机构是为证券交易提供集中登记、存管与结算服务,不以营利为目的的法人。集中登记包括对投资者证券账户的开立、挂失等证券账户管理登记;上市证券的发行登记;上市证券非流通股份的抵押、冻结以及法人股、国家股股权的转让过户登记和证券持有人名册登记等。存管包括上市证券的股份管理、证券存管与转存管、受发行人的委托派发证券权益等。结算服务指证券交易所上市证券交易的清算和交收,包括证券交易的清算过户,证券交易的资金交收和新股网上发行的资金清算等。

4.证券服务机构

证券服务机构是指为证券交易提供证券投资咨询和资信评估的机构,包括专业的证券服务机构和其他证券服务机构。专业的证券服务机构包括证券投资咨询机构、资信评估机构。其他证券服务机构主要是指经批准可以兼营证券投资咨询服务的资产评估机构、会计师事务所以及律师事务所。

投资咨询机构、财务顾问机构、资信评级机构、资产评估机构、会计师事务所从事证券服务业务的审批管理办法,由国务院证券监督管理机构和有关主管部门制定。投资咨询机构、财务顾问机构、资信评级机构从事证券服务业务的人员,必须具备证券专业知识和从事证券业务或者证券服务业务两年以上经验。

5.证券监督管理机构

(1)证券监督管理机构概念

《证券法》中所称国务院证券监督管理机构是指中国证券监督管理委员会,它是全国证券期货市场的主管部门。《证券法》规定,国务院证券监督管理机构依法对证券市场实行监督管理,维护证券市场秩序,保障其合法运行。国务院证券监督管理机构根据需要可以设立派出机构,按照授权履行监督管理职责。

(2)证券监督管理机构的职责

国务院证券监督管理机构在对证券市场实施监督管理中履行下列职责:依法制定有关证券市场监督管理的规章、规则,并依法行使审批或者核准权;依法对证券的发行、上市、交易、登记、存管和结算进行监督管理;依法对证券发行人、上市公司、证券交易所、证券公司、证券登记结算机构、证券投资基金管理公司和证券服务机构的证券业务活动进行监督管理;依法制定从事证券业务人员的资格标准和行为准则,并监督实施;依法监督检查证券发行、上市和交易的信息公开情况;依法对证券业协会的活动进行指导和监督;依法对违反证券市场监督管理法律、行政法规的行为进行查处;法律、行政法规规定的其他职责。

6.证券业协会

(1)证券业协会概念

证券业协会是证券业的自律性组织,是社会团体法人。协会的宗旨是根据发展社会主义市场经济的要求,贯彻执行国家有关方针、政策和法规,发挥政府与证券经营机构之间的桥梁和纽带作用,促进证券业的开拓发展,加强证券业的自律管理,维护会员的合法权益,建立和完善具有中国特色的证券市场体系。中国证券业协会于1991年8月28日成立,总部设在北京。

(2)证券业协会的职责

证券业协会履行下列职责:协助证券监督管理机构教育工作并组织会员执行法律、行政法规的规定;依法维护会员的合法权益,向证券监督管理机构反映会员的建议和要求;收集整理信息,为会员提供服务;制定会员应遵守的规则,组织会员单位从业人员的业务培训,开展会员间的业务交流;调解会员之间、会员与客户之间发生的纠纷;组织会员就证券业的发展、运作及有关内容进行研究;监督、检查会员行为,对违反法律、行政法规或者协会章程的,按规定给予纪律处分;国务院证券监督管理机构赋予的其他职责。

你知道吗?

1. 金融业务范围是如何划分的?
2. 股票发行和交易有哪些规则?
3. 股票、公司债券发行、暂停上市或终止上市有哪些条件?
4. 上市公司的哪些信息需要持续披露?
5. 哪些行为是《证券法》禁止交易的行为?

试一试

1. 依据《证券法》规定,上市公司公开发行新股,应当具备的条件有:

A. 具备健全且运行良好的组织机构

B. 具有持续盈利能力,财务状况良好

C. 最近三年财务会计文件无虚假记载

D. 最近二年无其他重大违法行为

2. 依据《证券法》的规定,以下符合股票公开发行要求的是:

A. 向不特定对象发行证券

B. 向累计不超过二百人的特定人发行证券

C. 采用广告方式公开劝诱

D. 不采用广告方式的变相劝诱

3. 根据《公司法》和《证券法》的有关规定,限制股票交易的规定有:

A. 发起人持有的本公司股份,自公司成立之日起一年内不得转让

B. 证券机构从业人员不得持有、买卖股票,也不得收受他人赠送的股票

C. 公司高级管理人员在任职期间每年转让其持有的本公司股份总数的百分之五

D. 为发行股票提供审计报告人员在股票承销期满后六个月内,不得买卖该股票

4. 根据《证券法》的规定,股份有限公司申请股票上市,应当符合下列条件:

A. 公司股本总额不少于人民币三千万元

B. 公开发行的股份达到公司股份总数的百分之二十五以上

C. 公司最近三年无重大违法行为

D. 最近三年连续盈利

5. 上市公司有下列情形之一的,由证券交易所决定终止其股票上市交易:
A. 在证券交易所规定的期限内公司股本总额、股权分布等发生变化,不再具备上市条件
B. 公司不按照规定公开其财务状况
C. 公司最近三年连续亏损,在其后一个年度内未能恢复盈利
D. 对财务会计报告作虚假记载,且拒绝纠正

6. 根据《证券法》《公司法》和《公司债券发行试点办法》的有关规定,发行公司债券,应当符合下列条件:
A. 股份有限公司的净资产不低于人民币三千万元
B. 有限责任公司的净资产不低于人民币六千万元
C. 本次发行后累计公司债券余额不超过最近一期期末净资产额的百分之四十
D. 最近三个会计年度实现的年均可分配利润不少于公司债券一年的利息

7. 依据持续信息披露的要求,应当及时在临时报告中披露的重大事件包括:
A. 持有公司百分之五以上股份的股东或者实际控制人涉嫌犯罪
B. 公司订立重要合同,可能对公司的资产、负债、权益和经营成果产生重要影响
C. 公司发生重大债务和未能清偿到期重大债务的违约情况
D. 公司的董事、三分之一以上监事或者经理发生变动

8. 根据《证券法》规定,禁止的交易行为包括:
A. 内幕交易行为	B. 操纵证券市场行为
C. 制造虚假信息行为	D. 欺诈客户行为

9. 上市公司收购中,投资者可以采取的收购方式是:
A. 要约收购	B. 协议收购
C. 网上竞价收购	D. 网下竞价收购

延伸阅读十五 ▶▶▶

科创板你知道多少?

引用的法律

《中华人民共和国民法典》(2020年通过)

《中华人民共和国民事诉讼法》(2021年修正)

《中华人民共和国公司法》(2018年修正)

《中华人民共和国个人独资企业法》(1999年通过)

《中华人民共和国合伙企业法》(2006年修正)

《中华人民共和国外商投资法》(2019年通过)

《中华人民共和国劳动合同法》(2012年修正)

《中华人民共和国劳动法》(2018年修正)

《中华人民共和国反不正当竞争法》(2019年修正)

《中华人民共和国反垄断法》(2007年通过)

《中华人民共和国产品质量法》(2018年修正)

《中华人民共和国消费者权益保护法》(2013年修正)

《中华人民共和国土地管理法》(2019年修正)

《中华人民共和国城市房地产管理法》(2019年修正)

《中华人民共和国商标法》(2019年修正)

《中华人民共和国著作权法》(2020年修正)

《中华人民共和国专利法》(2020年修正)

《中华人民共和国中国人民银行法》(2003年修正)

《中华人民共和国票据法》(2004年修正)

《中华人民共和国证券法》(2019年修正)

参考书目

[1] 曲振涛,王福友. 经济法 [M]. 4版. 北京:高等教育出版社,2011.

[2] 韩世远. 合同法总论 [M]. 北京:法律出版社,2004.

[3] 王保树. 经济法原理 [M]. 北京:社会科学文献出版社,1999.

[4] 黄瑞. 新编经济法教程 [M]. 北京:清华大学出版社,2006.

[5] 杨荣珍. 世界贸易组织规则精解 [M]. 北京:人民出版社,2004.

[6] 仲鸿生,赵兴元,等. WTO规则与案例 [M]. 长春:吉林人民出版社,2006.

[7] 蔡曙涛. 企业经济法概论 [M]. 北京:中国人民大学出版社,2002.

[8] 林嘉. 劳动合同法条文评注与适用 [M]. 北京:中国人民大学出版社,2007.

[9] 王利明. 合同法研究:第二卷 [M]. 北京:中国人民大学出版社,2003.

[10] 隋彭生. 合同法 [M]. 6版. 北京:中国人民大学出版社,2013.

[11] 沈达明,郑淑君. 比较破产法初论 [M]. 北京:对外贸易教育出版社,1993.

[12] 张玉瑞. IPad商标案:苹果的缩影与宿命 [N]. 经济参考报,2012-02-07.

[13] 胡锦涛. 坚定不移沿着中国特色社会主义道路前进为全面建成小康社会而奋斗 [M]. 北京:人民出版社,2012.